日本の偉人物語 10

楠木正成
南方熊楠
牛島満

岡田幹彦

光明思想社

はじめに

『日本の偉人物語10』は、楠木正成《くすのきまさしげ》・南方熊楠《みなかたくまぐす》・牛島満《うしじまみつる》をとりあげた。

楠木正成《くすのきまさしげ》は昭和二十年まで、日本国民が最も尊敬したわが国を代表する偉人中の偉人であった。しかし大東亜戦争《だいとうあせんそう》に敗れてアメリカの占領統治《せんりょうとうち》を受けた結果、祖国の誇りある歴史・伝統《でんとう》が歪《ゆが》められ、楠木正成を始めとする偉人につき学校教育で抹殺《まっさつ》され今日《こんにち》に至《いた》った。従って現在ほとんどの日本人は楠木正成が日本の代表的偉人であったことを知らない。政治家始め各界指導者で正成を崇敬《すうけい》する人は絶無《ぜつむ》に近い。

かつて「大楠公《だいなんこう》」と敬仰《けいぎょう》された楠木正成は、明治維新に身命《しんめい》を捧《ささ》げた全《すべ》ての志士達《ししたち》が心に抱《いだ》いた最高の日本人であった。明治維新の五百年前、後醍醐天皇《ごだいごてんのう》に忠誠《ちゅうせい》の限りを尽《つ》くし建武中興成就《けんむのちゅうこうじょうじゅ》の最大功労者《こうろうしゃ》となり、最後に湊川《みなとがわ》の戦いで「七生報国《しちしょうほうこく》」の精神を遺《のこ》した楠木正成こそ、志士たちの純忠至誠《じゅんちゅうしせい》の生き方の鑑《かがみ》であった。一言《いちごん》をもってすると大楠公が存在したから、奇蹟《きせき》の明治維新が成就し得《え》たと言って過言《かごん》ではない。それほどの大偉人を戦後八十年間、忘れ去ってきたのである。

南方熊楠《みなかたくまぐす》は近代日本が生んだ稀有《けう》の世界的学者――博物《はくぶつ》学者であり世界一の粘《ねん》菌《きん》学者――である。かつまたわが国「民俗学《みんぞくがく》の母」でもあった。少年時より和漢《わかん》洋《よう》の書物を誰よりも多く読みかつ筆写《ひっしゃ》に努め、十数カ国語に通じ、「博識無限《はくしきむげん》、百科事典《ひゃっかじてん》に足が生《は》えた男」「日本人の可能性の極限《きょくげん》」とまで言われた桁外《けたはず》れの人物である。自ら筆をもってきれいに彩色《さいしょく》で描《えが》いた図に英文で説明を加えた国宝《こくほう》と言うべき四千図の『日本菌譜《にほんきんふ》』を始め、生涯《しょうがい》に採取《さいしゅ》した一万八千余点の菌類《きんるい》その他の隠花《いんか》植物の標本《ひょうほん》は、世界の至宝《しほう》といって良い。

また熊楠は天地自然・宇宙・森羅万象《しんらばんしょう》に対して限りない関心を抱《いだ》き、人知《じんち》を超えた霊妙《れいみょう》不可思議《ふかしぎ》な生命の根源《こんげん》を「大不思議《だいふしぎ》」とよび、その探究《たんきゅう》に生涯を捧《ささ》げた。熊楠は科学的知性と宗教的霊性《れいせい》をあわせ持った世界に比類《ひるい》なきほとんど不《ふ》世出《せいしゅつ》の天才学者であった。

牛島満《うしじまみつる》は大東亜戦争最後の日米決戦《にちべいけっせん》となった沖縄戦《おきなわせん》の主将《しゅしょう》である。比較《ひかく》を絶《ぜっ》する大戦力を以《もっ》て攻め寄《よ》せたアメリカ軍に対して、牛島はまったく僅少《きんしょう》な戦力で

はじめに

約三ヵ月間戦い抜き、沖縄軍約十万は玉砕《ぎょくさい》(全滅)した。しかしアメリカ軍の払《はら》った犠牲《ぎせい》も大きく損害《そんがい》は日本軍を上回《うわまわ》り、米軍将兵は心身《しんしん》ともに大打撃《だいだげき》を受けて、もうこれ以上の戦いは出来ないぎりぎりの極限状況《きょくげんじょうきょう》にまで追いこまれたのであった。

アメリカはこのあと本土《ほんど》に侵攻《しんこう》、日本を「無条件降伏《むじょうけんこうふく》」させる方針《ほうしん》だったが結局《けっきょく》、断念《だんねん》せざるを得《え》ずその要求を取り下げた。牛島率《ひき》いる日本軍の人間業《にんげんわざ》を超《こ》えた奇蹟《きせき》の戦いが米軍の本土侵攻を阻止《そし》し、皇国《こうこく》日本を護り抜いたのであった。牛島は最も仰慕《ぎょうぼ》した大楠公《だいなんこう》・楠木正成《くすのきまさしげ》の「七生報国《しちしょうほうこく》」の精神を以《もっ》て、わが国最大の国難《こくなん》を払《はら》いのけた救国《きゅうこく》の英雄であり、すべての日本人がとこしえに仰《あお》ぐべき偉人の一人にほかならない。

本書出版にあたりご尽力頂いた光明思想社社長白水春人氏並びに中村龍雄氏に深く謝意を捧げる

令和七年三月

岡田幹彦

日本の偉人物語10

楠木正成　南方熊楠　牛島満

目次

第二話　南方熊楠

――「大不思議」を探究した「日本人の可能性の極限」

第三話　牛島　満
――皇国を救った沖縄玉砕戦

（カバー写真）横山大観画「大楠公像」湊川神社所蔵、南方熊楠顕彰館（田辺市）所蔵

第一話

楠木正成
——日本人の高貴なる生き方の手本

楠木 正成

永仁2（1294）年（諸説あり）～延元元年5月25日（1336年7月4日）。建武中興《けんむのちゅうこう》成就の最大功労者。息子に正行、正時、正儀。明治以降は「大楠公《だいなんこう》」と称され、明治13年に正一位を追贈。湊川神社の主祭神。

肖像画：横山大観画「大楠公像」（湊川神社所蔵）

1、後醍醐天皇と楠木正成

世界史の奇蹟《きせき》・明治維新はなぜ成就《じょうじゅ》したのか

わが国が世界の国々から敬愛《けいあい》される最も人気の高い国であることは、今日《こんにち》多くの人々の知るところである。わが国を嫌っている国はほとんどない。そのことは東日本大震災《だいしんさい》の時（平成二十三年）、わが同胞《どうほう》の示したきわめてすぐれた人間性・類《たぐい》なき国民性《こくみんせい》に対して、諸外国の人々が発《はっ》した感嘆《かんたん》・絶賛《ぜっさん》の声を聴くならば誰もが納得《なっとく》するだろう。

世界の国々、人々はなぜかくも日本を親愛《しんあい》してやまないのだろうか。その根本《こんぽん》の理由は、わが国の長く尊いすぐれた歴史《れきし》・伝統《でんとう》・文化《ぶんか》にあり、とりわけ近代日本の果《は》たした世界的貢献《こうけん》(世のため人のため重要な働きをすること)にある。日本の世界的貢献とは、明治維新《めいじいしん》・日露戦争《にちろせんそう》・大東亜戦争《だいとうあせんそう》の三つの重大《じゅうだい》な歴史である。

十九世紀から二十世紀前半《ぜんぱん》にかけて、欧米列強《おうべいれっきょう》(イギリス・フランス・ロシア・ドイツ・アメリカなどの白人《はくじん》の強国《きょうこく》)による非西洋諸国への侵略《しんりゃく》・征服《せいふく》・植民地《しょくみんち》化《か》・隷属国《れいぞくこく》(奴隷《どれい》的に従属《じゅうぞく》する国)化《か》は頂点《ちょうてん》に達《たっ》していた。当時《とうじ》の世界的潮流《ちょうりゅう》(時《じ》勢《せい》の動き)を一言《ひとこと》をもってするならば「欧米による非西洋支配」であり、それは彼ら欧米白人にとっては歴史の必然《ひつぜん》(必ずそうなること)であり、彼らの信奉《しんぽう》(信じ仰《あお》ぎ大切《たいせつ》にすること)するキリスト教の神より付与《ふよ》(与えること)された恩寵《おんちょう》(神の恵《めぐ》み)でもあった。その優秀《ゆうしゅう》な科学技術に基《もと》づく強大《きょうだい》な工業力と軍事力《ぐんじりょく》に対抗《たいこう》し得《う》る非西洋諸国はどこにもあるはずはなかった。そうした中にあってわが国だけが彼らの侵略を払《はら》いのけて独立を堅持《けんじ》(堅《かた》く維持《いじ》すること)するとともに、明治維新を成就《じょうじゅ》(成しとげること)、新生《しんせい》しえたことは全《まった》く近代世界史唯一《ゆいいつ》の奇蹟《きせき》であった。

次《つ》いで日露戦争において、イギリスと世界の覇権《はけん》（支配権）を争う強国ロシアを打ち破ったことは、全世界を驚倒《きょうとう》（非常に驚くこと）震駭《しんがい》（体をふるわせてひどく驚き恐れること）せしめ、欧米支配の近代世界史を根底《こんてい》から揺《ゆ》さぶりやがて世界を一変《いっぺん》する快挙《かいきょ》（素晴らしい出来事）であった。日露戦争は「白人不敗《はくじんふはい》の神話《しんわ》」を打ち崩《くず》し、下等人種《かとうじんしゅ》あるいは「人間以下の存在」と見なされて劣等感《れっとうかん》に打《う》ち沈《しず》む非西洋諸国民を驚喜《きょうき》（驚き喜ぶこと）させるとともに、民族独立への覚醒《かくせい》（目覚《めざ》めること）を促《うなが》し、わが国は彼らの希望と勇気の源泉《げんせん》（みなもと）となり唯一《ゆいいつ》の光明《こうみょう》となった。

そうして三つ目、大東亜戦争《だいとうあせんそう》においてわが国は世界の覇者《はしゃ》（支配者）アメリカ・イギリスを相手に敢然《かんぜん》（思い切って物事《ものごと》を行うこと）と立ち上り、緒戦《しょせん》（始めの戦い）において米・英・蘭《らん》（オランダ）を打《う》ち砕《くだ》き、後半戦《こうはんせん》では凄絶《せいぜつ》（きわめてすさまじいこと）の極《きわ》みと言うべき玉砕《ぎょくさい》（全滅《ぜんめつ》）戦・特攻《とっこう》戦まで行い戦い抜いた。最後にアメリカ軍による日本全土《ぜんど》に対する無差別爆撃《むさべつばくげき》・原爆投下《げんばくとうか》を受けて痛恨《つうこん》（とても残念《ざんねん》なこと）極《きわ》まりない敗北《はいぼく》を喫《きっ》したが、この戦いの結果、欧米の植民地支配は止《とど》めを刺《さ》されて終焉《しゅうえん》（終ること）した。日本の約四年間の戦いにより欧米数百年間にわたる植民地支配がまたたくまに消滅《しょうめつ》すると一体《いったい》誰が予測《よそく》しえたであろうか。

現在、世界には約二百の独立国があるが、そのうちアジア・アフリカ・太平洋諸島の非西洋諸国は百十数カ国、ほとんどみな第二次大戦後に独立を果たした。日本は敗戦・アメリカの占領統治《せんりょうとうち》（昭和二十～二十七年）という大犠牲《だいぎせい》を払い、ただ一国の努力をもって遂《つい》に人種平等《じんしゅびょうどう》の世界を築き上げたのである。これこそ世界史始まって以来の驚天動地《きょうてんどうち》（世の中を根本《こんぽん》から揺《ゆ》り動かし驚かすこと）のこの上なき大偉業であり、人類史における至高《しこう》（最も高いこと）の金字塔《きんじとう》（不滅《ふめつ》の業績《ぎょうせき》）の樹立《じゅりつ》にほかならなかった。

近代百年足らずの歴史においてわが国がこれほどの世界的貢献《こうけん》をなしえたのは、畢竟《ひっきょう》（とどのつまり）初めに明治維新があった為《ため》である。もし明治維新に成功せず欧米の植民地・隷属国《れいぞくこく》にされていたならば日露戦争・大東亜戦争はなく、従って今日の世界はありえず、欧米の非西洋支配は半永久的に少なくともあと数百年は続いたであろう。

それではなぜ明治維新が成就《じょうじゅ》し、日本だけが欧米の支配を免《まぬか》れて新生《しんせい》を遂《と》げることが出来たのだろうか。これこそわが国史上《こくしじょう》最大の問い、謎《なぞ》の一つでなければならない。

維新の志士《しし》が起ち上りえた理由――志士《しし》に最大の感化を与えた楠木正成《くすのきまさしげ》

その根因《こんいん》（根本《こんぽん》の原因《げんいん》）の第一は、国家民族を一つに結び合わせ結束《けっそく》（団結《だんけつ》すること）せしめる核心《かくしん》（物事《ものごと》の中心）たる天皇の存在である。もう一つはごく少数の志《し》士と言われた愛国者が自己《じこ》の命を捧《ささ》げて起《た》ち上《あが》り、天皇と祖国に忠誠《ちゅうせい》（忠義《ちゅうぎ》、誠《まこと》、真心《まごころ》）の限りを尽《つ》くしたからである。その志士達を奮《ふる》い立たせる上に最大の感化《かんか》（自然に感じさせて人の心を変えること）、影響《えいきょう》を与えた人物こそ大楠公《だいなんこう》・楠木正成《くすのきまさしげ》であった。

昭和二十年までの日本国民が最も尊敬した日本人が楠木正成《くすのきまさしげ》であった。楠木正成は臣下《しんか》（君主《くんしゅ》に仕《つか》える者、家来《けらい》）として最高の日本人として賛《たた》えられ、天皇、国家に忠誠《ちゅうせい》を捧《ささ》げ尽《つ》くしたわが国第一の忠臣《ちゅうしん》（主君《しゅくん》に忠義《ちゅうぎ》をつくす家臣）、古今随一《ここんずいいち》の偉人《いじん》として仰《あお》がれ長らく日本人の忠誠の手本《てほん》、人間の高貴《こうき》な美しい生き方の鏡《かがみ》・典型《てんけい》・模範《もはん》とされてきたのである。後世《こうせい》の私たちはまずこの歴史的事実を知らなければならない。

明治初期《しょき》（明治三〜七年）、お雇《やと》い外国人として来日《らいにち》したアメリカ人グリフィスは、当時会《とうじあ》う人ごとに「あなたの尊敬する日本人は」と尋《たず》ねるとことごとく「楠木正成《くすのきまさしげ》」と答え、正成こそ「全国民渇仰《ぜんこくみんかつごう》（高く仰《あお》ぎあこがれ慕《した》うこと）の的《まと》」とその著書《ちょしょ》に記《しる》している。今日《こんにち》、外国人から同じ質問をされた場合、人々は何《なん》と答えるであろうか。多くの人々は即座《そくざ》（すぐに）に答えられないであろう。私たちの祖先《そせん》がかくも仰ぎ敬《うやま》った古今《ここん》第一の人物をいま多くの人々が忘れ去り、名前すら知らぬ人も少なくない。果《は》たしてこれでよいのだろうか。

現在の日本人が楠木正成を忘却《ぼうきゃく》（忘れ去ること）したのは、日本が大東亜戦争《だいとうあせんそう》に敗れてアメリカの占領統治《せんりょうとうち》を受けたからである。アメリカの日本占領政策の眼《がん》目《もく》(要点《ようてん》)は、日本を二度と立ち上がらせないために、日本を永久《えいきゅう》にアメリカの隷《れい》属国《ぞくこく》(完全な従属国《じゅうぞくこく》)とすることであった。その為に日本人の自覚《じかく》と誇《ほこ》りを粉々《こなごな》に打ち砕《くだ》き、日本人から大和魂《やまとだましい》を奪《うば》い去《さ》る日本弱体化政策《にっぽんじゃくたいかせいさく》を徹底的《てっていてき》に実施《じっし》した。日本人から民族的誇りを消滅《しょうめつ》させ日本人の精神を骨抜《ほねぬ》きにする上《うえ》に最も効果《こうか》のある手段《しゅだん》(方法《ほうほう》)は、「万世一系《ばんせいいっけい》の天皇」を戴《いただ》く世界に比類《ひるい》なき歴史・伝統・文化と国史上《こくしじょう》の忠臣《ちゅうしん》・偉人達《いじんたち》を歴史教育より抹殺《まっさつ》(事実を否定《ひてい》し消《け》し去《さ》ること)して、次代《じだい》を担《にな》うべき青少年にそれを教えることを禁止《きんし》することであり、日本人から光《こう》輝《き》ある祖国の歴史を奪い去ることであった。この教育が効《こう》を奏《そう》して(うまくゆくこと)多くの日本人は自国の歴史伝統文化の本質《ほんしつ》と楠木正成を始めとする忠臣・偉人についてほとんど正しく知ることなしに現在に至《いた》ったのである。今日《こんにち》、政治家始めわが国各界《かっかい》の指導層《しどうそう》の中で、楠木正成を高く仰《あお》ぎ深く尊敬してやまないという人は果《は》たしてどれほどいるだろうか。皆無《かいむ》に近いのではなかろうか。

　日本第一の忠臣《ちゅうしん》、古今随一《ここんずいいち》の偉人《いじん》とされた楠木正成はかって「大楠公《だいなんこう》」(楠は音読みして「なん」)と言われた。「大」は最高、至大《しだい》の意。この上ない尊敬をこめたよび名が「大楠公」であり、「大○公」とよばれるのは正成ただ一人である。わが国でもう一人名前の上に「大」がつく人物がいる。「大西郷《だいさいごう》」すなわち西郷隆盛《さいごうたかもり》である（『日本の偉人物語3』でのべた）。「大楠公」と「大西郷」がわが国史上の双璧《そうへき》（二つの玉・両雄《りょうゆう》）、最高無上《むじょう》の忠臣《ちゅうしん》・偉人《いじん》にほかならない。臣下《しんか》において大楠公と大西郷を最も高く仰《あお》ぐのが、『日本の偉人物語』である。

楠木正成《くすのきまさしげ》は後醍醐天皇《ごだいごてんのう》に忠誠《ちゅうせい》を捧《ささ》げ、建武中興《けんむのちゅうこう》を成就《じょうじゅ》する上《うえ》に類《たぐい》なき貢献《こうけん》をした人物である。この楠木正成の対極《たいきょく》・正反対《せいはんたい》にいたのが足利高氏《あしかがたかうじ》（尊氏《たかうじ》）である。詳《くわ》しくは後述《こうじゅつ》するが、高氏は終始一貫《しゅうしいっかん》（はじめから終わりまで）私利私欲《しりしよく》に立ち政治的野望《やぼう》（野心《やしん》）と邪心《じゃしん》（よこしまな心）を抱《いだ》き、建武中興《けんむのちゅうこう》後直《ごただ》ちに後醍醐天皇に反逆《はんぎゃく》、謀反《むほん》（天皇にそむいて兵を起こすこと）を起こし、やがて後醍醐天皇が存在しているのにもかかわらず、もう一人偽物《にせもの》の〝天皇〟を擁立《ようりつ》（臣下《しんか》が君主《くんしゅ》をもりたてて位につかせること）するというわが国において決してあってはならぬこの上なき不忠《ふちゅう》、悪逆《あくぎゃく》（人道《じんどう》にそむいた悪事《あくじ》）を犯《おか》して室町幕府を作った国賊《こくぞく》（国家に反逆《はんぎゃく》した賊《ぞく》）・大逆臣《だいぎゃくしん》（天皇に反逆した臣下）であった。さらに高氏《たかうじ》の孫である足利義満《あしかがよしみつ》（三代将軍）は皇位《こうい》を奪《うば》い取り息子《むすこ》（義嗣《よしつぐ》）を天皇にして、自分はその上に立ち日本をわがものとして思うがままに支配せんとした大悪党《だいあくとう》であった。しかし現在、多くの日本人はこのような足利高氏と義満のとほうもない悪逆無道《あくぎゃくむどう》ぶりに全《まった》くといってよいほど無知《むち》であり、むしろこの二人を高く評価《ひょうか》する人々の方が多い。この二人を認めることはその正反対にいた楠木正成を否定することになる。多くの学者、知識人、物書《ものか》きたちがそうである。悲しむべきことである。

楠木正成はこうした足利一族の道義《どうぎ》（人間の踏《ふ》み行うべき正しい道）に真向《まっこう》から反する不忠《ふちゅう》・不臣《ふしん》（天皇に対して臣下《しんか》の道を守らないこと）の行為を許さず、一族あげて抵抗《ていこう》し兵庫《ひょうご》（神戸《こうべ》）の湊川《みなとがわ》で壮烈《そうれつ》（勇ましく激しいこと）な最期《さいご》を遂《と》げたが、そのとき後世《こうせい》に遺《のこ》し伝えたのが「七生報国《しちしょうほうこく》（七《なな》たび生まれかわって皇国《こうこく》日本の恩恵《おんけい》に報《むく》いること）」の精神であった。

この物語は天皇への忠誠《ちゅうせい》を根本《こんぽん》とした正しく清らかな気高《けだか》く尊《とうと》い正成《まさしげ》的生き方とその対極《たいきょく》にいた私利私欲《しりしよく》に満ちた醜《みにく》く汚《よご》れた高氏的生き方を対比《たいひ》（比べること）した。真《しん》の人間として真の日本人としてどちらを選ぶべきかをよく考えていただきたい。昭和二十年までの日本人は正成《まさしげ》的生き方に、日本人としての真実の美しさを見い出してきたのである。

六度あった国体の危機

これまで『日本の偉人物語』でしばしば述べてきたように、わが国は世界に比《ひ》類《るい》なき「万世一系《ばんせいいっけい》の天皇」を戴《いただ》く国だが、約二千七百年間この尊い国体《こくたい》（天皇を国家の中心として仰《あお》ぐ日本の国の根本《こんぽん》のあり方、国柄《くにがら》）を堅持《けんじ》してきた歴史は決して容易《ようい》なものではなく、国体は幾度《いくど》か危機《きき》に瀕《ひん》した（直面《ちょくめん》すること）のである。

第一の国体の危機は古代《こだい》、蘇我《そが》一族（馬子《うまこ》・蝦夷《えみし》・入鹿《いるか》）の僭上《せんじょう》（身分《みぶん》を超《こ》えて驕《おご》りたかぶること）・大逆《だいぎゃく》（君主《くんしゅ》や父などを殺すこの上ない罪悪《ざいあく》）によりもたらされた。蘇我馬子《そがのうまこ》は崇峻天皇《すしゅんてんのう》を殺害《さつがい》するという悪逆無道《あくぎゃくむどう》をほしいままにして朝廷《ちょうてい》はあってなきがごとき状態《じょうたい》に陥《おちい》った。この時、国体を護り抜く為に渾身《こんしん》（全身《ぜんしん》、すべてを捧《ささ》げること）の努力《どりょく》をしたのが聖徳太子《しょうとくたいし》であり、その精神を継承《けいしょう》して蘇我入鹿《そがのいるか》を討伐《とうばつ》したのが中大兄皇子《なかのおおえのおうじ》（天智天皇《てんぢてんのう》）である（『日本の偉人物語9』参照《さんしょう》）。

第二の国体の危機は、奈良時代における道鏡《どうきょう》の出現《しゅつげん》である。僧侶《そうりょ》（仏教僧）の道鏡は臣下《しんか》であるにもかかわらず天皇たらんとする野望《やぼう》（よこしまな望み）を抱《いだ》いたが、稀代《きだい》（この世に稀《まれ》なこと）の忠臣《ちゅうしん》和気清麻呂《わけのきよまろ》によってその非望《ひぼう》（身分《みぶん》不相応《ふそうおう》な望み）が打《う》ち砕《くだ》かれた。

第三の国体の危機が、承久《じょうきゅう》の変《へん》から建武中興《けんむのちゅうこう》、室町《むろまち》時代初期《しょき》にかけての約百七十余年間である。この時期こそ皇国日本《こうこくにっぽん》の最も危《あや》いときであった。

まず鎌倉幕府《かまくらばくふ》の執権《しっけん》（幕府の実質的支配者《じっしつてきしはいしゃ》）北條義時《ほうじょうよしとき》とその子泰時《やすとき》は承久の変においで仲恭《ちゅうきょう》天皇を廃《はい》し（退位《たいい》させること）後堀河《ごほりかわ》天皇を立て、三上皇《じょうこう》（後鳥羽《ごとば》上皇、順徳《じゅんとく》上皇、土御門《つちみかど》上皇）を遠島《えんとう》（それぞれ隠岐島《おきのしま》・佐渡島《さどがしま》・讃岐国《さぬきのくに》）に配流《はいる》（流罪《るざい》）した。蘇我《そが》のように殺害にまでは及ばなかったものの、天皇を勝手にすげかえて三上皇を島流しにするという臣下として日本人として絶対《ぜったい》にあってはならぬ暴虐無類《ぼうぎゃくむるい》（これ以上はない荒々しくむごいこと）、無道《むどう》この上なき大罪《たいざい》を犯《おか》した極悪人《ごくあくにん》が北條義時・泰時父子であった。義時死後、執権《しっけん》となった泰時は三上皇を流罪地《るざいち》から京都に帰還《きかん》することを遂《つい》に許さず、三上皇は配流《はいる》の地で空《むな》しく最期《さいご》を遂《と》げられたのである。滞在《たいざい》年数は後鳥羽《ごとば》上皇十八年間、順徳《じゅんとく》上皇二十二年間、土御門《つちみかど》上皇十四年間である。義時《よしとき》と泰時《やすとき》のこの大逆《だいぎゃく》は蘇我《そが》一族に決して劣るものではない。しかし戦後の学校教育を受けた人々は北條父子《ほうじょうふし》の犯した罪悪に対してほとんど無知、無感覚《むかんかく》で、逆に義時・泰時をすぐれた人物、指導者と思いこまされてきたのである。

そうして足利高氏《あしかがたかうじ》である。高氏はかねて北條《ほうじょう》に代《かわ》って幕府を開く野望《やぼう》を抱《いだ》き、建武中興成立《けんむのちゅうこうせいりつ》後直《ごただ》ちに後醍醐《ごだいご》天皇に反逆《はんぎゃく》、偽《いつわ》りの「天皇」を立てることにより室町幕府《むろまちばくふ》を開いたのであった。高氏の行ったことはこれまた日本人の道をまったく踏《ふ》みはずした大逆《だいぎゃく》であった。

孫の足利義満《あしかがよしみつ》に至っては高氏の上《うえ》を行《い》った。神武《じんむ》天皇以来《いらい》の「万世一系《ばんせいいっけい》の天皇」を廃絶《はいぜつ》し、息子を天皇として「足利王朝《あしかがおうちょう》」を立てんとしたのである。シナのようにまさに王朝交代《こうたい》の「革命《かくめい》」を断行《だんこう》せんとしたのである。わが国史《こくし》における最大級の超悪党《ちょうあくとう》であった足利一族の悪辣《あくらつ》さ（ひどくたちの悪いこと）は蘇我《そが》一族と甲《こう》乙《おつ》をつけ難い。

第四の国体の危機は元寇《げんこう》（蒙古《もうこ》の侵攻《しんこう》）である。この空前《くうぜん》の対外的《たいがいてき》危機は挙国一《きょこくいっ》致《ち》の皇室・国民の尽力《じんりょく》により打開《だかい》（行き詰った状態を解決すること）された。

第五の国体《こくたい》の危機は明治維新期《めいじいしんき》である。この危機は維新《いしん》の志士《しし》たちの献身《けんしん》・捨《す》て身《み》の尽力《じんりょく》により回避《かいひ》（避けること）しえた（『日本の偉人物語1・2・3・4・5・6・8』参照《さんしょう》）。

第六の国体の危機は大東亜戦争とその敗戦及びアメリカによる占領統治だが、これについては『日本の偉人物語6・7・8』及び本巻（第三話）を見ていただきたい。

「万世一系《ばんせいいっけい》の国体《こくたい》」の断絶《だんぜつ》、革命王朝《かくめいおうちょう》の出現《しゅつげん》こそなかったものの、このように国体は幾度《いくど》か廃絶《はいぜつ》の危機に直面《ちょくめん》したのである。ことに第三の危機は百年以上にわたる長期のものであり、この危機を打開《だかい》するには筆舌《ひつぜつ》に尽《つ》くし難《がた》い困難《こんなん》が伴《とも》なったのである。そのような時に後醍醐天皇が皇位《こうい》に立たれ、稀世《きせい》（世《よ》に稀《まれ》なこと）の忠臣《ちゅうしん》楠木正成《くすのきまさしげ》が出現《しゅつげん》したのである。

後醍醐天皇
——国体上の最重要人物の一人

後醍醐天皇《ごだいごてんのう》はわが国史上、時代環境《かんきょう》において最も困難《こんなん》な時期《じき》に皇位《こうい》（天皇の御《み》位《くらい》）に立たれたお方《かた》である。時《とき》に文保《ぶんぽう》二年（一三一八）三十一歳の壮齢《そうれい》であった（ご生誕《せいたん》は正応《しょうおう》元年〈一二八八〉承久《じょうきゅう》の変《へん》の六十七年後。崩御《ほうぎょ》は延元《えんげん》四年〈一三三九〉五十二歳）。

皇国《こうこく》日本の国体を考える上で最も重要な皇室《こうしつ》の方々《かたがた》は、皇祖《こうそ》天照大御神《あまてらすおおみかみ》・神《じん》武天皇《むてんのう》・聖徳太子《しょうとくたいし》・後醍醐天皇・明治天皇・昭和天皇の六方《ろくかた》である。いずれもわが国史の最も重要な節目《ふしめ》（大事なところ）、あるいは最大の国難《こくなん》に際会《さいかい》（出会うこと）して、国家民族の進むべき方向を指《さ》し示《しめ》された大先達《だいせんだつ》（偉大な指導者）である。後

後醍醐天皇

醍醐天皇以外の方々についてはわが国史において特別なご存在であることに異議《いぎ》をさしはさむ者はあるまい（聖徳太子は『日本の偉人物語9』、明治天皇は同5、昭和天皇は同6、にてのべた）。

しかし後醍醐天皇が以上の五人物に並ぶ国史上の最重要人物の一人と見る人は今日皆無《こんにちかいむ》である。それは建武中興《けんむのちゅうこう》がわずか三年ほどで瓦解《がかい》（崩《くず》れ去《さ》ること）したのを見て建武中興の意義《いぎ》を認めず、後醍醐天皇の政治を時代逆行《じだいぎゃっこう》の不当《ふとう》な反動《はんどう》（幕《ばく》府政治《ふせいじ》を否定《ひてい》し、天皇親政《てんのうしんせい》を回復《かいふく》したこと）と見、天皇を指導者として落第《らくだい》と見なす人々がほとんどすべてであるからである。

わが国の最重要な歴史の一つにおいて重大《じゅうだい》な役割《やくわり》を果《は》たす為に登場《とうじょう》した後醍醐天皇が、もし不明《ふめい》（愚《おろ》かなこと）で政治的能力の欠けた不徳《ふとく》（徳が欠けること）の天皇だとしたならば、なぜ楠木正成《くすのきまさしげ》のような日本第一と仰《あお》がれる偉人《いじん》が天皇に忠誠《ちゅうせい》を捧《ささ》げ尽《つ》くしたのであろうか。湊川《みなとがわ》での戦死《せんし》が無駄死《むだじに》となってしまうではないか。それでは正成は暗愚《あんぐ》な主君《しゅくん》に惚《ほ》れこんで遂《つい》にわが身《み》、わが一族を滅《ほろ》ぼした間抜《まぬ》けなお人好《ひとよ》しということになり評価《ひょうか》は下落《げらく》し、「大楠公《だいなんこう》」と賛《たた》えられることは虚《むな》しいことになってしまう。

後醍醐《ごだいご》天皇を暗君《あんくん》（愚かな君主《くんしゅ》）視《し》して建武中興《けんむのちゅうこう》の意義《いぎ》を否定することは、とりもなおさず楠木正成《くすのきまさしげ》を全面否定《ぜんめんひてい》することになるのである。正成を「大楠公《だいなんこう》」として仰《あお》ぎ賛《たた》えることは、すなわち正成が自己の全《すべ》てを捧《ささ》げた後醍醐天皇と建武中興を肯定《こうてい》して高く評価することにほかならない。後醍醐天皇と楠木正成は分離《ぶんり》し得《え》ないのである。両者は不可分一体《ふかぶんいったい》の関係にある。というより後醍醐天皇が存在《そんざい》したからこそ、「大楠公」楠木正成があり得《え》たのである。つまりあくまで後醍醐天皇あっての正成であり、天皇が「原因」であり正成が「結果」である。後醍醐天皇をおとしめることは正成をさげすむことになるのである。

後醍醐天皇のもとにはすぐれた人物が集まった。公家《くげ》では日野資朝《ひのすけとも》（幕府により殺害）、日野俊基《としもと》（同前）、北畠具行《きたばたけともゆき》（同前）、烏丸成輔《からすましげすけ》（同前）、北畠親房《ちかふさ》、武家《ぶけ》では楠木正成（戦死）、名和長年《なわながとし》（戦死）、新田義貞《にったよしさだ》（戦死）、菊池武時《きくちたけとき》（戦死）始め純忠至誠《じゅんちゅうしせい》の名臣《めいしん》（すぐれた家臣《かしん》）・名将《めいしょう》（すぐれた軍将《ぐんしょう》）がどうしてかくも生まれたのであろうか。ほとんどみな北條《ほうじょう》や足利《あしかが》の手により殺され、また戦死を遂《と》げている。それは正成始めこれらの人々が、後醍醐天皇の偉大な人格と崇高《すうこう》（尊《とうと》く気高《けだか》いこと）な理想に心の底から共感共鳴《きょうかんきょうめい》して奮《ふる》い立ち、一身《いっしん》を捧《ささ》げることに悔《く》いがなかったからにほかならない。

後醍醐天皇の建武中興の理想とは何であったか。それは日本国体《にっぽんこくたい》を純正《じゅんせい》（純粋にして正しいこと）なる姿《すがた》に戻《もど》すことであり、神武《じんむ》天皇の建てられた古《いにしえ》にかえすことである。すなわち「王政復古《おうせいふっこ》」であり、「天皇親政《てんのうしんせい》」（天皇が国家の中心に立ち、国家統治《こっかとうち》の主宰者《しゅさいしゃ》〈全体をまとめつかさどる人〉としてまつりごと〈祭祀《さいし》・政治〉を行うこと）による日本の再生《さいせい》、蘇《よみがえ》りであり、真《しん》の日本を取《と》り戻《もど》すことである。「王政復古」は誰もが知るように、明治維新により実現《じつげん》した。徳川幕府《とくがわばくふ》が消滅《しょうめつ》し約七百年間続いた武家政治《ぶけせいじ》が終り、明治天皇による親政《しんせい》が実現した。その五百年以上も前に、後醍醐天皇は「王政復古」「天皇親政」の理想を高く掲《かか》げられて、短期間であったとは言えこれを成就《じょうじゅ》されたのである。ここに後醍醐天皇の真《しん》の偉大さがある。

既述《きじゅつ》したように当時の朝廷《ちょうてい》の有様《ありさま》は無残《むざん》（みじめなこと）とも悲惨《ひさん》（悲しくいたま

しいこと）とも言《い》い様《よう》がなかった。後醍醐《ごだいご》天皇即位《そくい》の約百年前、承久《じょうきゅう》の変《へん》が起こり、北條義時《ほうじょうよしとき》・泰時《やすとき》により天皇は廃立《はいりつ》（義時が仲恭《ちゅうきょう》天皇を廃《はい》し後堀河《ごほりかわ》天皇を立てたこと）の憂目《うきめ》（つらいこと、悲しいこと）を見、三上皇《じょうこう》は流罪《るざい》にされた。以後、北條は皇位継承《こういけいしょう》の決定権《けっていけん》を握《にぎ》り、朝廷《ちょうてい》は幕府の制圧《せいあつ》（おさえつけられること）下《か》におかれて実質的《じっしつてき》に北條が朝廷の上《うえ》に君臨《くんりん》（君主《くんしゅ》として国を統治《とうち》すること）したのである。本来《ほんらい》、皇国《こうこく》日本に決してあってはならないことであった。

また朝廷は平安朝《へいあんちょう》以来四百数十年間、藤原氏《ふじわらし》による「摂関《せっかん》（摂政《せっしょう》・関白《かんぱく》）政治《せいじ》」が行われてきた。藤原は幼少《ようしょう》の天皇の外戚《がいせき》（皇后《こうごう》に藤原の娘をつけた）として朝廷の実権《じっけん》を握り支配した。天皇は名目的《めいもくてき》な飾《かざ》り物《もの》にされた。無論《むろん》、朝廷本来《ちょうていほんらい》の政治に全《まった》く相反《あいはん》するものである。

次いで平安朝後半《こうはん》、院政《いんせい》が始まった。院政とは退位《たいい》された天皇が「上皇」として天皇の上《うえ》に立って国政《こくせい》を見ることである。天皇の上に上皇が立つということ自《じ》体《たい》、無法《むほう》そのものであり国体《こくたい》を破壊《はかい》するものである。この異常《いじょう》な院政が二百年以上も続いたのである。

そうして遂に平安朝末期《まっき》、源　頼朝《みなもとのよりとも》により鎌倉幕府《かまくらばくふ》が開かれて武家政治《ぶけせいじ》が始まるのである。頼朝の開始した武家政治は当初《とうしょ》決して天皇・朝廷に対立して刃向《はむ》かうものではなかった。主《しゅ》として東国《とうごく》に存在する武士をまとめたばねる武家政権《ぶけせいけん》であり、天皇家を源《みなもと》とする源氏《げんじ》たる頼朝自身《じしん》、尊皇心《そんのうしん》の極《きわ》めて厚《あつ》い武士であった。しかし頼朝の血統《けっとう》は北条により根絶《ねだ》やしにされて、北条義時《ほうじょうよしとき》が鎌倉幕府を乗《の》っ取《と》った。北条には天皇・朝廷への忠誠心《ちゅうせいしん》がかけらもなかったから、承久《じょうきゅう》の変《へん》において北条泰時《やすとき》はあたかも占領軍《せんりょうぐん》が敵国に臨《のぞ》むがごとき態度《たいど》をもって京都に進駐《しんちゅう》（軍隊が他国の領土内に進軍《しんぐん》してある期間とどまっていること。大東亜戦争後、日本を占領したアメリカ軍は「進駐軍」とよばれた）、皇室の方々を情容赦《なさけようしゃ》なく厳罰《げんばつ》に処《しょ》して少しも良心《りょうしん》の呵責《かしゃく》（責めさいなまれること）を覚《おぼ》えなかったのである（それゆえに三上皇の帰還《きかん》を絶対に許さなかったのだ）。北条はこのあと皇位継承《こういけいしょう》に介入《かいにゅう》・干渉《かんしょう》（権限外《けんげんがい》のことにつき手出《てだ》しして自分の思い通りにすること）し、天皇・朝廷を厳重《げんじゅう》に監視《かんし》し続けた。その為に設置《せっち》されたのが京都における幕府の出先機関《でさききかん》（役所）である六波羅探題《ろくはらたんだい》である。

日本の日本たらんとする大理想
――「摂関政治」「院政」「幕府政治」の廃止と「天皇親政」

以上、後醍醐《ごだいご》天皇が即位《そくい》されたころの時代がいかなる状態《じょうたい》、環境《かんきょう》にあったかをのべたが、建武中興《けんむのちゅうこう》を志《こころざ》された後醍醐天皇の立場がいかに困難と危険に満ち溢《あふ》れたものであり、一歩《いっぽ》誤《あや》まれば承久《じょうきゅう》の変《へん》の二《に》の舞《まい》となり三上皇の如《ごと》く遠島《えんとう》は必至《ひっし》（必ずそうなること）の運命が待ち受けていたことが理解されよう。

後醍醐天皇は「真《しん》の日本」「本来《ほんらい》の日本」を取り戻そうとされたのである。それは天皇が皇国《こうこく》日本の祭政《さいせい》（まつり・まつりごと）の中心に立ち、国の政治を「知ろしめす」ことであり、国家統治《とうち》の総攬者《そうらんしゃ》（最高責任者）としての責務《せきむ》（責任、任務《にんむ》）を果《は》たすことであった。名目的《めいもくてき》には最高位にあってもただの飾《かざ》り物《もの》にされて、摂政《せっしょう》や関白《かんぱく》が政治の実権《じっけん》を握《にぎ》るあり方、また上皇が天皇の上《うえ》に立《た》つ院政《いんせい》は異常《いじょう》というしかない「変態政治《へんたいせいじ》」であり、それは断然廃止《だんぜんはいし》されなければならなかった。

そうしてもう一つは、幕府政治《ばくふせいじ》・武家政治《ぶけせいじ》を廃止《はいし》することである。なぜそうしなければならないのか。武家政治の本質《ほんしつ》は国家における武力《ぶりょく》・軍事力《ぐんじりょく》の保持《ほじ》とその行使《こうし》の権限《けんげん》を朝廷《ちょうてい》ではなく武家・幕府が握《にぎ》っていることにある。この武力《ぶりょく》保持と行使の権限《けんげん》は、わが国では「兵馬《へいば》の権《けん》」（あるいは「兵馬の大権《たいけん》」）とよばれた。平安《へいあん》時代、朝廷は当初《とうしょ》これを保持《ほじ》していたが、治《ち》にいて乱《らん》を忘れてあまりにも「文《ぶん》（文学・学問・芸術・文化）」を偏重《へんちょう》（一方だけ尊重《そんちょう》すること）して「武《ぶ》」を軽《かろ》んじた末、平安朝《へいあんちょう》は国家を護《まも》るべき武力・軍事力の保持を放棄《ほうき》してしまった。その結果、保元《ほうげん》の乱《らん》（保元元年《がんねん》〈一一五六〉）、平治《へいじ》の乱（平治元年〈一一五九〉）、源平《げんぺい》の戦い（治承《ちしょう》四―文治《ぶんち》元年〈一一八〇―一一八五〉）等《とう》において武力・軍事力は武家の専《せん》有物《ゆうぶつ》（一人占《ひとりじ》めすること）となり、朝廷はここに「兵馬の権」を完全に喪失《そうしつ》（失うこと）するのである。武力・軍事力・国防力《こくぼうりょく》は国家の威厳《いげん》（威力《いりょく》・尊厳《そんげん》）、独立《どくりつ》を保持する象徴《しょうちょう》（精神などを形にあらわしてみせるもの）である。その武力・軍事力・国防力を保有《ほゆう》しない国家、政権は根のない樹木《じゅもく》のようなものだから、平安朝は「摂《せっ》関政治《かんせいじ》」「院政《いんせい》」を通して徐々《じょじょ》に衰退《すいたい》してゆき、武家政治により止《とど》めを刺《さ》されて、肝腎（もっとも重要なもの）の「兵馬の権」を失って立ち枯れ状態に陥り、遂に承久《きゅう》の変の悲劇《ひげき》を招《まね》いたのである。

そうして既《すで》にのべた通り承久の変以後、幕府は皇位継承《こういけいしょう》に容喙《ようかい》（口をはさむこと）して事実上《じじつじょう》の決定権《けっていけん》を握《にぎ》った。皇位は本来《ほんらい》、天皇が決定すべきことである。しかし北條《ほうじょう》の介入《かいにゅう》・干渉《かんしょう》により皇統《こうとう》（皇室の血統《けっとう》）は二分《にぶん》し、さらに四分五裂《しぶんごれつ》してその中から天皇が立つというまったく異常《いじょう》そのものの惨憺《さんたん》（いたましく悲しいさま）たる状態《じょうたい》に陥《おちい》ったのが後醍醐《ごだいご》天皇の時代であった。それゆえ後醍醐天皇はこの点から言っても幕府の存在は決して許されず、討伐《とうばつ》（討《う》ち滅《ほろ》ぼすこと）されなければならなかったのである。後醍醐天皇がいかに数百年来《らい》のこの上《うえ》なき難題《なんだい》を抱《かか》えて皇位に立たれたかがわかるであろう。

後醍醐天皇はこうして心中《しんちゅう》に大志《たいし》を秘《ひ》めて政治を始められた。即位当時《そくいとうじ》、父君《ちちぎみ》後宇多上皇《ごうだじょうこう》は院政《いんせい》をとられていたが三年後廃止《はいし》された。摂政《せっしょう》・関白《かんぱく》はなおしばらく続いたが、建武中興《けんむのちゅうこう》が成就《じょうじゅ》するや廃止された。最も困難《こんなん》な課題《かだい》が幕府の廃止・討伐だが、これには慎重《しんちょう》を期《き》して密《ひそ》かに計画が練《ね》られた。

即位《そくい》から建武中興まで十数年間の後醍醐天皇の治政《ちせい》（政治を行うこと）はまことに立派《りっぱ》であった。前代の天皇、花園上皇《はなぞのじょうこう》は後醍醐天皇を「聖主《せいしゅ》」（すぐれた徳のある天皇、ひじり）とたたえられた。他の記録には「明王《めいおう》」「賢王《けんおう》」（ともに賢明《けんめい》な天皇の意）とある。『太平記《たいへいき》』はこう記《しる》している。

「誠《まこと》に天に受《う》けたる（天より授《さず》かったとの意）聖主《せいしゅ》（すぐれた徳のある天皇）、地《ち》に奉《ほう》ぜる（地上にて人々が崇《あが》め奉《たてまつ》るとの意）明君《めいくん》（賢明な君主《くんしゅ》）なりとその徳を称《しょう》じ（賛《たた》えること）、その化《か》に誇らぬ者は無《な》かりけり（万民《ばんみん》が天皇の善政《ぜんせい》により心からありがたく思い喜ぶこと）」

手放《てばな》しの絶賛《ぜっさん》である。後醍醐天皇の政治はすでに廃《すた》れた朝廷の儀式《ぎしき》を復活《ふっかつ》することを始め、「大御宝《おおみたから》」である国民の幸せを願い、その生活の安定をもたらす正しい民政《みんせい》（国民に対する政治）を柱《はしら》とするものであったから、『太平記』がのべる通り国民の歓呼《かんこ》（喜んで大声を上げること）を受けたのであった。

具体的例《ぐたいてきれい》を一つあげよう。院政《いんせい》が廃止されて親政《しんせい》が開始《かいし》された元亨元年《げんこうがんねん》（一三二一）の夏、日照《ひで》りが続き作物《さくもつ》が不作《ふさく》、米価《べいか》が高騰《こうとう》（高値《たかね》になること）して人々は食物《たべもの》に苦しんだ。そのとき後醍醐《ごだいご》天皇は「朕《ちん》(私)不徳《ふとく》あらば(徳が欠けているならば)、天《てん》、予《われ》(私)一人《いちじん》を罪《つみ》すべし。黎民《れいみん》(国民)何《なん》の咎《とが》(罪)有りてかこの災《わざわい》に逢《あ》へ《(え)》る(会う)」とのべられて、ご自身《じしん》の不徳を嘆《なげ》かれ朝食を廃止《はいし》された。そして検《け》非違使別当《びいしべっとう》(現在で言えば警察の最高責任者)に命じて、富裕者《ふゆうしゃ》が金儲《かねもう》けの為に蓄《たくわ》えている大量の米を出させ、公定価格《こうていかかく》を定《さだ》めて一挙《いっきょ》に(いっぺんに)三分の一の値段《ねだん》にして販売《はんばい》せしめ、多くの窮民《きゅうみん》(貧しい人々)を救うことに全力を尽くされたのである。それゆえ都の人々は上も下もみな、後醍醐天皇の民《たみ》を切《せつ》に思われてやまぬ清新潑剌《せいしんはつらつ》(元気が満《み》ち溢《あふ》れているさま)たる治政《ちせい》に深い悦《よろこ》びと光明《こうみょう》を感じたのである。後醍醐天皇の国家国民を思われるまことの心は、次の御製《ぎょせい》(天皇の詠《よ》む和歌)に示されている。

世《よ》を《(お)》さまり　民安《たみやす》かれと　祈《いの》るこそ
わが身《み》につきぬ　思ひ《(い)》なりけれ

代表的な御製であり、天皇のみ心はこの御歌《みうた》につきている。

みじか夜《よ》は　はやあけがたと　思《おも（う）》ふにも
心《こころ》にかかる　朝《あさ》まつりごと

短い夜が明けると、直《ただ》ちに今日《きょう》なすべき朝廷《ちょうてい》のまつりごと（政治）で心が一杯《いっぱい》になる天皇のあつきまことの心を詠《よ》まれたもの。

急《いそ》ぐなる　秋《あき》の砧《きぬた》の　音《おと》にこそ
夜《よ》さむの民《たみ》の　こころをも知《し》れ

砧＝布地《ぬのじ》を柔《やわ》らげたり艶《つや》を出したりするため布を打つのに使う木の台。またその台で衣《ころも》を打つこと。　**夜さむ**＝寒い秋の夜

秋の夜、寒さがつのるころ、砧を打つ民のことを思いやって詠《よ》まれたもの。

治《を（お）さ》まれる　跡《あと》をぞ慕《した（う）》ふ　おしなべて
誰《た》が昔《むかし》とは　思《おも（い）》ひ分《わ》かねど

おしなべて＝普通に。一体に。思ひ分く＝思い定める

古《いにしえ》の天皇のすぐれた治政《ちせい》を手本にして政治を行うお心持ちを詠《よ》まれたもの。

みな人《ひと》の　心《こころ》もみがけ　ちはやぶる
　神《かみ》の鏡《かがみ》の　くもる時《とき》なく

ちはやぶる＝神にかかる枕詞《まくらことば》

人は本来神の心を宿《やど》しているのだから、神の心がくもらぬよう自分の心をみがくことが大切《たいせつ》との意。

治世後半期《ちせいこうはんき》、北條《ほうじょう》・足利《あしかが》の非道《ひどう》の中にあって詠《よ》まれた御製《ぎょせい》を掲《かか》げる。

さしてゆく　笠置《かさぎ》の山《やま》を　出《い》でしより
　天《あめ》が下《した》には　かくれがもなし

元弘元年《げんこうがんねん》、北條討伐《とうばつ》に立ち上《あが》るも失敗《しっぱい》。京都を脱出《だっしゅつ》。笠置山を出たあと捕《とら》

えられた際《さい》のみ歌。

あは（わ）れとは　なれも見《み》るらむ（ん）　我《わ》が民《たみ》を
　おもふ（う）心《こころ》は　今《いま》もかは（わ）らず
幕府により隠岐島《おきのしま》に送られる途中《とちゅう》に詠《よ》まれたもの。

ここにても　雲居《くもゐ（い）》の桜《さくら》　さきにけり
　ただかりそめの　宿《やど》と思《おも》ふ（う）に
雲居＝宮中《きゅうちゅう》　**雲居の桜**＝紫宸殿《ししんでん》の「左近《さこん》の桜」のこと
建武中興《けんむのちゅうこう》が挫折《ざせつ》して、吉野に朝廷がおかれた時の御歌《みうた》。

花《はな》に寝《ね》て　よしや吉野《よしの》の　よしみづ（ず）の
　枕《まくら》の下《した》に　石《いは（わ）》走《ばし》るおと
吉野の吉水院《よしみずいん》を皇居《こうきょ》とした時の御歌。

埋《うづ(ず)》もるる　身《み》をば嘆《なげ》かず　なべて世《よ》の
　曇《くも》るぞつらき　今朝《けさ》の初霜《はつしも》

吉野に初霜がおりた。いつか私はこの地に埋もれてゆくがわが身のことは嘆かない。世の中全体が正しき道を知らずして打ち沈《しず》むことがまことにつらく悲しいとの意。後醍醐天皇の御製は後世の日本人の心魂《しんこん》を揺《ゆ》さぶってやまぬものがある。

吉野神宮(奈良県吉野郡)

建武中興《けんむのちゅうこう》はわずか三年足らずで挫折《ざせつ》、失敗に終った。楠木正成《くすのきまさしげ》始め名臣《めいしん》、名将《めいしょう》のほとんどが殺されあるいは戦死した。無惨《むざん》(いたわしくむごたらしいこと)な悲《ひ》劇《げき》に心が空《むな》しくなる人も多いことであろう。しかしながら、建武中興があまりにも短期間で終ってしまったから、意義《いぎ》は少しもなかったと思うならばそれは間違いであり、認識《にんしき》(物事《ものごと》をはっきり知りその意義を正しく理解すること)の誤りであると言わなければならない。

四百数十年間の摂関政治《せっかんせいじ》、二百余年間の院政《いんせい》、百五十年間の幕府政治《ばくふせいじ》が消滅《しょうめつ》し、一時《いちじ》ながらも朝廷本来《ちょうていほんらい》の姿《すがた》が回復《かいふく》して、神武天皇《じんむてんのう》以来《いらい》の天皇親政《てんのうしんせい》が実現《じつげん》したことの意義《いぎ》は筆舌《ひつぜつ》に尽《つ》くし難《がた》くまことに重大《じゅうだい》であった。これを最初《さいしょ》に力説《りきせつ》してやまなかったすぐれた国史《こくし》学者黒板勝美《くろいたかつみ》(東京帝国大学教授)はこうのべている。

「天皇親政の実現、これこそは数百年の間踏《あいだふ》み迷《まよ》っていたわが国体《こくたい》を正しい道に引《ひ》き戻《もど》したものである。わが日本皇国《こうこく》は正《まさ》にこの時において甦生《こうせい》(よみがえること)したものと言える。……これ一般《いっぱん》に広く武家《ぶけ》時代と言われている時代の中に、たとえその期間がどんなに短くとも天皇親政を中心とせる一つの独特《どくとく》の時代として記憶《きおく》されねばならない所以《ゆえん》(理由)である。……この時代は実《じつ》に大化改新《たいかのかいしん》と明治《めいじ》維新《いしん》とに対し重大な意義を有《ゆう》せる皇家《こうけ》(天皇家)中興《ちゅうこう》の時代であり、皇家中興時代と称《しょう》することによって、この時代の真《しん》の意義《いぎ》がはじめて把握《はあく》(つかむこと)せられるのである」

後醍醐《ごだいご》天皇が天皇国日本の正しいあり方、道理《どうり》・道義《どうぎ》の上《うえ》に立ち遂《つい》に不義非道《ふぎひどう》なる北條《ほうじょう》の鎌倉幕府を打ち倒して、わが国本来《ほんらい》の天皇親政《しんせい》・王政復古《おうせいふっこ》を成《な》し遂《と》げたことが、結局《けっきょく》五百年後の明治維新を導《みちび》く原動力《げんどうりょく》となったのである。建武中《けんむのちゅう》興《こう》の悲劇の歴史は維新の志士《しし》たちの魂に深く刻《きざ》まれずにはおかなかった。明治維新は日本中興の英主《えいしゅ》（すぐれた君主《くんしゅ》）たる後醍醐《ごだいご》天皇の遺志《いし》（故人《こじん》があとに残した意志）を継承《けいしょう》しその理想を実現したものであった。中興がどんなに短い期間であったとしてもその正しき意義《いぎ》は不滅《ふめつ》であり、建武中興の歴史的意義はいかに強調《きょうちょう》してもし過《す》ぎることはないことを知らなければならない。なお明治二十二年、天皇が崩御《ほうぎょ》された吉野《よしの》の地に吉野神宮《じんぐう》が建立《こんりゅう》された。

後醍醐天皇のあとの吉野の朝廷《ちょうてい》（いわゆる南朝《なんちょう》）は、後村上《ごむらかみ》天皇、長慶《ちょうけい》天皇、後亀山《ごかめやま》天皇と続《つづ》き、五十七年間、三種《さんしゅ》の神器《じんぎ》（八咫鏡《やたのかがみ》・天叢雲剣《あまのむらくものつるぎ》〈草薙剣《くさなぎのつるぎ》〉・八《や》尺瓊勾玉《さかにのまがたま》、皇位《こうい》と不可分《ふかぶん》の宝器《ほうき》）を奉《ほう》じて皇統《こうとう》を護持《ごじ》したが、正中《せいちゅう》九年（一三九二）、後亀山《ごかめやま》天皇は持明院統《じみょういんとう》の後小松《ごこまつ》天皇に神器《じんぎ》を譲《ゆず》られていわゆる南北の合一《ごういつ》がなされた。この間《かん》、楠木《くすのき》、新田《にった》、菊池《きくち》、名和《なわ》、北畠《きたばたけ》らの一族は終始、道義《どうぎ》を守り皇室に忠誠《ちゅうせい》を捧《ささ》げて苦節《くせつ》（節操《せっそう》〈道義・信念を堅《かた》く守ること〉）を全《まっと》うしたのである。

2、正成だけが出来た古今独歩《ここんどっぽ》の戦い

建武中興を導いた正成の一言

御即位以来《ごそくいいらい》、密《ひそ》かに準備《じゅんび》に努《つと》められた後醍醐天皇は六年後の正中元年《しょうちゅうがんねん》（一三二四）、いよいよ鎌倉幕府打倒《かまくらばくふだとう》の計画を実践《じっせん》に移《うつ》されんとしたが、幕府の探知《たんち》（探《さぐ》り知ること）するところとなった。六波羅探題《ろくはらたんだい》は首謀者《しゅぼうしゃ》（はかりごとの中心者）と見られた日野資朝《ひのすけとも》、日野俊基《ひのとしもと》らを捕《とら》えた。資朝は責任を一身《いっしん》に背負《せお》って佐渡島《さどがしま》に流罪《るざい》（罪人を遠い島などに流す刑罰《けいばつ》）となった。そのため俊基は罪を免《まぬか》れた。資

朝と俊基こそ後醍醐《ごだいご》天皇の手足《てあし》となって尽力《じんりょく》した腹心《ふくしん》（深く信頼《しんらい》する部下《ぶか》）であり、公家《くげ》としての家柄《いえがら》・身分《みぶん》は低かったが建武中興成就《けんむのちゅうこうじょうじゅ》の礎《いしずえ》となった名臣《めいしん》（すぐれた臣下《しんか》・家臣《かしん》）中《ちゅう》の名臣であった。

後醍醐天皇は一敗地《いっぱいち》に塗《まみ》れ（失敗すること）たが、しかし討幕《とうばく》の素志《そし》（平常《へいじょう》の志《こころざし》）は確固不動《かっこふどう》であり、お心は少しも弛《たゆ》む（心をゆるませること）ことはなかった。

七年後の元弘元年《げんこうがんねん》（一三三一）、再び起《た》ち上《あが》ったのである。しかし六波羅探題《ろくはらたんだい》の探索《たんさく》（探《さぐ》り調べること）の目はきびしく、この時も事前《じぜん》に計画が露顕《ろけん》（隠しておいたことがあらわれること）し、天皇方《がた》の公家《くげ》、僧侶《そうりょ》らが次々に捕《とら》えられて天皇の身《み》に危険《きけん》が迫《せま》った。そこで後醍醐天皇は八月下旬《げじゅん》、ひそかに御所《ごしょ》を脱出《だっしゅつ》、奈良に向い東大寺に入《はい》られ、そのあと笠置山《かさぎやま》におもむかれた。笠置山は自然の要害《ようがい》（地勢《ちせい》が険《けわ》しく敵を防ぐのに便利なとりで）であったが、幕府軍の襲撃《しゅうげき》を受けて脱出、そのとき詠《よ》まれたのが次《つぎ》の御製《ぎょせい》である。

さしてゆく　笠置《かさぎ》の山《やま》を　いでしより

天《あめ》が下《した》には　かくれがもなし

「笠」は雨のときにさす傘《かさ》と、笠置山を示す掛詞《かけことば》。日本国の君主《くんしゅ》である後醍醐天皇が幕府軍に追われて身《み》を隠すところもない哀《かな》しさを詠まれたもの。後世《こうせい》の日本人の魂を打つ名歌である。このあと捕《つか》まり隠岐島《おきのしま》に流される。

後醍醐天皇が笠置山に着かれた時、天皇のもとに真先《まっさき》に馳《は》せ参《さん》じたのが楠木《くすのき》正成《まさしげ》であった。正成は河内国《かわちのくに》(現大阪府)金剛山《こんごうさん》のふもと赤坂《あかさか》を本拠地《ほんきょち》(根本《こんぽん》のよりどころ、根城《ねじろ》)とする一豪族《いちごうぞく》で、年齢《ねんれい》は三十八歳ぐらい(正確な年齢は不明《ふめい》)だった。北條《ほうじょう》の鎌倉幕府から見るなら取るに足らぬ小豪族でしかなかった。

しかし討伐《とうばつ》の企《くわだ》てがまたもや挫折《ざせつ》して御所《ごしょ》におられなくなり脱出してきた後醍醐天皇にとって、ただ一人正成が駆《か》けつけて来てくれたことはまことに心強い思いがした。天皇は鎌倉幕府を討ち倒す方略《ほうりゃく》(方法・策略《さくりゃく》)をお尋《たず》ねになった。正成は次の通り奉答《ほうとう》(高貴《こうき》な方へお答えすること)した。

「東夷《とうい》、近日《きんじつ》の大逆《だいぎゃく》、ただ天《てん》の譴《せめ》を招《まね》き候《そうろう》上《うえ》は、衰乱《すいらん》の弊《つい》えに乗《の》つて、天誅《てんちゅう》を致《いた》されんに何《なん》の子細《しさい》か候《そうろう》べき。ただし天下草創《てんかそうそう》の功《こう》は、武略《ぶりゃく》と智謀《ちぼう》との二つにて候《そうろう》。もし勢《せい》を合《あ(わ)》はせて戦《たたか(わ)》はば、六十余州《よしゅう》の兵《つわもの》を集《あつ》めて武蔵《むさし》・相模《さがみ》の両国《りょうこく》に対《たい》すとも勝《か》つ事《こと》を得《え》がたし。もし謀《はかりごと》を以《もっ》て争《あらそ(わ)》はば、東夷《とうい》の武力《ぶりょく》ただ利《と》きを摧《くだ》き堅《かた》きを破《やぶ》る内《うち》を出《い》でず。これ欺《あざむ》くに安《やす》うして、怖《おそ》るるに足《た》らぬところなり。合《かっ》戦《せん》の習《なら(い)》ひにて候《そうら(え)》へば、一旦《いったん》の勝負《しょうぶ》をば必ずしも御覧《ごらん》ぜらるべからず。正成一人《まさしげいちにん》いまだ生きて有《あ》りと聞こしめされ候《そうら(わ)》はば、聖運遂《せいうんつい》に開《ひら》かるべしと思召《おぼしめ》され候《そうら(え)》へ」

(『太平記』)

東夷＝北條・鎌倉幕府　**大逆**＝天皇への反逆《はんぎゃく》　**天の譴**＝天のとがめ、天罰《てんばつ》　**衰乱の弊えに乗って**＝その衰《おとろ》えに乗《じょう》じて　**天誅～候べき**＝天に代って誅伐《ちゅうばつ》を加えるのに何《なん》の困難がございましょう　**天下草創の功は**＝天下統一の事を運ぶには　**武略と智謀の～候**＝武力とはかりごとの二つを要《よう》します　**勢を～戦はば**＝武力だけに頼るならば　**六十余州**＝全国、六十六カ国　**利きを摧き堅を破る内を出でず**＝鋭利《えいり》な刃《やいば》をくだき堅固《けんご》なよろいを破ることは簡単なこと　**欺くに安うして**＝はかりごとにかけやすく　**合戦の習い**＝戦いの常、習慣　**一旦の勝負**＝一

時の勝ち負け　**聖運**＝天皇のご運　**思召す**＝お思いになる。思うの敬語。

【現代語訳】鎌倉幕府の最近の大逆《だいぎゃく》(君主《くんしゅ》や親を殺すような人間としてあるまじき罪悪《ざいあく》)は必ず天罰《てんばつ》をこうむるでありましょうから、その衰《おとろ》えに乗《じょう》じて天《てん》に代《かわ》り誅伐《ちゅうばつ》を加えるのに何《なん》の困難《こんなん》がございましょう。天下《てんか》を一新《いっしん》する大業《たいぎょう》を遂《と》げる為には、武力とはかりごとの二つを要《よう》します。もし武力だけに頼《たよ》って戦うならば、全国六十余カ国の兵力《へいりょく》を結集《けっしゅう》しても北条《ほうじょう》の本拠地《ほんきょち》である武蔵《むさし》・相模《さがみ》の兵に勝つことは出来ません。しかしはかりごとをもって争うならば、幕府はただ強い武力を頼りとしているだけですので、はかりごとにかけて討ち滅ぼしやすく少しも怖《おそ》れるに足《た》りません。合戦《かっせん》をすれば勝つこともあれば負けることもあります。一時《いちじ》の勝敗にどうかお心をかけられないで下さい。私正成ひとりいまだ生きているとお聞きになられましたならば、天皇陛下の御運《ごうん》は必ずや開かれるとお考え下さいませ。

正成は後醍醐《ごだいご》天皇に対して、私ひとり生きている限り必ず北条《ほうじょう》を討ち倒し幕府を消滅《しょうめつ》させ、建武中興《けんむのちゅうこう》を成就《じょうじゅ》せしめてご覧《らん》に入れますと力強く頼《たの》もしく堂々《どうどう》とお答《こた》えしたのである。何《なん》という大言壮語《たいげんそうご》(意気《いき》さかんな勇ましい言葉、豪語《ごうご》)であろうか。当時の北條《ほうじょう》の勢力《せいりょく》は天下無敵《てんかむてき》であった。全国六十余州《よしゅう》の兵力《へいりょく》を以《もっ》てしても、武蔵《むさし》・相模《さがみ》を本拠地とする北條の武力《ぶりょく》には到底《とうてい》かなわず敵対《てきたい》は絶対不可能と思われた時代である。北條の率《ひき》いる日本の武力は世界一の蒙古《もうこ》の軍でさえ再度《さいど》撃退《げきたい》したのである。北條の武力の強さは比類《ひるい》を絶していたのである。わずかな兵力しか持たぬ楠木正成《くすのきまさしげ》が、私ひとり生きている限り必ず北條を討ち滅ぼしますと奉答《ほうとう》したことが、いかに破天荒《はてんこう》(誰もしたことのないことをすること)であり、常識《じょうしき》を完全にうち破る狂気《きょうき》の沙汰《さた》(気が狂った行為)としか思われぬ誇大妄想《こだいもうそう》(思い上がった気持ちでとんでもないことを考えること)の一言《ひとこと》であったのである。だがしかし正成《まさしげ》はこの言葉の通りを実現《じつげん》したのであった。

「正成一人《いちにん》、いまだ生きて有《あ》りと聞《き》こし召《め》され候《そうら(わ)》ば、聖運遂《せいうんつい》に開かるべしと思召《おぼしめ》され候《そうら(え)》へ」

この一言こそ日本国史上《こくしじょう》、空前絶後《くうぜんぜつご》とも言うべき金言《きんげん》(最も貴重《きちょう》な不滅《ふめつ》の言葉)であったのである。わが国近代の傑出《けっしゅつ》(他にすぐれていること)した文学者保田與重郎《やすだよじゅうろう》は、正成のこの一言についてこうのべている。

「『正成一人いまだ生きて有りと聞こし召され候は《(わ)》ば、聖運《せいうん》遂に開かるべしと思《おぼし》召《め》され候へ《(え)》』ということばは、壮烈《そうれつ》(強く勇ましくはげしいこと)というよりもむしろ悲痛《ひつう》である。悲劇《ひげき》の極致《きょくち》(きわまること)を自《おのずか》ら形成《けいせい》するものである。けだし(おおかた、たいてい、すなわちの意)それは、皇師《こうし》(天皇の軍隊)即《そく》正成という思想、さらに言えば正成即皇師という思想に発《はっ》する不敗《ふはい》の信念《しんねん》であるが、『正成一人』と申し上げていることが沈痛骨《ちんつうほね》を削《けず》る思い(深い悲しみに骨を削るような心の痛みを覚《おぼ》えること)をさせるのである。

時に現実に於《おい》てまさしく『正成一人』だったのであるから、沈痛の情《じょう》深いのも当然であった。孤城《こじょう》(赤坂城・千早城)に義旗《ぎき》(後醍醐天皇を仰《あお》ぐ正義の軍旗《ぐんき》)をかかげられた時、天下みな敵であった。大楠公《だいなんこう》がついに唯一人《ただひとり》だった期間は久《ひさ》しく続いたのである。大楠公はその戦いを即座《そくざ》に(直《ただ》ちに)決意し、しかもその信念《しんねん》を素直《すなお》に言上《ごんじょう》(上位《じょうい》の人に申し上げること)したのである。

国史軍記《こくしぐんき》の伝える三千年のわが歴史に於《お》いて、義士烈士《ぎしれっし》（道義《どうぎ》の士《し》・勇士《ゆうし》）雲の如《ごと》く現われているけれども、この瞬間《しゅんかん》に於ける大楠公《だいなんこう》ほどに壮烈鬼神《そうれつきじん》をあざむく（この上なき道義と勇気のはげしい心は荒々しく恐ろしい鬼神《きじん》でさえ立ち向うことが出来ないとの意）という形容《けいよう》（すがたかたち）そのままに、神そのものであった人士《じんし》（人物）は見い出しえない。しかも大楠公は終始《しゅうし》この弁《べん》（言葉）のままに実践《じっせん》せられたのである。これほどの勇気ある士、しかもその勇気を堂々と吐《は》き得《え》た大勇猛《だいゆうもう》の士は、三千年国史に雲の如《ごと》くあらわれた英雄豪傑《ごうけつ》の中に一人として比肩《ひけん》（肩を並べること）する者を見ない。けだし大楠公の思想は勇を超《こ》えた道義《どうぎ》であり理念《りねん》（正しき道理《どうり》・真理《しんり》）だったのである。この大楠公が神として祭られることは当然である」

この文章をよくかみしめてほしい。無上《むじょう》（この上ないこと）不朽《ふきゅう》（不滅）の大楠公論である。私は若い時これを読み深く感銘《かんめい》、その後、大楠公について講演するとき必ずこれを朗読《ろうどく》している。

正成なくして建武中興なし
――北條に対して起ち上った大勇《たいゆう》

笠置山《かさぎやま》にたてこもった後醍醐《ごだいご》天皇のもとの少数の軍勢《ぐんぜい》に対して、幕府《ばくふ》は大軍《たいぐん》を以《もっ》て攻《せ》めつけたので九月末、笠置は陥落《かんらく》（攻めおとされること）した。後醍醐天皇は捕《とら》えられて六波羅探題《ろくはらたんだい》に身柄《みがら》を拘束《こうそく》（つかまえて自由にさせないこと）された後、翌元弘《げんこう》二年（一三三二）、隠岐島《おきのしま》に流された。同時に幕府は後醍醐天皇が存在するのにもかかわらず、皇族のもう一つの系統《けいとう》である持明院統《じみょういんとう》より「光厳《こうごん》天皇」を擁立《ようりつ》した。

これよりわが国に二人の天皇が並び立つというありうべからざる異常《いじょう》な状態《じょうたい》に至《いた》るのである。たとえ隠岐に流されたとはいえ後醍醐天皇が譲位《じょうい》の意志《いし》を示されない限り、「光厳天皇」は成り立ちえないが、北條《ほうじょう》はこの無法《むほう》を犯《おか》すのである。承久《じょうきゅう》の変以後《へんいご》、皇位《こうい》の決定権《けっていけん》を持った北條は、幕府を倒《たお》さんとする後醍醐天皇の存在《そんざい》を真向《まっこう》から否定《ひてい》し、気にくわない天皇の首をすげかえたのである。反抗《はんこう》する天皇や上皇《じょうこう》を廃《はい》し、あるいは島流しにして亡《な》くなるまで帰還《きかん》を許さない。これが北條《ほうじょう》のお家芸《いえげい》、伝統《でんとう》であった。なお北條は後醍醐《ごだいご》天皇を流罪《るざい》にするとともに天皇の忠実《ちゅうじつ》な腹心《ふくしん》であった日野資朝《ひのすけとも》・日野俊基《ひのとしもと》・北畠具行《きたばたけともゆき》・烏丸成輔《からすましげすけ》を殺害した。北條に反抗《はんこう》する者はことごとく厳《きび》しく処罰《しょばつ》したのである。

　楠木正成《くすのきまさしげ》は笠置《かさぎ》にて奉答《ほうとう》したあと直《ただ》ちに赤坂《あかさか》に戻《もど》り、九月、下赤坂城《しもあかさかじょう》にて挙兵《きょへい》（兵を挙《あ》げて戦いを始めること）した。以後、延元元《えんげんがん》年（一三三六）まで約五年間、正成の不屈《ふくつ》の戦いが始まるのである。幕府は十月大軍を以て攻め寄《よ》せた。わずか二町《にちょう》（約二百メートル）四方の小城《こじろ》だったが、正成はすぐれた戦術《せんじゅつ》を駆使《くし》して幕府《ばくふ》軍《ぐん》に少なからぬ損害《そんがい》を与えた。普通ならばこの大軍の前に一日ともたずひともみに踏《ふ》み潰《つぶ》されるところだが五日間敢闘《かんとう》した。しかし食糧が尽《つ》きたため城を焼き、正成と部下は退散《たいさん》した。その際《さい》、正成は「泣《な》き男《おとこ》」（葬式《そうしき》のとき悲しみを盛りたてるため泣くことを仕事とする者）を使い、正成公は戦死したと泣きながら言わせて歩かせた。幕府軍は一件落着《いっけんらくちゃく》（片付くこと）、これにて安心と引《ひ》き揚《あ》げた。

正成《まさしげ》は「戦死」し、後醍醐天皇は翌春《よくしゅん》、隠岐島《おきのしま》に流され、腹心《ふくしん》たちはみな処罰《しょばつ》された。こうして正中《しょうちゅう》の変《へん》に続き、元弘《げんこう》の変も失敗、後醍醐天皇は再び無惨《むざん》（みじめなこと）な挫折《ざせつ》を味わうのである。幕府の壁《かべ》は厚くその強大なる武力はいささかのかげりも見せなかった。幕府を討伐《とうばつ》することは全《まった》く白昼夢《はくちゅうむ》（真昼《まひる》に見る夢、空想《くうそう》）、幻想《げんそう》（まぼろし）以外の何物《なにもの》でもないことが骨身《ほねみ》に染《し》みて思い知らされたのであった。後醍醐天皇が隠岐に流された時点《じてん》で、もう駄目《だめ》だ、これで終りと思わぬ者はなかった。忠臣《ちゅうしん》たちもみな殺されて万事休《ばんじきゅう》す、承久《じょうきゅう》の変の二《に》の舞《まい》で終るはずであったのである。

ところが死んだふりをして唯一人《ただひとり》起《た》ち上《あが》ったのが正成であったのである。正成は一時《いちじ》の勝敗に頓着《とんちゃく》（気にかけること）なさらないで下さいと申し上げた通り、下《しも》赤坂城《あかさかじょう》で敗れはしたがその翌年（元弘二年〈一三三二〉）十一月、再び起ち上るのである。このことがいかに名状《めいじょう》に尽くしがたい至難《しなん》（最もむずかしいこと）の行為であったかは、今日《こんにち》の人々の想像《そうぞう》を絶《ぜっ》するものがある。建武中興《けんむのちゅうこう》の真《しん》の意義《いぎ》を明らかにした国史学《こくしがく》の大家《たいか》が黒板勝美《くろいたかつみ》と平泉澄《ひらいずみきよし》（ともに戦前、東京帝国大学教授、二人は師弟《してい》)だが、平泉《ひらいずみ》はこうのべている。

「御企《おくわだ》ては正中元年《しょうちゅうがんねん》にも敗《やぶ》れ、元弘《げんこう》元年にも敗れ、遂《つい》に天皇は隠岐《おき》に御遷幸《ごせんこう》(流罪《るざい》にあったこと)あり、尊良親王《たかながしんのう》は土佐《とさ》に、尊澄法親王《そんちょうほうしんのう》は讃岐《さぬき》に流《なが》され給《たま》い、帷幄《いあく》に参《さん》じた(天皇と心を一つにして討幕計画《とうばくけいかく》を立てたこと)日野資朝《ひのすけとも》・同俊基《としもと》・北畠具行《きたばたけともゆき》・烏丸成輔《からすましげすけ》等《など》の人々は皆殺され、再び徒《いたず》ら(無駄《むだ》なこと)に承久《じょうきゅう》の覆轍《ふくてつ》(失敗)をふんで、大事《だいじ》も最早《もはや》これまでかと思わるるに至《いた》ったではないか。

しかるに大事既《すで》に去ったと思われた時に於《お》いて、悲運《ひうん》(不運《ふうん》、逆境《ぎゃっきょう》)のうちに蹶起《けっき》(決然として起ち上ること)して狂瀾《きょうらん》を既倒《きとう》にかえし(敗勢《はいせい》を挽回《ばんかい》すること)、見事《みごと》、回天《かいてん》の偉業《いぎょう》(建武中興《けんむのちゅうこう》のこと)を成就《じょうじゅ》したのは、究極《きゅうきょく》(はて、きわみ、とどのつまり)にしていえば楠木正成《くすのきまさしげ》の功績《こうせき》に外《ほか》ならぬ。

承久の失敗がいかに多くの悲劇《ひげき》を生んだかは、百年の歳月《さいげつ》を経過《けいか》しても猶《なお》決して忘れられていなかった。況《いわ》んや今もまのあたり見る正中《しょうちゅう》・元弘《げんこう》の悲惨事《ひさんじ》の数々に、幕府がいかに強盛《きょうせい》であるか、これに抗敵《こうてき》(敵対すること)することのいかに困難であるかは人々の腸《はらわた》(心の底)に沁《し》みて熟知《じゅくち》(よく知ること)するところであった。

誰《だれ》が無謀《むぼう》（成功の見こみがないこと）にも兵《へい》を此《こ》の際《さい》に挙《あ》げよう。また挙げたとて成功しよう。それは誠忠《せいちゅう》（真心《まごころ》からの忠義《ちゅうぎ》、まこと）無二《むに》（二人といないこと）、智謀《ちぼう》（智恵、策謀《さくぼう》）また湧《わ》くが如《ごと》き楠公《なんこう》をまたなければならなかった。回天《かいてん》（時勢《じせい》を一変《いっぺん》し国家の衰退《すいたい》を回復《かいふく》すること）の偉業《いぎょう》は一《いつ》に楠木正成の力によって出来たのであった」保田與重郎《やすだよじゅうろう》がのべたように楠木正成は古今《ここん》に比類《ひるい》なき「大勇猛《だいゆうもう》の士《し》」であり、三千年のわが国史《こくし》に比肩《ひけん》する者のない大英傑《だいえいけつ》であったことを、平泉もまた言葉を尽《つ》くして絶賛《ぜっさん》したのである。まことに正成の千早城《ちはやじょう》の戦いがなかったならば、建武中興《けんむのちゅうこう》は決してあり得《え》なかったのである。

千早城の奇蹟の戦い
――天下の大軍を一手に迎え撃つ

楠木正成は元弘《げんこう》元年（一三三一）十月、下赤坂城《しもあかさかじょう》の戦いで戦死と見せかけ行方《ゆくえ》をくらまして一年、再挙《さいきょ》に向けて万端《ばんたん》（あらゆること）の準備《じゅんび》をした。本拠地《ほんきょち》・赤坂の背後《はいご》に横たわる金剛山中《こんごうさんちゅう》にある独立した一峰《いっぽう》に構築《こうちく》したのが千早城《ちはやじょう》である。この山城《やまじろ》は南北二百五十メートル、東西約四十メートル。これを奥（南方）から本《ほん》丸《まる》・二《に》の丸《まる》・三《さん》の丸《まる》・四《よん》の丸《まる》に区画《くかく》した。麓《ふもと》の千早村《ちはやむら》からの比高《ひこう》（高低《こうてい》の差）は本丸で約二百メートル、四の丸で約百メートルである。千早城のまわりはみな深い谷で斜面《しゃめん》は急峻《きゅうしゅん》（とてもけわしいこと）、攻撃側にとりまことに攻めずらい要塞《ようさい》（とりで）であった。後世《こうせい》、日本一の軍神《ぐんしん》と賛《たた》えられた正成《まさしげ》は、戦略《せんりゃく》・戦術《せんじゅつ》・築城《ちくじょう》等《とう》戦争に関《かん》する全《すべ》ての事柄《ことがら》につき誰よりもすぐれた見識《けんしき》（物事《ものごと》を見通《みとお》す見解《けんかい》・すぐれた見方《みかた》）・手腕《しゅわん》・経験《けいけん》を持っていたから、敵が攻めにくい最適《さいてき》の山中《さんちゅう》に短期間に千早城を築《きず》き上げて、幕府の大軍をここにおびき寄《よ》せ釘付《くぎづ》けにする巧《たく》みな戦《せん》略《りゃく》を立てたのである。

　正成の戦いは千早城で挙兵《きょへい》する半年以上前の元弘《げんこう》二年（一三三二）四月、すでに開始《かいし》されていた。それは下赤坂城奪還《しもあかさかじょうだっかん》（奪いかえすこと）の戦いである。下赤坂城は前年十月落城後《らくじょうご》、幕府方《がた》の手《て》に渡《わた》ったが、奇策《きさく》（人が思いつかないような策略《さくりゃく》）を用《もち》いて取《と》り戻《もど》すのみならず、敵将《てきしょう》を降参《こうさん》させた上、これを味方《みかた》にした。

　そのあと正成は千早城《ちはやじょう》の要塞《ようさい》づくりと並行《へいこう》（並んで行うこと）して、元弘二年十二月から翌年正月にかけて、北河内《きたかわち》・大和《やまと》・和泉《いずみ》の方面《ほうめん》に出撃《しゅつげき》して幕府側の武将《ぶしょう》と戦い、次々に打ち破った。正成は野戦《やせん》においても傑出《けっしゅつ》（特《とく》にすぐれて抜《ぬ》きん出《で》ること）した名将《めいしょう》であった。正成は堺《さかい》・住吉《すみよし》・天王寺《てんのうじ》から淀川《よどがわ》沿《ぞ》いの渡辺橋《わたなべばし》にまで進出《しんしゅつ》して幕府側に痛《いた》い目《め》を遭《あ》わせたから、幕府は恐怖《きょうふ》を募《つの》らせ、今度《こんど》こそ憎《にく》き正成を討《う》ち滅《ほろ》ぼそうとして全国に出兵《しゅっぺい》を命じた。

　元弘三年（一三三三）二月、幕府は大軍をもって三方向（河内・大和・紀伊《きい》）より千早城に向った。その全兵力《ぜんへいりょく》を『太平記』は八十万とか百万とか記《しる》している。実《じっ》際《さい》はこれほど多くはないが、戦争において兵力を誇張《こちょう》（実際《じっさい》よりも多くおおげさに言うこと）するのは常《つね》である。全国六十六カ国の大半《たいはん》からよび集めた。正確《せいかく》な数字は不明《ふめい》だがおよそ五万から多くて十万人ほどの大兵力であった。当時において一戦場にこれほどの大軍が集結《しゅうけつ》することは前代未聞《ぜんだいみもん》のことであった。幕府がたった一人刃向《はむか》った小兵力《しょうへいりょく》しか持たぬ正成をいかに恐怖《きょうふ》したか知られよう。

　正成《まさしげ》は千早城の約八キロ北方に上赤坂城《かみあかさかじょう》を築き、千早城と上赤坂城を中核《ちゅうかく》（重要な部分)としてその前方《ぜんぽう》、周囲《しゅうい》にもいくつか小砦《しょうとりで》を構《かま》えて幕府軍を迎《むか》え撃《う》った。戦闘は二月初旬《しょじゅん》から始まった。兵力において問題にならぬ楠木勢《くすのきぜい》であったが、その戦いぶりは古今《ここん》の歴史《れきし》にないものであった。閏《うるう》(四年に一度、一年が十三カ月になり、この年二月が二度あった)二月一日、上赤坂城が落ち、生存兵《せいぞんへい》は千早城に退《しりぞ》いた。同日、大塔宮護良親王《おおとうのみやもりながしんのう》の率《ひき》いる吉野山《よしのやま》の天皇方《てんのうがた》が敗《やぶ》れた。護良親王は辛《かろ》うじて脱出《だっしゅつ》した。残るは千早城だけとなった。吉野山方面の幕府軍は千早城に向った。幕府の大軍が河内・大和・紀伊の三方向より千早城を重包囲《じゅうほうい》したのは天下の壮観《そうかん》(壮大《そうだい》なながめ)であった。このとき正成の兵力はわずかに約千名、包囲する幕府軍は少なく見ても約五万名、五十対一の戦いであった。この戦いが五月前半《ぜんぱん》まで続くのである。正成は少数の兵を励まして卓越《たくえつ》(ずば抜けてすぐれていること)した戦術・策略《さくりゃく》を縦横《じゅうおう》にめぐらして不撓不屈《ふとうふくつ》の戦いをやり抜くのである。

「楠が心の程こそ不敵なれ」
――古今無双の名将への献辞《けんじ》

五万以上もの大軍《たいぐん》がわずか千余《せんよ》の寡兵《かへい》（少ない兵力）の山城《やまじろ》を攻めつけたのだから、本来《ほんらい》ならば数日で踏《ふ》み潰《つぶ》されて落城《らくじょう》するはずであった。大東亜戦争《だいとうあせんそう》においてアメリカ軍が硫黄島《いおうとう》やペリリュー島《とう》を攻めた時、比較《ひかく》にならぬ強大《きょうだい》な戦力《せんりょく》を持つ米軍《べいぐん》は始め二、三日で占領《せんりょう》できると思ったのと同様《どうよう》である。幕府軍《ばくふぐん》は正面《しょうめん》、裏面《りめん》、側面《そくめん》より千早城を攻めたが、正成は固く守り幕府軍をことごとく撃退《げきたい》した。正成は様々《さまざま》な戦法《せんぽう》を用《もち》いた。絶壁《ぜっぺき》をよじ登ってくる敵兵に上から丸太《まるた》や大石《おおいし》をころがして敵兵を谷底《たにぞこ》にたたき落としたり、はしごをかけて突入《とつにゅう》せんとする敵に、その柱に油を注《そそ》ぎ火をつけて柱を焼き尽くすこともした。そのたびに幕府軍は数多くの損害を出した。まったく打つ手がなく圧倒的《あっとうてき》兵力を誇る幕府軍にやがて敗色《はいしょく》が濃《こ》く漂《ただよ》うのである。幕府軍は本来《ほんらい》、平地《へいち》に馬を走らせて強弓《ごうきゅう》を放《はな》つ野戦《やせん》を何より得意《とくい》としたが、その得意の騎馬戦《きばせん》が千早城《ちはやじょう》では全《まった》く封《ふう》じられたのが痛いところであった。正成《まさしげ》は彼らの得意技《とくいわざ》を使わせない山中《さんちゅう》の籠城戦《ろうじょうせん》におびき寄せたのである。これこそ正成の大戦略《だいせんりゃく》であった。

打つ手がなくなった幕府軍は兵糧攻《ひょうろうぜ》めに転《てん》じた。食糧《しょくりょう》と水はやがてなくなるに違いないと思った。硫黄島《いおうとう》もペリリュー島も最後は武器《ぶき》・弾薬《だんやく》とともに食糧・水がなくなり全滅《ぜんめつ》したのである。ところが正成は食糧も水も十分確保《かくほ》していた。大東亜戦争は武器・弾薬・食糧・水の補給《ほきゅう》という重大《じゅうだい》な事柄《ことがら》を軽視《けいし》したことが敗因《はいいん》の一つだが、名将《めいしょう》正成に手抜《てぬ》かりはなかった。武器についても同様《どうよう》である。当時最重要の武器は弓矢《ゆみや》だが、その不足《ふそく》を補《おぎな》うために正成は次の手を使った。わら人形《にんぎょう》を作りこれに鎧兜《よろいかぶと》を着《き》せて城壁《じょうへき》に並べる。春の頃は朝方《あさがた》、霧《きり》もやが立ちこめて、敵側からはそれがわら人形とは見えないから、敵兵は一斉《いっせい》に矢を浴《あ》びせかける。こうして矢の不足を補《おぎな》った。本当の話だ。

閏《うるう》二月から本格的な戦いが始まるが、一ヵ月、二ヵ月たっても千早城は鉄壁《てっぺき》の守りを堅持《けんじ》した。これでは天下無敵《むてき》の北條《ほうじょう》の名が泣く。北條の誇りは強大な武力のほか何もない。このままではその名声《めいせい》は地に墜《お》ち、嘘《うそ》、偽《いつわ》りということになる。そこで北條の名誉《めいよ》にかけて四月中旬、二度目の千早城総攻撃を実施《じっし》した。今度こそ何が何でも落とさねば北條の面目《めんもく》は丸潰《まるつぶ》れになる。大手《おおて》（正面）、搦《から》め手《て》（裏口）、側面《そくめん》から幕府軍は猛然《もうぜん》と攻撃を繰《く》り返《かえ》した。幕府軍は倒れても倒れても新手《あらて》を繰《く》り出《だ》す。少数の楠木勢《くすのきぜい》は死力《しりょく》を尽《つ》くして防戦《ぼうせん》した。一進一退《いっしんいったい》の激戦《げきせん》は四月末まで続いたが、幕府軍は膨大《ぼうだい》な損害を出して総攻撃はまたもや失敗したのである。まったく古今《ここん》にためしなき人間業《にんげんわざ》を超《こ》えた正成の戦いであった。『太平記』はこう記《しる》している。

「千剣破《ちはや》の城《しろ》の寄手《よせて》は、前《まえ》の勢《せい》八十万騎《き》に、また赤坂《あかさか》の勢《せい》、吉野《よしの》の勢《せい》馳《は》せ加《くわ(わ)》はつて百万騎《き》に余《あま》りければ、城の四方《しほう》二、三里《り》が間《あいだ》は、見物相撲《けんぶつずもう》の場《ば》のごとく打《う》ち囲《かこ》んで、尺寸《せきすん》の地《ち》をも余《あま》さず充《み》ち満《み》ちたり。旌旗《せいき》の風に翻《ひるがえ》つて靡《なび》く気色《けしき》は、秋の野の尾花《おばな》が末《すえ》よりも繁《しげ》く、剣戟《けんげき》の日《ひ》に映《えい》じて輝《かがや》きける有様《ありさま》は、暁《あかつき》の霜《しも》の枯草《かれくさ》に布《し》けるが如《ごと》くなり。大軍《たいぐん》の近づく所《ところ》には、山勢《さんせい》これがために動き、鬨《とき》の声《こえ》の奮《ふる(う)》ふ中には、坤軸須臾《こんじくしゅゆ》に摧《くだ》けたり。この勢《せい》にも恐《おそ》れずして、わずかに千人に足らぬ小《こ》勢《ぜい》にて、誰《たれ》をたのみいつを待《ま》つともなきに、城中《じょうちゅう》にこらへ《（え）》て防《ふせ》ぎ戦ひ《（い）》ける楠《くすのき》が心《こころ》の程《ほど》こそ不敵《ふてき》なれ」

千剣破の城＝千早城　**寄手**＝幕府軍　**勢**＝軍勢　**尺寸の地をも余さず**＝少しの隙間《すきま》もなく　**旌旗**＝軍旗《ぐんき》　**気色**＝様子《ようす》　**尾花が末**＝すすきの穂　**剣戟**＝刀剣《とうけん》　**山勢これがために動き**＝大軍の移動により地響きをたて山が動いて見える　**鬨の声**＝多数の兵士が一時にどっとあげる声　**坤軸摧けたり**＝地軸《ちじく》もたちまちくだけとぶかに見える　**この勢**＝幕府の大軍勢　**不敵**＝比類《ひるい》なく大胆《だいたん》なこと

【現代語訳】千早城《ちはやじょう》の寄手《よせて》（幕府軍）は既に来ていた軍勢《ぐんぜい》八十万騎、また赤坂を攻めていた軍勢、それに吉野の軍勢が馳《は》せ加わり合わせて百万騎を越《こ》えたので、千早城の四方《しほう》二、三里《り》（八キロから十二キロ）の間は、見物相撲《けんぶつずもう》（料金を取り見せ物として催《もよお》される相撲）の場《ば》のようにまわりをぐるりと囲んで、まったくすき間《ま》がないように数多い兵士が満ちあふれた。軍旗《ぐんき》が風に翻《ひるがえ》って靡《なび》く様子《ようす》は、秋の野のすすきの穂よりも繁《しげ》く、刀剣《とうけん》が日光を受けてきらめく有様《ありさま》は明け方の霜《しも》が枯草《かれくさ》にしくようである。大軍が移動すると地響《じひび》きを立て山が動いて見え、多くの兵士が鬨《とき》の声《こえ》をあげると地軸《ちじく》がたちまち砕《くだ》けとぶかに見えた。この幕府の大軍勢《だいぐんぜい》に少しも恐れずにわずか千人に足らぬ小勢《こぜい》(小兵力)で、誰を頼りとするでもなく、またいつ援軍《えんぐん》が来るあてもなく、城中にて堪《た》え忍《しの》び防戦につとめる楠木正成《くすのきまさしげ》の心こそ比類《ひるい》なき大胆不敵《だいたんふてき》というほかはない。

八十万騎、百万騎という数は軍記《ぐんき》につきものの誇張《こちょう》で、既述の通り約五万ないし十万ぐらいだが、かつてない大軍が千早城を包囲《ほうい》したのだから、万人《ばんにん》が驚いたのである。そのたとえの表現(「見物相撲の場のごとく」「かれすすき」「霜の枯草」)が面白い。これまで見たことも聞いたこともない大軍勢《だいぐんぜい》が孤城《こじょう》を何重《なんじゅう》にも取り囲んだのだから、ひとたまりもなくまたたくまに落城《らくじょう》するはずだったが、数ヵ月間持ちこたえて遂《つい》に落ちなかった

千早城跡(大阪府南河内郡)

のである。最後の「この勢《せい》にも恐れずして、わずかに千人に足らず小勢にて誰をたのみいつを待つともなきに城中《じょうちゅう》にこらへて防《ふせ》ぎ戦ひける楠が心の程こそ不敵《ふてき》なれ」の一節《いっせつ》こそ、太平記の著者がこの類《たぐい》なき名将《めいしょう》に献《ささ》げた無上《むじょう》・最高の賛嘆《さんたん》にほかならない。『太平記』は室町時代・戦国時代・安土桃山《あづちももやま》時代・江戸時代を通《とお》して広く読まれたが、武士・武将達《ぶしょうたち》はこのくだりに至《いた》って巻《かん》をおいて感嘆久《かんたんひさ》しくし、大楠公《だいなんこう》こそ古今無双《ここんむそう》（昔から今まで比類《ひるい》のないこと）、わが国随一《ずいいち》の名将《めいしょう》と高く仰《あお》いでやまなかったのである。この『太平記』第二の圧巻《あっかん》（全体の中で特にすぐれた所）につき、保田與重郎《やすだよじゅうろう》の名文《めいぶん》を掲《かか》げよう。

「この孤城《こじょう》に僅少《きんしょう》（わずか）の精兵《せいへい》（強力な兵士）を擁《よう》して（かかえて）、挙国《きょこく》（国をあげて）の大軍《たいぐん》をひきうけた大楠公《だいなんこう》の戦いはまことに尋常《じんじょう》（ふつう）の常識《じょうしき》で考えられるものではない。近世数百年間を通《つう》じ、楠流兵法《くすのきりゅうへいほう》と称《しょう》して大楠公にかこつけた（大楠公の戦い方をもととしてその考え方に託《たく》していうこと）兵学《へいがく》（軍事学《ぐんじがく》）が神秘性《しんぴせい》を以《もっ》て秘伝視《ひでんし》（ひそかに伝えられること）され畏怖《いふ》（かしこみ敬《うやま》い恐《おそ》れること）されたのは、大楠公のこの戦いが誰が見ても常識を超えて神秘に近いものだったからであろう。大楠公はこの孤城に満天下《まんてんか》（全国）の敵兵を迎え、これを支《ささ》えること半歳《はんさい》、ついに回天《かいてん》（時勢《じせい》を一変《いっぺん》し国家の衰微《すいび》を回復《かいふく》すること）の業《ぎょう》を成就《じょうじゅ》されたのである。

ここに『太平記』の著者が『楠《くすのき》が心《こころ》の程《ほど》こそ不敵《ふてき》なれ』と誌《しる》した状態《じょうたい》こそ、実《じつ》にわが歴史に於《おい》て唯一絶対《ゆいいつぜったい》の場面《ばめん》であった。唯一人《ただひとり》として身《み》を以《もっ》て行った例《れい》のない一瞬《いっしゅん》であった。そして『太平記』作者の嘆息《たんそく》（深く感動すること）したこの一《いっ》句《く》は、わが千五百年の文学史を通じての壮大《そうだい》（さかんで大きいこと）な絶句《ぜっく》（感嘆のあまり言葉がつまること。ああなんとすごいことか、この世にありえないとてつもないことだとの思い）である。

ただ一人のめぐまれた詩人が、千載一遇《せんざいいちぐう》（千年に一度の出会い）の日にしるしとどめた文章である。生涯《しょうがい》をかけた文人《ぶんじん》の生甲斐《いきがい》として二つなきもの、わが千五百年の文学史中の最高の絶句と、私は感動に耐《た》えがたいものを味《あじわ》う。まことに大楠公の『心の程』はまさに史上を通じて恐らく古今東西《ここんとうざい》に亘《わた》って、『太平記』の作者の驚愕《きょうがく》（おどろき）にふさわしいほどの『不敵』のものであった」

この文章もまたよく味わってほしい。『太平記』というわが国古典《こてん》の宝物《たからもの》の中《なか》身《み》を深く理解する上にはすぐれた文学者の解説《かいせつ》が必要だが、その最良《さいりょう》のものが保田の文章である。

鎌倉幕府を滅亡させた楠木正成の大功

元弘《げんこう》二年(一三三二)十一月、上赤坂城《かみあかさかじょう》及び千早城《ちはやじょう》において菊水《きくすい》(楠木の家紋《かもん》)の旗を翻《ひるがえ》して以来《いらい》半年間、たかだか一千名ほどの兵力しか持たぬ河内《かわち》の一豪族《いちごうぞく》に過《す》ぎぬ楠木正成《くすのきまさしげ》は、あろうことか泣く子もだまる北條《ほうじょう》の支配する天下の大軍を相手に逃げも隠れも出来ぬ籠城戦《ろうじょうせん》(城にたてこもっての戦い)を断行《だんこう》、幕府軍を翻《ほん》弄《ろう》(思いのままにもてあそぶこと)、てんてこ舞《ま》いにさせたのは天下の奇観《きかん》(めずらしいながめ)であり偉観《いかん》(見事《みごと》なながめ)であった。世間《せけん》は固唾《かたず》を呑《の》んで(息をこらしてはらはらしながら)成行《なりゆき》を見詰《みつ》めた。千早城はいつ落ちるのか、あるいは落ちないのか。元弘三年(一三三三)二月に戦いは開始されたが、閏《うるう》二月、三月をすぎても千早城は陥落《かんらく》せず、伝わってくるのは楠木勢《くすのきぜい》の目ざましい奮闘《ふんとう》ぶりであり、幕府軍の惨憺《さんたん》（みじめなこと）たる敗報《はいほう》（敗北の知らせ）であった。

　ここにおいて天下《てんか》の形勢《けいせい》（様子《ようす》、ありさま、なりゆき、情勢《じょうせい》）が大きく動き出すのである。これまで全国の武士は北條の武威《ぶい》（強大な武力の威光《いこう》）にひれ伏《ふ》してきたのであった。北條の武力は、「八幡太郎《はちまんたろう》」と言われた源義家《みなもとのよしいえ》以来《いらい》、源氏《げんじ》の東国《とうごく》における戦い（前九年《ぜんくねん》の役《えき》・後三年《ごさんねん》の役《えき》・頼朝《よりとも》の平家討伐《へいけとうばつ》の戦い等《とう》）によって培《つちか》われ築《きづ》き上げられたものを根底《こんてい》としている。源義家という軍神《ぐんしん》（戦《いくさ》の神）と源頼朝という卓越《たくえつ》した指導力《しどうりょく》を持つ武家政治《ぶけせいじ》の創始者《そうししゃ》によって強固《きょうこ》な基礎《きそ》が打《う》ち固《かた》められたことにより、鎌倉幕府《ばくふ》の強大無比《きょうだいむひ》の武力《ぶりょく》・軍事力《ぐんじりょく》が誕生《たんじょう》したのである。これあるがゆえに世界無敵《せかいむてき》の蒙古《もうこ》の二度にわたる侵攻《しんこう》を完膚《かんぷ》なきまでに（徹底的に）撃《う》ち払《はら》うことができたのである。つまり鎌倉幕府の武力は当時、世界に冠《かん》たる（世界一）ものであったのである。その北條の武力が正成には通《つう》じず全《まった》く歯《は》が立《た》たなかったのである。北條の武力は思うほど強力ではない。正成一人にかくもてこずるようでは幕府の実力はたいしたことはない。恐れるに足りない。幕府は長くもたないかもしれない。早晩《そうばん》（まもなく）潰《つぶ》れるかもしれないと武士たちが思い始めたのは無理はなかった。

こうした情勢の中で元弘《げんこう》三年（一三三三）閏《うるう》二月末、後醍醐《ごだいご》天皇はひそかに隠岐《おきの》島《しま》を脱出《だっしゅつ》して伯耆国《ほうきのくに》（鳥取県）に向われた。このとき進んで天皇をお迎えしたのがこの地の豪族《ごうぞく》名和長年《なわながとし》である。名和長年は天皇の隠岐脱出《だっしゅつ》を聞き知るや、直《ただ》ちに一族あげて天皇に忠誠《ちゅうせい》を捧《ささ》げ船上山《ふなのうえやま（せんじょうさん）》の要害《ようがい》（とりで）に天皇をお迎えして義旗《ぎき》（正義の旗）を上げた。驚いた幕府は近隣《きんりん》の守護《しゅご》（幕府が国ごとにおいた有力な御家人《ごけにん》。一国の軍事・警察権を持つ）たちに討伐《とうばつ》を命じた。船上山は大軍《たいぐん》に包囲《ほうい》されたが、長年は防戦《ぼうせん》に努《つと》めて天皇を護り抜いた。長年もまた忠誠心の厚い名将《めいしょう》であった。天皇は名和一族の忠誠に深く感銘《かんめい》されて、長年に次の御製《ぎょせい》を賜《たまわ》った。

忘《わす》れめや　よるべも浪《なみ》の　あら磯《いそ》を
御舟《みふね》の上《うえ》に　とめし心《こころ》は

よるべも浪＝たよりとする人は誰もいない。「なみ」は無みと浪の掛詞《かけことば》。　**あら磯**＝あら波が打ちよせる海辺隠岐を脱出した小船は海上をさまよい伯耆国《ほうきのくに》の見知らぬ荒波《あらなみ》の打ち寄《よ》せる海《うみ》辺《べ》についたところ、名和長年がいち早く駆けつけて私を救い出してくれた。その忠義《ちゅうぎ》の心を私は決して忘れはしないとの深い感謝をこめた御製。

さらに三月、九州肥後国《ひごのくに》（熊本県）の豪族菊池武時《きくちたけとき》が義兵《ぎへい》（正義のために起こす軍）を挙《あ》げ、九州探題《たんだい》（鎌倉幕府の九州における出先機関《でさききかん》）北條英時《ほうじょうひでとき》と戦い討死《うちじに》した。しかし菊池氏はその後屈《ごくっ》することなく一族あげて後醍醐天皇とそのあとの天皇方《がた》の為に戦い抜いた。

そのほか山陽、四国らの豪族が次々に反北條の旗をあげて起ち上った。形勢《けいせい》は益々《ますます》北條の不利《ふり》に傾《かたむ》いた。五月になるとそれまで形勢を観望《かんぼう》（様子《ようす》をうかがうこと）していた足利高氏《あしかがたかうじ》（足利は北條と婚姻《こんいん》を重《かさ》ねた幕府最有力《さいゆうりょく》の武将《ぶしょう》）が寝返《ねがえ》りを打ち（内通《ないつう》して敵方《てきがた》に回《まわ》ること）北條を裏切《うらぎ》り、同月七日、千種忠顕《ちぐさただあき》、赤松円心《あかまつえんしん》らとともに京都の六波羅探題《ろくはらたんだい》を攻《せ》め落《お》とした。翌日、戦いに敗れた探題の北條時益《ほうじょうときます》・北《ほう》條仲時《じょうなかとき》らは関東に向って退却《たいきゃく》したが途中《とちゅう》時益は戦死、仲時は近江国番場《おうみのくにばんば》で自害《じがい》した。

また同じ頃、大塔宮護良親王《おおとうのみやもりながしんのう》の令旨《りょうじ》(皇太子、親王などが発する文書)を頂《いただ》き天皇方《がた》に従う決意をしていた上野国《こうづけのくに》(群馬県)の豪族《ごうぞく》新田《にった》義貞《よしさだ》は五月八日挙兵《きょへい》、他の武将《ぶしょう》とともに鎌倉に攻め入り激戦《げきせん》の末ついに幕府軍を討《う》ち倒《たお》し、二十二日、最後の執権《しっけん》北條《ほうじょう》高時《たかとき》が自害《じがい》、ここに鎌倉幕府は滅亡《めつぼう》した。なお同日、九州探題《たんだい》北條英時《ひでとき》も少弐《しょうに》・大友《おおとも》らの軍により戦死した。長門《ながと》探題《たんだい》北條《ほうじょう》時直《ときなお》は六波羅、鎌倉の滅亡を知り降参《こうさん》した。

かくして元弘《げんこう》三年五月の一ヵ月間に北條は東西時《とき》を同じくして滅亡《めつぼう》、百四十数年続いた鎌倉幕府は一瞬《いっしゅん》にして消滅《しょうめつ》したのである。一体《いったい》誰がこれを予想《よそう》しえたであろうか。北條仲時が番場《ばんば》で自害《じがい》した時は、四百数十人の部下が同時《どうじ》に腹を切った。北條高時のときは約千人の部下が後を追って自害している。北條は天皇・皇室に不忠《ふちゅう》・無道《むどう》の限りを尽くした悪党《あくとう》だったが、このような忠実《ちゅうじつ》な部下を持っていたのだから、その武力は最後まで侮《あなど》るべからざるものがあったことがわかる。

その北條がなぜかくもまたたくまに滅び去ったのか。それはひとえに楠木正成《くすのきまさしげ》の存在があったからにほかならない。正成《まさしげ》が半年間、天下《てんか》あげての大軍を千早《ちはや》城《じょう》におびきよせ釘付《くぎづ》けにしその攻撃をことごとく払いのけて、北條の武威《ぶい》を世《せ》間万人《けんばんにん》の前に失墜《しっつい》（失うこと）せしめたことが結局《けっきょく》、幕府の致命傷《ちめいしょう》（死にいたる重《じゅう》傷《しょう》）、命取《いのちと》りになったのである。鎌倉幕府の滅亡、建武中興《けんむのちゅうこう》の成就《じょうじゅ》はまったく楠木正成の人間業《にんげんわざ》を超えた神業《かみわざ》、比類《ひるい》なき忠勇《ちゅうゆう》の賜《たまもの》であったのである。正成がいなかったならば建武中興は決してありえなかったことにつき、平泉澄《ひらいずみきよし》は重《かさ》ねてこうのべている。

「正成は元弘元年にもいち早く兵をあげ、赤坂城に拠《よ》って奮戦《ふんせん》したのであったが、笠置陥《かさぎおちい》り、後醍醐《ごだいご》天皇とらえられ給《たま》うに及び、後図《こうと》（後の計画）の為に一旦《いったん》あとをくらましたが、翌年十一月、護良親王の兵を吉野に起こされると同時に、千早城によって旗を上げ……幕府の大軍来《きた》り攻《せ》むるに及んで赤坂（上赤坂城）のみは陥《おちい》ったが千早は固く守って動かず、翌年（元弘三年）閏《うるう》二月、不幸にして吉野陥った後《のち》は、千早の一城ひとり義旗《ぎき》（正義の旗）をひるがえし、幕府の大軍を一手《いって》に引き受けて力戦数月《りきせんすうげつ》に亘《わた》った。而《しこう》してこれは極《きわ》めて重大なる結果を招来《しょうらい》（もちきたらすこと）した。

即《すなわ》ち河内《かわち》の小豪族《しょうごうぞく》楠氏《くすのきし》にして猶《なお》よく幕府に対抗《たいこう》し、天下の大軍と対峙《たいじ》（対決すること）すること数カ月に及ぶという事は、幕府の鼎《かなえ》の軽重《けいちょう》を問《と》う（幕府の存在の重さはさほどのものではないと思うこと）に余《あま》りあるものであり、従来絶大《じゅうらいぜつだい》の威《い》力《りょく》を誇っていた幕府が必ずしも恐るるに足らざる事を暴露《ばくろ》（外にあらわれること）するに至《いた》り、或《ある》いは大義《たいぎ》（日本人として最も大切な尊皇《そんのう》の道《みち》）の為にこれを倒さんとするもの、或いは野心《やしん》があってこれに取って代《かわ》らんとするもの、四方《しほう》に輩出《はいしゅつ》（むらがり出ること）して一時《いちじ》に兵をあげたのであった。而《しこう》して当時、幕府の注意専《もっぱ》ら千早の一城《いちじょう》に集り、大軍挙《こぞ》ってここを攻めていた事は、これら四方の義軍《ぎぐん》（正義の軍）をしてその隙《すき》に乗《じょう》じて自由に所在《しょざい》（各所《かくしょ》、各地《かくち》）に兵を挙《あ》げる機会を与える事となったのである。この意味において、楠氏の功績《こうせき》は実《じつ》に偉大《いだい》である」

そうして建武中興《けんむのちゅうこう》の意義《いぎ》につきこう断《だん》じている。

「建武中興はかくの如《ごと》くにして起こり、かくの如くにして成《な》った。それは決して幕府の衰微《すいび》（おとろえること）に乗《じょう》じ（利用すること）、皇室《こうしつ》の御私情《ごしじょう》（私心《ししん》、私欲《しよく》）の為に起こされたものではなかった。またそれは決して大勢《たいせい》に随《したが》い、世論《せろん》に追従《ついじゅう》する人々によってなされたものではなかった。即《すなわ》ちそれは日本をして真《しん》の日本たらしめんとする大理想《だいりそう》の下《もと》に、強敵怖《きょうてきおそ》れず、百難屈《ひゃくなんくっ》せず、君《きみ》は君として、臣《おみ》は臣として、まっしぐらに日《ひ》の本《もと》の道を進み給《たも》うたものに外《ほか》ならぬ。建武中興、その目《め》ざさるる所（後醍醐《ごだいご》天皇が目標とされたところ）は、まこと皇国《こうこく》日本の中興《ちゅうこう》に外《ほか》ならなかったのである」

建武中興とは一言《ひとこと》をもってするなら、「日本をして真の日本たらしめんとする大理想」のもとになされた「皇国日本《こうこくにっぽん》の中興《ちゅうこう》」にほかならず、「聖主《せいしゅ》」後醍醐天皇の掲《かか》げられた大理想の実現の為に渾身《こんしん》（全身）の忠誠《ちゅうせい》を捧《ささ》げたのが、わが国第一の忠臣《ちゅうしん》「大楠公《だいなんこう》」楠木正成《くすのきまさしげ》であったのである。

国史学者平泉澄は六百年間埋《うず》もれた建武中興の本義《ほんぎ》（根本《こんぽん》の正しい意義《いぎ》）を明らかにした第一人者であったが、本論《ほんろん》こそ千古《せんこ》（とこしえ、永遠）の公論《こうろん》（公正な意見）である。

3、建武中興の意義
——明治維新の原動力

皇国日本の真姿を示した不滅の聖業

六波羅探題《ろくはらたんだい》の滅亡後《めつぼうご》、後醍醐《ごだいご》天皇が名和長年《なわながとし》らを随《したが》えて船上山《ふなのうえやま》を出発、兵庫《ひょうご》に到着《とうちゃく》した元弘《げんこう》三年（一三三三）六月一日、新田義貞《にったよしさだ》の使者《ししゃ》から五月二十二日、北《ほう》條《じょう》高時《たかとき》を討《う》ち幕府が滅亡《めつぼう》したことの報告を受けた。翌日、千早城《ちはやじょう》の籠城戦《ろうじょうせん》を見事《みごと》にやり遂《と》げた楠木正成《くすのきまさしげ》が駆《か》けつけて天皇をお迎《むか》えした。この劇的場面《げきてきばめん》を『太

楠木正成公墓碑（嗚呼忠臣楠子之墓《ああちゅうしんなんしのはか》）
（兵庫県神戸市　湊川神社提供）

平記』はこう記している。

「楠《くすのき》多聞《たもん》兵衛《ひょうえ》正成《まさしげ》、七千余騎《よき》にて参向《さんこう》す。その勢《せい》殊《こと》にゆゆしくぞ見えたりける。主上《しゅじょう》御簾《ぎょれん》を高く捲《ま》かせて、正成を近く召《め》され、『大儀《たいぎ》早速《さっそく》の功《こう》、ひとへ(え)になんぢ(じ)が忠戦《ちゅうせん》にあり』と感《かん》じ仰《おお》せられければ、正成かしこまつて、『これ君《きみ》の聖《せい》文《ぶん》・神武《しんぶ》の徳《とく》に依《よ》らずんば、微臣《びしん》いかでか尺寸《せきすん》の謀《はかりごと》を以《もっ》て強敵《きょうてき》の囲《かこ》みを出《い》づ(ず)べく候《そうら》(わ)はんや』と功《こう》を辞《じ》して謙下《けんげ》す」

参向＝馳《は》せ参《さん》ずること　**勢**＝軍勢　**ゆゆしく**＝勇ましく　**主上**＝後醍醐天皇　**御簾**＝すだれ　**捲く**＝まき上げる　**大儀**＝国家の為になすべき一大事　**早速の功**＝すみやかに達成した功績　**忠戦**＝忠義の為の戦い　**感じ**＝深く感動して　**君**＝天皇　**聖文・神武の徳**＝文武両道における神聖な恩徳《おんとく》　**微臣**＝微力《びりょく》な臣、正成　**尺寸**＝わずかなこと　**謀**＝策謀《さくぼう》　**強敵**＝北條、鎌倉幕府　**囲み**＝包囲　**功を辞して**＝おほめの言葉を辞退《じたい》して　**謙下**＝謙遜

【現代語訳】楠多聞兵衛正成は七千余騎を従えて馳《は》せ参《さん》じた。その軍勢《ぐんぜい》は殊《こと》に勇《いさ》ましく見えた。後醍醐天皇は御輿《みこし》のすだれを高く上げられて正成を近くに招《まね》かれ、「国家の為になすべき一大事《いちだいじ》をすみやかに達成《たっせい》し得《え》た大きな功績は、偏《ひと》

えにそなたの忠義《ちゅうぎ》の戦いにある」と深い感動の面持《おもも》ち（顔つき、顔色）にて仰《おお》せられた。正成《まさしげ》は畏《かしこ》まって、「このことは天皇陛下の神聖《しんせい》な文武両道《ぶんぶりょうどう》のすぐれた御恩徳《ごおんとく》によらずして、どうして微力《びりょく》な私の取るに足らぬ策謀《さくぼう》を以《もっ》て、強敵《きょうてき》北條の大軍の重包囲《じゅうほうい》を突破《とっぱ》できましょうか。すべては天皇陛下の御稜威《みいつ》（御霊徳《ごれいとく》、御威徳《ごいとく》、御威光《ごいこう》）によるものでございます」と申し上げて、陛下の褒賞《ほうしょう》（ほめたたえること）のお言葉を辞退《じたい》して謙遜《けんそん》した。

『太平記』の名場面《めいばめん》の一つである。後醍醐《ごだいご》天皇は、鎌倉幕府を遂《つい》に討《う》ち倒《たお》して建《けん》武中興《むのちゅうこう》が実現し得《え》たのは、ひとえに正成の半年間の千早城における義勇《ぎゆう》の限りを尽くした忠戦《ちゅうせん》、奮戦力闘《ふんせんりきとう》によると、この上《うえ》なき賞賛《しょうさん》をされたのである。大楠《だいなん》公《こう》はまさしく「正成一人いまだ生きて有《あ》りと聞こし召され候《そうら（わ）》はば、聖運遂《せいうんつい》に開かるべしと思《おぼ》し召《め》され候《そうら（え）》へ」との奉答《ほうとう》を実現したのである。後醍醐天皇の感懐《かんかい》（心に感ずる思い）、お悦びは筆舌《ひつぜつ》に尽くし難かったことであろう。正成一生の晴《は》れの日、生涯《しょうがい》の光栄《こうえい》であった。

　だが正成は国史上空前《こくしじょうくうぜん》の偉功《いこう》を建てたにもかかわらずあくまで謙虚《けんきょ》な姿勢《しせい》を失わず、千早城の戦いの勝利はひとえに英明《えいめい》(すぐれて賢いこと)なる後醍醐天皇の「聖文《せいぶん》・神武《しんぶ》の徳《とく》」によってもたらせたものとお答えしたのである。ここに大楠公の神の如《ごと》き人格の輝きがある。そもそも正成が立ち上ったのは、笠置山《かさぎやま》における後醍醐天皇との運命的出会《であ》いによる。日本を正しき真の日本たらしめんとする天皇の高貴《こうき》なる尊い理想に心から感激し共鳴《きょうめい》して、後醍醐天皇に身命《しんめい》を捧《ささ》げることをお誓《ちか》いしたのであった。正成の感動と行動の基《もと》にあったのが後醍醐天皇の大御心《おおみごころ》である。正成にとり後醍醐天皇はすべてのすべてであったのである。それゆえにこそ、古今未曽有《ここんみぞう》(かつてないこと)の千早城の奇蹟の戦いをやり遂《と》げることができたのであった。

　かくして建武中興《けんむのちゅうこう》が成就《じょうじゅ》し、武家政治《ぶけせいじ》は廃止《はいし》された。後醍醐天皇が北條の擁《よう》立《りつ》した「光厳天皇《こうごん》」を認められなかったのは当然である。院政《いんせい》はすでに廃止されていた。次いで天皇は摂政《せっしょう》・関白《かんぱく》を廃止された。数百年間、日本の正しい国体を隠蔽《いんぺい》(おおい隠すこと)していた三つの弊害《へいがい》――摂関政治《せっかんせいじ》・院政・幕府政治《ばくふせいじ》がここに全《すべ》て除去《じょきょ》され、本来《ほんらい》の天皇親政《てんのうしんせい》が四百年ぶりに復活《ふっかつ》したのである。後醍醐《ごだいご》天皇は正中《しょうちゅう》の変《へん》・元弘《げんこう》の変《へん》・隠岐遠島《おきえんとう》という十五年間の艱難辛苦《かんなんしんく》、挫折《ざせつ》、失敗《しっぱい》を乗り越えて、遂《つい》に悲願《ひがん》を達成《たっせい》されたのである。

これが後醍醐天皇が果《は》たされた不朽《ふきゅう》(永遠)の歴史的偉業《いぎょう》である。王政復古《おうせいふっこ》・天《てん》皇親政《のうしんせい》の建武中興《けんむのちゅうこう》がわずか三年足らずで中絶《ちゅうぜつ》したとは言え、その意義《いぎ》は少しもそこなわれることはない。なぜならこの歴史が人々の心に深く刻《きざ》まれ後世《こうせい》に伝えられるからである。後醍醐天皇という偉大な「聖主《せいしゅ》」「賢王《けんおう》」「明王《めいおう》」が気高《けだか》い理想を掲《かか》げて艱難辛苦《かんなんしんく》の限りを尽くされて遂《つい》に四百年来の摂関政治・院政・幕府政治を廃止されて天皇親政を実現、日本本来の正しい姿を取り戻されたこと。この天皇の理想に深く感激《かんげき》、共鳴《きょうめい》した古今《ここん》第一の忠臣楠木正成《ちゅうしんくすのきまさしげ》の千早城《ちはやじょう》での奇蹟《きせき》の戦いと「七生報国《しちしょうほうこく》」の精神を残した湊川《みなとがわ》の最期《さいご》。この日本民族の血と涙の悲劇《ひげき》の歴史は後世の日本人に忘れるに忘れられない強烈《きょうれつ》な印象《いんしょう》を残さずにはおかなかった。そうしてそれを記録《きろく》にとどめずにはおられない人が出てきて、『太平記《たいへいき》』という不朽《ふきゅう》のすぐれた古典《こてん》が生まれ、今日《こんにち》まで読みつがれてきたのである。

後醍醐天皇は建武中興において、皇国《こうこく》日本本来《ほんらい》の正しい原型《げんけい》を復活《ふっかつ》されたのである。楠木正成《くすのきまさしげ》は国家の中心たる天皇を仰《あお》ぎ戴《いただ》き忠義《ちゅうぎ》・忠誠《ちゅうせい》を捧《ささ》げてきた日本人の生き方の手本・模範《もはん》を身《み》を以《もっ》て示《しめ》したのである。後醍醐天皇の「天皇親政」と大楠公の千早城並びに湊川の戦いにおいて示した純忠至誠《じゅんちゅうしせい》・七生報国《しちしょうほうこく》の精神は、日本民族の心の最深奥《さいしんおう》・深層意識《しんそういしき》に強く刻印《こくいん》（刻《きざ》みつけること）されて決して消滅《しょうめつ》することなく、時代を越《こ》えて蘇《よみがえ》らずにはおかなかった。それが五百年後、明治維新《めいじいしん》において再現《さいげん》したのである。

建武中興《けんむのちゅうこう》の期間はとても短かった。しかしながら短かいからといって意義《いぎ》、価値《かち》がないと思ったならばそれは大間違いである。期間は短かくとも重要な歴史はある。ことに戦争の歴史がそうだ。日露戦争は約二年、大東亜戦争は約四年だが、ともに近代世界史を根底《こんてい》から転換《てんかん》した。忠臣蔵《ちゅうしんぐら》の歴史も一年足らずだが後世《こうせい》に甚大《じんだい》（とても大きいこと）な感化《かんか》を与えた。建武中興は千早城の戦い・湊川の戦いと不可分一体《ふかぶんいったい》であり、後世の日本人に及ぼした影響、感化ははかり知れない。建武中興は日本国史の半《なか》ばすぎにおける最も重要な柱《はしら》・中軸《ちゅうじく》であり、わが国最大の変革《へんかく》である明治維新を導いた原動力《げんどうりょく》・源泉《げんせん》・礎《いしずえ》そのものであった。もし建武中興《けんむのちゅうこう》がなかったならば明治維新は決してあり得なかった。

建武中興はなぜ挫折したか
――足利高氏の反逆

わが国史上《こくしじょう》の中軸《ちゅうじく》と言うべき重大な意義《いぎ》を持つ建武中興はなにゆえに挫折《ざせつ》しなければならなかったのか。この歴史を顧《かえり》みる者はわずか三年で蹉跌《さてつ》(つまずくこと)したことに痛恨《つうこん》(ひどく残念なこと)の念《ねん》を覚《おぼ》えぬ者はいない。後醍醐《ごだいご》天皇という「聖主《せいしゅ》」と楠木正成《くすのきまさしげ》という古今《ここん》の名将があるのだから、当然立派な素晴らしい新政がなされると思われたが、見事それは裏切《うらぎ》られた。

そこで当時《とうじ》より今日《こんにち》の時代に至るまで武士・知識人・学者らは建武中興につき様々《さまざま》に論じてきた。そうして現在までの約七百年間、ほとんど通説《つうせつ》(定説《ていせつ》)と化《か》した中興失敗の最大の要因《よういん》は結局《けっきょく》、後醍醐天皇の不徳《ふとく》(徳が欠けること)、不明《ふめい》(暗愚《あんぐ》)

にあるとするのである。後醍醐天皇は当初《とうしょ》「聖主《せいしゅ》」「明君《めいくん》」とまで仰《あお》がれたが、建武中興成就《じょうじゅ》後《ご》、途端《とたん》に気《き》が緩《ゆる》み驕奢《きょうしゃ》（おごり高ぶり、ぜいたくすること）におぼれ宴遊《えんゆう》（酒宴《しゅえん》をして楽しむこと）に耽《ふけ》り、怠慢《たいまん》（おこたりなまけること）、依怙贔屓《えこひいき》（不公平）、偏頗《へんぱ》（かたよること）になり、不条理《ふじょうり》（道理にはずれること）にして正しからざる政治を行ったとするのである。つまり建武中興を境《さかい》にして天皇は突然《とつぜん》「聖主《せいしゅ》」から不《ふ》徳不明《とくふめい》の暗君《あんくん》（暗愚な君主）に変身《へんしん》したことが、中興失敗の原因だと言うのである。

江戸時代、学問が盛んになりわが国の歴史の研究が進み、建武中興についても活発《かっぱつ》に議論《ぎろん》された。頼山陽《らいさんよう》、新井白石《あらいはくせき》、三宅観瀾《みやけかんらん》など名だたる学者は、楠木正成についてはは文句なく賛嘆《さんたん》を惜《お》しまなかったが、後醍醐天皇については不徳の天皇であるとして、中興失敗の原因を天皇に帰《き》して強く批判《ひはん》したのである。

山陽らの批判はほとんど『太平記』に基《もと》づいていた。『太平記』は足利高氏《あしかがたかうじ》が存命《ぞんめい》のときすでに世に出て大変な評判《ひょうばん》を呼んでいた。始めに出たのは現在の『太平記』の全部ではなく、内容も一部が異《こと》なっていた『原太平記《げんたいへいき》』だが、高氏や弟の直義《ただよし》がこれを読んで見ると、足利が後醍醐天皇に反逆《はんぎゃく》した悪者視《わるものし》されていた。

そこで室町幕府において高氏に次ぐ権力者《けんりょくしゃ》であった直義《ただよし》は、書《か》き直《なお》しを命じたのである。高氏《たかうじ》が謀反《むほん》（天皇に反逆すること）を起こさざるを得なかったのは後醍《ごだい》醐《ご》天皇の不徳《ふとく》・失政《しっせい》（政治の失敗）にあり、それが中興挫折《ざせつ》の根因《こんいん》（根本的要因《よういん》）だと書き直させたのである。既述《きじゅつ》したように『太平記』の著者は建武中興《けんむのちゅうこう》以前の天皇を「聖主《せいしゅ》」「明君《めいくん》」と絶賛《ぜっさん》していた。それが中興の新政が始まると失徳《しっとく》の暗君《あんくん》と書き換《か》えを命じられたのである。すでに高氏が幕府を開いていたからさからうことは不可能であった。

　あたかも大東亜戦争《だいとうあせんそう》に敗れてアメリカの占領統治《せんりょうとうち》を受けた時と同様《どうよう》である。新聞、雑誌ほか全ての出版物《しゅっぱんぶつ》は占領軍の検閲《けんえつ》（調査して占領軍に不都合《ふつごう》なものは改めさせあるいは削除《さくじょ》した）を受けた。大東亜戦争の意義《いぎ》や日本の正当性《せいとうせい》を書いたものは出版を許されなかった。「大東亜戦争」の名称は禁止《きんし》されて「太平洋戦争」の名称を強制《きょうせい》された。足利《あしかが》はそれを行ったから、『太平記』著者は後醍醐天皇についてありもしない虚偽《きょぎ》、捏造《ねつぞう》（でっちあげ）の数々を書かされたのであった。それが後世《こうせい》を誤らせたのである。山陽《さんよう》、白石《はくせき》、観瀾《かんらん》らは愚かにもこの足利《あしかが》の悪辣《あくらつ》

(ひどくたちが悪いこと)な言論弾圧《げんろんだんあつ》(真実を書かせないこと)を見抜くことが出来ず、それらを真《ま》にうけて雷同《らいどう》(むやみに他人の説に同意《どうい》すること)、虚偽《きょぎ》を並べたてて後醍醐天皇を非難《ひなん》したのである。

それはよく考えて見ればわかることである。即位以来《そくいいらい》十数年間、真《しん》に国民の幸福と安寧《あんねい》(安心・安全)を願われてひたすら善政《ぜんせい》につとめられ、「聖主」とまで賛《たた》えられた天皇が、四百年来の王政復古《おうせいふっこ》をなしとげ新たな第一歩を踏《ふ》み出す最も大事な時に、突然《とつぜん》気が緩《ゆる》み、怠慢《たいまん》となり、驕奢《きょうしゃ》におちいり不条理《ふじょうり》・不公正《ふこうせい》の悪政《あくせい》を行うであろうか。気が狂い魂《たましい》が入れ変わらない限りそれは絶対にあり得《え》ず、最も心をひきしめて新政に臨《のぞ》むはずではないか。事実その通りであり、天皇の新政が決して依怙贔屓《えこひいき》なく妥当《だとう》(適切なこと)公正《こうせい》でありいかに立派《りっぱ》であったか、また『太平記』の記述が全《まった》く虚偽捏造《きょぎねつぞう》であることを明らかにしたのが、平泉澄《ひらいずみきよし》の古典的名著《こてんてきめいちょ》『建武中興の本義《ほんぎ》』である。

ではどうして建武中興は失敗に終ったのか。日本国史上《こくしじょう》の最重要問題の一つである。それは足利高氏が後醍醐天皇に反逆《はんぎゃく》したからである。正成《まさしげ》の千早城《ちはやじょう》の戦いにより鎌倉幕府が一気《いっき》に傾《かたむ》きかけたのを見て、全国の武士たちは後醍醐《ごだいご》天皇の下《もと》につき随《したが》った。まさになだれを打つような有様《ありさま》であった。当時の武士の態度を大別《たいべつ》すると三つになる。一つは真《しん》に後醍醐天皇の日本中興の理想を仰《あお》いで従った者。二つに大勢順応派《たいせいじゅんのうは》でその時代の大勢、空気に従う者、いわゆる勝馬《かちうま》に乗って恩賞《おんしょう》や利益にあずからんとする者。三つ目は、野心《やしん》、邪心《じゃしん》(悪心)を抱《いだ》き北條《ほうじょう》に取って代《かわ》り幕府を開かんとする者(足利高氏《あしかがたかうじ》とその一族)であった。大半が二であり、二の連中《れんちゅう》は高氏反逆後、高氏に靡《なび》き伏《ふ》した。言葉を換《か》えて言えば、一は道義《どうぎ》による者、二、三は私利私欲《しりしよく》に立つ者である。いつの世も前者は少なく後者は多い。

ここで建武中興における論功行賞《ろんこうこうしょう》(功績《こうせき》の大小を論じてふさわしい賞を与えること)についてのべよう。これまで天皇を非難《ひなん》した学者らは、恩賞《おんしょう》が高氏に厚《あつ》く正成《まさしげ》に薄《うす》かったと言ったが、それも間違いである。

まず高氏について。高氏は始め従四位下《じゅしいのげ》、次いで従三位《じゅさんみ》、そのあと正三位《しょうさんみ》を授けられて、武蔵《むさし》・下総《しもうさ》・常陸《ひたち》三カ国の国司《こくし》に任《にん》ぜられるとともに、後醍醐天皇より御名《おんな》「尊治《たかはる》」の尊の字を賜《たまわ》り、高氏は「尊氏《たかうじ》」と名乗《なの》る名誉《めいよ》を与《あた》えられた。なお高氏の弟直義《ただよし》は従四位下を授けられ、相模《さがみ》・遠江《とおとうみ》の国司に任ぜられた。兄弟合わせて五カ国である。

一方、正成は始め従五位下《じゅごいのげ》、そのあと従五位上《じゅごいのじょう》を授けられ、河内《かわち》・摂津《せっつ》・和泉《いずみ》の国司に任ぜられた。

正成に次ぐ功績《こうせき》のあった新田義貞《にったよしさだ》は従四位上《じゅしいのじょう》を授かり、上野《こうづけ》・播磨《はりま》の国司に任ぜられた。なお長子《ちょうし》(長男)義顕《よしあき》は従五位上、越後《えちご》の国司、弟義助《よしすけ》は駿河《するが》の国司を任ぜられた。新田一族は合わせて四カ国である。

船上山《ふなのうえやま》で後醍醐天皇を護り抜いた名和長年《なわながとし》は従四位下《じゅしいのげ》を授かり、伯耆《ほうき》と因幡《いなば》の国司に任ぜられた。

こうして見ると四人の中で最も功績の劣る高氏《たかうじ》が最高位《さいこうい》を得《え》て弟直義と合わせて最も多くの恩賞を獲得《かくとく》し、「尊」の字まで頂いて優遇《ゆうぐう》された形である。後醍醐天皇はなぜそうされたのであろうか。そこには深慮《しんりょ》がこめられていたのである。高氏は北條に従っていたものの、当時、頼朝《よりとも》の血統《けっとう》がとだえたため、他の源氏系《げんじけい》統《とう》では最も有力《ゆうりょく》な武将《ぶしょう》であった。高氏《たかうじ》が天皇方《がた》についたことにより高氏に従う武士は少なくなかった。後醍醐《ごだいご》天皇としては建武中興《けんむのちゅうこう》が成就《じょうじゅ》した今、最有力《さいゆうりょく》の武将《ぶしょう》が野心《やしん》を抱《いだ》いて反逆《はんぎゃく》することによりせっかくの中興が挫折《ざせつ》することを何よりも危惧《きぐ》(おそれること)し、高氏を優遇《ゆうぐう》されたのである。

人々は高氏が正三位《しょうさんみ》、正成《まさしげ》が従五位上《じゅごいのじょう》とあまりにも差があり、正成《まさしげ》が低すぎると思うであろう。高氏ばかりか義貞、長年よりも低い。鎌倉幕府を滅亡させた義貞と、船上山《ふなのうえやま》で後醍醐天皇を護り抜いた長年の働きはともに大功績《だいこうせき》だが、正成の千早城の戦いとは比べられない。正成一人の決死の先駆《さきが》けがあったからこそ、義貞と長年の大功《たいこう》がありえたのである。正成の類《たぐい》なき大功を考えるならば、本来正成こそ一番上にすべきであり誰も異存《いぞん》を唱えることは出来ない。そこで私はこう考える。後醍醐天皇はおそらく最初に誰よりも高い位《くらい》を正成に授けられたに違いない。その位は従四位《じゅしい》でも正四位《しょうしい》でもなく正三位《しょうさんみ》であろう(正成は戦死後、正三位を追贈《ついぞう》されていることが参考となろう)。そうでなければおかしい。正成の古《こ》今《こん》にためしなき忠誠《ちゅうせい》とその戦いにより建武中興を成就《じょうじゅ》しえた後醍醐天皇のお心に立つならば、こうする以外にはありえない。しかしながらあくまで慎み深く謙《けん》虚《きょ》で並外《なみはず》れた智者《ちしゃ》である正成は、深く考えた上でこれを辞退《じたい》(ことわる)したのであろう。正成は元弘《げんこう》三年(一三三三)三月、九州でいち早く立ち上がり戦死を遂げた菊池武時《きくちたけとき》こそ戦功《せんこう》第一の武将と賛《たた》えた謙虚そのものの人柄であったから、官位《かんい》の高下《こうげ》など問題外であった。

後醍醐天皇はこのような正成を最も信頼し信任《しんにん》し、記録所《きろくしょ》(最も重要な政務を行う役所)や恩賞方《おんしょうがた》、雑訴決断所《ざっそけつだんしょ》、武者所《むしゃどころ》に正成を置かれた。建武中興を担《にな》うこれら主要《しゅよう》な役所全《すべ》てに正成を参与《さんよ》(その仕事に関係すること、あずかること)せしめた。そうしてこれらの役所に高氏は決して入れなかった。

なお正成の三カ国は高氏・直義《ただよし》の五カ国より少ないが、河内《かわち》・摂津《せっつ》・和泉《いずみ》は京都の朝廷を護る最重要地域であり、東にある五カ国はその重要度において劣る。後醍醐天皇は正成の三カ国と義貞の播磨《はりま》、長年の伯耆《ほうき》・因幡《いなば》で京都を護る体制を固めたのである。

こうして見るなら朝廷内《ちょうていない》における重要な職務《しょくむ》と畿内《きない》三カ国の国司と合わせて

考えるならば、恩賞《おんしょう》の実質《じっしつ》第一等は正成《まさしげ》であったことがわかる。後醍醐《ごだいご》天皇のお心に立つならば、当然そうでなければならない。従来《じゅうらい》言われてきた待遇《たいぐう》、恩《おん》賞《しょう》が高氏《たかうじ》に厚く正成に薄いと言うのは不当《ふとう》であり間違いであったのである。

足利《あしかが》高氏の野望《やぼう》は始めから北条《ほうじょう》に代《かわ》って自《みずか》ら幕府《ばくふ》を開くことであった。足利にとっては執権《しっけん》北条に百年以上部下として従って来たことが屈辱《くつじょく》であった。頼《より》朝《とも》の系統《けいとう》が途絶《とだ》えたあと、源氏《げんじ》を代表する者は足利との自負《じふ》(誇り)を有《ゆう》する高氏にとり、北条は元々源氏の家来《けらい》にすぎない。その北条が頼朝の子供を殺して鎌倉幕府を乗《の》っ取《と》りこれまで主人面《しゅじんづら》してきたのだから気《き》に食《く》わない。

源氏のもう一つの系統に新田氏《にったし》がいたが幕府時代の官位《かんい》は足利よりも低かった。足利は内心《ないしん》はともかく表面上は北条とよろしくやり婚姻関係《こんいんかんけい》を重ねてきたから、新田よりも位が高く羽振《はぶ》り(勢力、金力)がよかった。しかし北条が楠木正成《くすのきまさしげ》の千早城《ちはやじょう》の戦いに手こずり落目《おちめ》の段階《だんかい》に至《いた》って、北条をさっさと見捨《みす》てて寝返《ねがえ》り天皇方《がた》に走ったのである。高氏はそういう人間だった。もう最初から心が不《ふ》純《じゅん》なのである。天皇の御為《おんため》、国家の為ではなく、足利のため、自己の私利私欲《しりしよく》の邪心《じゃしん》、野望《やぼう》のため、時代の空気を読み一時的に天皇方についたのである。後醍醐天皇の日本を真《しん》の姿《すがた》に取《と》り戻《もど》そうとの聖《せい》なる理想に殉《じゅん》ずる（尊いことの為に自己の生命を捧げること）正成のような気高《けだか》く清《きよ》らかな心はかけらもなかったのである。つまり正成の正反対《せいはんたい》、対極《たいきょく》にいた人物が高氏であった。それゆえに鎌倉幕府が滅び建武中興《けんむのちゅうこう》が成就《じょうじゅ》するや直《ただ》ちに野心《やしん》をあらわにして反逆《はんぎゃく》したのである。

源頼朝の開いた幕府を家来《けらい》である北条が乗っ取った。その北条が倒《たお》された以上、代《かわ》って幕府を再び建てるのは源氏の正統《せいとう》である足利である。自分が幕府をつくってどこが悪い。この自分の宿望《しゅくぼう》（かねてからの願望《がんぼう》）、野望《やぼう》に立ち向う者は天皇だろうが誰であろうと容赦《ようしゃ》（許すこと）はしない。これが足利高氏が心に秘《ひ》めた魂胆《こんたん》（たくらみ）であった。

足利高氏・直義の大逆・非道・暴虐

後醍醐天皇は高氏が天皇方についた当初《とうしょ》から、彼が自身《じしん》の幕府をつくらんとする野望《やぼう》を見抜いておられた。楠木正成《くすのきまさしげ》も新田義貞《にったよしさだ》も名和長年《なわながとし》もみな同じである。それゆえ天皇は高氏《たかうじ》の野心《やしん》を何《なん》としても抑《おさ》えこみ反逆《はんぎゃく》させないようにするため苦心《くしん》をされて高位《こうい》を授け優遇《ゆうぐう》したが、朝廷の重要な役所からは遠ざけた。高氏《たかうじ》は要注意《ようちゅうい》人物で腫《は》れ物《もの》扱いであったのである。

後醍醐《ごだいご》天皇の日本中興の聖業《せいぎょう》に最も尽力《じんりょく》した人物に、正成ともう一人、大塔《おおとうの》宮護良親王《みやもりながしんのう》（後醍醐天皇皇子《みこ》）がおられる。護良親王こそ身内《みうち》として後醍醐天皇の崇高《すうこう》な志《こころざし》に最も共感共鳴《きょうかんきょうめい》されて北條討伐《ほうじょうとうばつ》に正成とともにこの上ない働きをされた方であった。護良親王はいち早く奸物《かんぶつ》（心のねじけた悪党）高氏の野心を見抜き、直《ただ》ちに高氏を排除《はいじょ》しなければ建武中興の瓦解《がかい》（崩壊《ほうかい》）は必至《ひっし》であると憂慮《ゆうりょ》し、高氏討伐《とうばつ》のはかりごとをめぐらされた。しかし後醍醐天皇は高氏がいまだ明白《めいはく》な叛意《はんい》（反逆の意志）を示していない時点《じてん》で親王が行動を起こすのは時期尚早《じきしょうそう》（いまだ早いこと）として、親王を慰撫《いぶ》（なぐさめること）し中止せしめた。

だが親王の焦慮《しょうりょ》（深く憂うこと）はやまず、建武元年《けんむがんねん》（一三三四）十月、兵力を結《けっ》集《しゅう》して高氏討伐の義軍《ぎぐん》（正義の軍）を起こさんとされた。ところが高氏はこのことを事前《じぜん》に知り、警戒《けいかい》を厳重《げんじゅう》にしたので親王はついに手を下《くだ》すことができなかった。高氏は後醍醐天皇に訴え、親王の責任を問い処罰《しょばつ》を求めた。天皇はやむを得ず親王を鎌倉へ下《くだ》して幽閉《ゆうへい》（建物の中に閉じこめて外に出さないこと）するという苦渋《くじゅう》（苦しみ悩むこと）の措置《そち》（とりはからって始末をつけること）を余儀《よぎ》なくされた（そうする以外にないこと）のである。無論《むろん》、天皇は他日《たじつ》（いつか）親王を救い出そうと思われたことは言うまでもない。

こうして年が明けて建武《けんむ》二年（一三三五）新政三年目、高氏は牙《きば》をむくのである。同年七月、北條時行《ほうじょうときゆき》（北條高時の子）が信濃《しなの》で反乱《はんらん》を起こして関東、東海にそれが波及《はきゅう》（及ぶこと）し拡大《かくだい》、鎌倉にいた高氏の弟直義《ただよし》は時行に敗れて西走《せいそう》した。そのとき直義は幽閉中の大塔宮護良親王を部下をして殺害せしめたのである。高氏が後醍醐天皇に反逆《はんぎゃく》して幕府をつくる上に最も障害《しょうがい》になるのは親王と正成だから、まず最初に護良親王を抹殺《まっさつ》（殺すこと）したのである。直義が親王を殺害したのは無論、高氏の心を汲《く》んだ上のことである。当時、二人は一心一体《いっしんいったい》であった。直義の悪逆《あくぎゃく》（人道にはずれた悪事）も決して高氏に劣らなかった。護良親王の殺害は高氏《たかうじ》・直義《ただよし》の共同犯行《きょうどうはんこう》であり、後醍醐《ごだいご》天皇に対してこれ以上の敵意・叛《はん》意《い》（反逆心）の表明《ひょうめい》はなかった。後醍醐天皇は極力《きょくりょく》（できる限り）、高氏を優遇《ゆうぐう》しなんとしても新政に協力させようと心を砕《くだ》かれたが、高氏はそれに対して護良親王《もりながしんのう》の殺害を以て報《むく》いたのであった。この一事《ひとこと》だけ見ても高氏・直義が天皇や皇族に対し忠義《ちゅうぎ》・忠誠心《ちゅうせいしん》が根本的《こんぽんてき》に欠如《けつじょ》する無道極悪《むどうごくあく》の人物であることを証明している。直義が護良親王を殺害した建武《けんむ》二年七月、足利《あしかが》高氏は後醍醐天皇に明らかに反逆を開始したのである。

時行《ときゆき》反乱の報が京都に達《たっ》した八月始め、朝廷《ちょうてい》は高氏に関東下向《げこう》・時行討伐《とうばつ》を命じた（護良親王殺害のことはまだ知られず、判明《はんめい》したのは数ヵ月後）。その時、高氏は「征夷《せいい》大将軍《たいしょうぐん》」に任命《にんめい》されることを望んだが許されなかった。北條時行征伐を機《き》に征夷大将軍になり幕府を開くという本音《ほんね》（本心《ほんしん》）をここに明らかにしたのである。同月高氏は時行を討ち破り鎌倉に入った。そのあと帰京《ききょう》の命令が下《くだ》ったが拒否《きょひ》、かくして高氏の謀反《むほん》はここに決定的となったのである。建武中興《けんむのちゅうこう》が成就《じょうじゅ》してわずか二年余りの時期である。高氏にとり当初の予定通りの行為である。時期を窺《うかが》っていたが、北條時行の乱が起きたのでこれを好機《こうき》と捉《とら》えたのであった。

高氏の反逆《はんぎゃく》が明らかになったので、朝廷は十月、新田義貞《にったよしさだ》に高氏討伐を命じた。義貞は大軍《たいぐん》を率いて東下《とうげ》、高氏軍を一時《いちじ》、打ち破ったが、十二月の箱根竹《はこねたけ》ノ下《した》の戦いで敗退《はいたい》した。高氏軍は西上《せいじょう》、京都近辺《きんぺん》で戦い朝廷軍《ちょうていぐん》を破ったが、建武三年（一三三六）一月の戦いで、正成や新田義貞を主力《しゅりょく》とする朝廷軍に敗れて九州に逃げた。そのあと高氏は大軍を以て東上《とうじょう》、五月、湊川《みなとがわ》の戦いで朝廷軍と戦い、正成は戦死を遂《と》げるのである。

正成戦死後、上京した高氏との戦いにおいて、次《つ》いで名和長年《なわながとし》が戦死した。そのあと延元《えんげん》三年（一三三八）、新田義貞が越前国藤島《えちぜんのくにふじしま》で戦死した。こうして朝廷方の三名将《さんめいしょう》を討ち倒したあと同年八月、高氏は三年前に擁立《ようりつ》した「光明《こうみょう》天皇」より征夷大将軍に任《にん》ぜられて室町幕府《むろまちばくふ》を開くのである。その時、後醍醐天皇は吉野《よしの》におられた。天皇が同時に二人存在してよいわけはない。従って「光明天皇」は偽《にせ》の天皇である。高氏がにせものの天皇を立てたことこそ、高氏が大逆《だいぎゃく》の大悪党である所以《ゆえん》（理由）である。日本国民として臣下《しんか》として絶対にしてはならぬ無《む》道《どう》・不義《ふぎ》・暴虐《ぼうぎゃく》の最《さい》たる行為であったのである。

高氏《たかうじ》はなぜそうしたのか。幕府を開く為には天皇より、征夷大将軍《せいいたいしょうぐん》に任命《にんめい》して頂《いただ》かなければならない。これを「将軍宣下《しょうぐんせんげ》」とよぶ。征夷大将軍は朝廷の官《かん》職《しょく》の一つの武臣《ぶしん》であり、その任に就《つ》くにはあくまで天皇の任命を受けなければならず、自分で勝手にその地位にはつけない。ところが後醍醐天皇に反逆《はんぎゃく》したのだから後醍醐天皇からは決して征夷大将軍には任命されない。そこで高氏は持明院《じみょういん》系《けい》の皇統《こうとう》よりかつぎ出してもう一人「天皇」をつくりあげることにより、その「天皇」により征夷大将軍にしてもらったのであった。私利私欲の野望の達《たっ》成《せい》の為にこの上ない無道《むどう》、不法《ふほう》、邪悪《じゃあく》を働いたのが足利高氏《あしかがたかうじ》であり、高氏の懐《ふところ》刀《がたな》（腹心《ふくしん》）が弟直義《ただよし》であった。

ここから次のことが言える。高氏は正統《せいとう》ではないにせものの天皇により征夷大将軍となり幕府を開いたが、征夷大将軍も幕府も正当性《せいとうせい》を全《まった》く欠落《けつらく》するにせものにほかならないということである。正当性なく権威《けんい》なき幕府であったからその実《じっ》態《たい》は道義《どうぎ》のかけらもなく不義非道《ふぎひどう》の積悪《せきあく》の歴史であり、正視《せいし》に耐《た》えず無惨《むざん》（むごたらしく残酷なこと）の一語《いちご》につきる。このあと幕府がどうなったか簡潔《かんけつ》に述べよう。

高氏を強力《きょうりょく》に支《ささ》えたのが直義ともう一人、足利家の執事《しつじ》（家老《かろう》）高師直《こうのもろなお》である。直義と師直こそ室町幕府樹立《じゅりつ》の最大の功労者である。ところが幕府成立後、この三人組の仲がおかしくなる。あろうことか高氏は弟直義と激しく対立、憎み合い、戦い合うのである。直義は高師直とも対立した。こうして三人は果てしない争いを続けた。一体何の為に幕府を開いたのかわけが分からなくなるのである。

この間《かん》、高氏と直義は相手を打倒する為にとんでもない行動に出た。自己の立場を強化《きょうか》する目的で二人ともこれまで敵として戦ってきた吉野のいわゆる南朝《なんちょう》（京都にある偽《にせ》の朝廷は「北朝《ほくちょう》」とよばれた）に降伏《こうふく》するのである。まず先に直義が降伏、そのあと高氏と戦い勝利して高氏の執事であった高師直一族を惨殺《ざんさつ》した。そこで形勢不利《けいせいふり》となった高氏は南朝に降伏した。高氏が南朝に降伏するということは南朝の後村上《ごむらかみ》天皇（後醍醐天皇のあとを継いだ天皇）に帰服《きふく》（服従《ふくじゅう》すること、帰順《きじゅん》すること）することだから、そのとき高氏が擁立《ようりつ》していた「北朝」の「崇光《すこう》天皇」は当然、みじめにも廃位《はいい》となりお払《はら》い箱《ばこ》となった。高氏は平然《へいぜん》とこの非道《ひどう》を行い、そのあと直義《ただよし》と戦いこれを打ち破りついに彼を毒殺《どくさつ》したのである。こうして目的を遂げたあと、もう南朝に従う理由はないから再びそむいた。しかし天皇が存在しなければ幕府の正当性《せいとうせい》は消滅《しょうめつ》するので、高氏《たかうじ》は「後光厳《ごこうごん》天皇（崇光天皇の弟）」を擁立《ようりつ》したのである。以上が高氏・直義兄弟の偽《いつわ》りなき真実である。一体、高氏や直義にはまともな人間の心、人間性、良心《りょうしん》はあるのだろうかと思わぬ者はなかろう。

これをまとめてみよう。足利高氏は持明院統《じみょういんとう》（いわゆる「北朝」の光厳上皇《こうごんじょうこう》、光明《こうみょう》天皇等《とう》）の方々を私利私欲《しりしよく》のため利用するだけ利用して幕府を開いたのみならず、擁立《ようりつ》も廃位《はいい》も勝手気儘《かってきまま》に行い、都合《つごう》が悪くなれば忘恩的行為《ぼうおんてきこうい》に出て弊履《へいり》（破れた草履《ぞうり》）のごとく捨《す》てて顧《かえり》みなかった。高氏は自己の野望の実現の為に天皇・朝廷《ちょうてい》に対してあるいは従いあるいは叛《そむ》き、奴僕《ぬぼく》（奴隷《どれい》・下僕《げぼく》）のごとく思いのままに取扱い、南北の天皇・朝廷に不忠《ふちゅう》・不義《ふぎ》・無道《むどう》・暴虐《ぼうぎゃく》の限りを尽くした究極《きゅうきょく》の逆賊《ぎゃくぞく》・国賊《こくぞく》・大悪党《だいあくとう》にほかならなかったのである。高氏は息子の義詮《よしあきら》（二代将軍）を溺愛《できあい》し、最も自分に尽くした直義《ただよし》と骨肉《こつにく》（兄弟）の争いを続け最後に毒殺《どくさつ》した。また最《もっと》も忠実《ちゅうじつ》な執事高師直《しつじこうのもろなお》を見捨《みす》てて直義に殺されるのを看過《かんか》（見すごすこと)した。従ってこのような人物の開いた室町幕府に天下の人々を納得《なっとく》させる大義名分《たいぎめいぶん》(根本の道、人々が踏み行うべき重大な倫理《りんり》、正しい理想)はあるはずもなかった。国家国民を真《しん》に大切《たいせつ》に思う精神、真心は皆無《かいむ》だった。高氏は幕府創設者《そうせつしゃ》としてのすぐれた指導力《しどうりょく》、統率力《とうそつりょく》、人格《じんかく》は零《ゼロ》であった。天皇に反逆《はんぎゃく》し、忠実《ちゅうじつ》な弟と執事《しつじ》を殺しあるいは見捨《みす》て、わが身《み》とわが子のことだけしか頭にない究極《きゅうきょく》の自己中心主義者《じこちゅうしんしゅぎしゃ》であった。それゆえ部下の武将《ぶしょう》・武士はみな高氏を手本《てほん》として見《み》習《なら》い、非道、不義、暴虐に血道《ちみち》を上げて(道に迷い悪事《あくじ》を働くこと)遂《つい》に応仁《おうにん》の乱に代表される天下麻《てんかあさ》のごとくに乱れる下剋上《げこくじょう》(下の者が上の者をしのぎ打ち倒すこと)の戦国《せんごく》時代を招《まね》き寄《よ》せたのである。

皇位《こうい》を狙《ねら》った足利義満《あしかがよしみつ》
――高氏に輪をかけた極悪人《ごくあくにん》

こうした足利時代を象徴《しょうちょう》するもうひとりの人物が三代将軍足利義満《あしかがよしみつ》である。

義満《よしみつ》は高氏《たかうじ》に輪《わ》をかけた人間であった。義満は高氏以上に敬神《けいしん》・尊皇《そんのう》の心は皆無《かいむ》であった。義満の不忠《ふちゅう》・不臣《ふしん》(臣下《しんか》の道を守らないこと)・僭上《せんじょう》(身分を超えておごりたかぶること)の数々をあげよう。思い上がり驕慢《きょうまん》(たかぶって人をあなどること)の極《きわ》みに達《たっ》した義満は、自邸《じてい》において公卿《くぎょう》(公家《くげ》のうち三位《さんみ》以上の上級貴族を公卿という)公家《くげ》たちに「拝賀《はいが》の儀《ぎ》」を強要《きょうよう》(無理に要求すること)している。拝賀の儀とは、公卿・公家が天皇に対して行う儀式《ぎしき》である。天皇気取《きど》りでいたのである。朝廷の百官《ひゃっかん》はただひたすら義満の命令に従い拝跪《はいき》(ひざまづくこと)した。従わぬ者には厳《きび》しい処罰《しょばつ》が待《ま》ち受《う》けていた。

義満は北山《きたやま》に広大《こうだい》な邸宅《ていたく》(現在の金閣寺《きんかくじ》はその一部。北山第《きたやまだい》とよばれた)を設《もう》けたが、その建築は壮麗《そうれい》(壮大《そうだい》で美しいこと)を極《きわ》めた。その建物の中心は「紫宸殿《ししんでん》」とよばれた。紫宸殿とは京都御所《ごしょ》の最も重要な儀式《ぎしき》を行う宮殿《きゅうでん》の名称《めいしょう》である。御所の紫宸殿におられる天皇より北山第の紫宸殿にいる自分こそ本当の天皇だという僭越《せんえつ》(身分を越えてさし出ること)の極《きわ》みの沙汰《さた》(行為)であった。『足利時代史』を著《あらわ》したこの時代の研究の第一人者田中義成《よししげ》(東京帝国大学教授)はこう断言《だんげん》している。

「彼が前後に於《お》ける僭越《せんえつ》なる挙動《きょどう》(行動)より推考《すいこう》(おしはかること)すれば、その実《じつ》は至尊《しそん》(天皇)の宮殿《きゅうでん》に擬《ぎ》して(まねて)、かようの名称《めいしょう》を付《つ》けしならんと信《しん》ず。……彼《かれ》が天子《てんし》(天皇)を以《もっ》て自《みずか》ら居《お》りし事益々《ことますます》明《あきら》かなり」

このような義満が最終的に目指《めざ》したことが、皇位《こうい》の簒奪《さんだつ》(奪《うば》い取《と》ること)であったことは一点《いってん》の疑いもなかった。すなわち神武《じんむ》天皇以来《いらい》の「万世一系《ばんせいいっけい》の天皇」を廃絶《はいぜつ》して、血統《けっとう》の異《こと》なる革命王朝《かくめいおうちょう》である「足利王朝」を立てることにあったのである。道鏡《どうきょう》の再来《さいらい》であった。田中義成はこうのべている。

「義満が最終《さいしゅう》の目的は愛子義嗣《よしつぐ》を天子《てんし》(天皇)と為《な》し、己《おの》れ自《みずか》らは太上《だいじょう》天皇たらんとするに在《あ》りし事《こと》疑うべからず」

太上天皇＝譲位後《じょういご》の天皇の称号《しょうごう》。即位しなくても子息《しそく》が天皇になった時こうよばれる場合がある。

息子を天皇にして「足利王朝」を立てて、日本を別の日本にして自分の思うがままに支配しようとした比類《ひるい》なき極悪人《ごくあくにん》が義満であり、高氏とその血を分《わ》けた義満が出現した因縁《いんねん》の深さが痛感《つうかん》させられる。この祖父ありてこの孫ありである。

義満にはもう一つの大罪《たいざい》がある。それはシナ大陸の明《みん》に臣従《しんじゅう》(臣下《しんか》として服従《ふくじゅう》すること)したことである。義満《よしみつ》は明と貿易を行い私腹《しふくこ》を肥やした(自分の金もうけをすること)が、その時の明の皇帝に出した文書《ぶんしょ》において、名乗《なの》りを「日本国王《にほんこくおう》臣源《しんみなもと》」と記《しる》している。二重《にじゅう》の過《あやま》ちを犯《おか》している。「日本国王」と「臣」である。義満は「日本国王」ではない。日本国王といえば天皇である。「紫宸殿《ししんでん》」において公家《くげ》に「拝賀《はいが》の儀《ぎ》」を強制《きょうせい》した義満だから、平然と「日本国王」と僭称《せんしょう》(自分の身分以上の称号)したのである。もう一つは明の皇帝に「臣源」と記して「臣下《しんか》の礼《れい》」をとったことである。これ以上の屈辱《くつじょく》・恥辱《ちじょく》はなく屈従《くつじゅう》・土下座外交《どげざがいこう》の見本である。また「王」は「皇帝」の下位《かい》にあるから、「日本国王」と記した事もあやまりである。義満は明の初代皇帝・太祖《たいそ》を夢にまで見て、寝ても覚《さ》めても恭敬《きょうけい》(つつしみ敬う)を忘れなかったということの上なき売国奴《ばいこくど》・国賊《こくぞく》であった。強《きょう》大《だい》なものに阿諛迎合《あゆげいごう》(へつらいおもねり屈従《くつじゅう》すること)し、弱小《じゃくしょう》なものには威張《いば》りかえる。このような人物が義満であり高氏の孫であったのである。最悪最低《さいあくさいてい》の将軍であった。義満はいよいよ義嗣《よしつぐ》を天皇にしようとした時、突然《とつぜん》急死した。義満の目にあまる悪行《あくぎょう》ぶりに対して、さすがにもうこれ以上放置《ほうち》できないと思う者の手により証拠《しょうこ》はないが毒殺《どくさつ》された可能性が高い。

ここで建武中興《けんむのちゅうこう》が挫折《ざせつ》せざるを得なかったことにつきまとめてみよう。それは結局、後醍醐《ごだいご》天皇の「日本の日本たらんとする高邁《こうまい》(気高くすぐれていること)な理想」を理解する人々が少なかったことにある。多くの武士は私利私欲で動いた。その最《さい》たる者が足利高氏《あしかがたかうじ》である。

当時の武士は源頼朝《みなもとのよりとも》以来の幕府政治《ばくふせいじ》を当然視《とうぜんし》し自明《じめい》(証明《しょうめい》するまでもなく明かなこと)のこととした。北条《ほうじょう》が滅びても幕府政治は消滅《しょうめつ》しないと思った。そこに足利高氏が出現《しゅつげん》してすぐさま謀反《むほん》を起こして、我《われ》こそ源氏《げんじ》の正統《せいとう》なりとして幕府を再現《さいげん》せんと利《り》をもって誘《さそ》ったところ、多くの武士が靡《なび》いたのである。建武中興の崩壊《ほうかい》は決して後醍醐天皇の掲《かか》げた理想《りそう》と天皇親政が間違いであったのでも、天皇の不徳《ふとく》によるものでもなかったのである。

明治維新は少数の志士達《ししたち》が命を捧《ささ》げて成就《じょうじゅ》した。ところが維新直後の二、三年間、明治政府の基盤《きばん》は甚《はなは》だ弱《よわ》く瓦解《がかい》(崩壊《ほうかい》)の恐れが十分あった。それは徳川幕府が倒れても二百数十の藩《はん》がまだ存在していたからである。幕府がなくなっても王政復古が成功すると思った者はほとんどなく、建武中興《けんむのちゅうこう》の二《に》の舞《まい》になると考えた者は少なくない。武家政治《ぶけせいじ》は消滅《しょうめつ》するはずはなくなお続くと大半《たいはん》の者は思い、徳川家に代《かわ》って幕府を開こうと思った者さえある。

明治維新《めいじいしん》のとき幕府政治・武家政治を廃止《はいし》して王政復古をなし遂《と》げ天皇親政《てんのうしんせい》を開始することがいかに困難を極《きわ》めた大事業であったかを顧《かえり》みるならば、建武中興の筆舌《ひつぜつ》に尽《つ》くし難いむつかしさが理解できよう。後醍醐《ごだいご》天皇は武士をなくそうとはされなかったが、武家政治・幕府政治を廃止しようとされたのである。つまり明治維新でようやく実現されたことを五百年以上も前にしようとなされた。それほどの未曾有《みぞう》の難事業《なんじぎょう》だから、当然大困難が伴《とも》なったのである。従って短期間で出来ることではなかったのである。天皇の掲《かか》げられる大理想を長い年月《ねんげつ》を要《よう》して人々に理解させる必要があるが、そうする間《ま》もなく高氏が謀反《むほん》を起こしたのである。また中興成立後、北條残党《ざんとう》の反乱《はんらん》が拡大しそれは東国《とうごく》のみならず、紀伊《きい》・長門《ながと》・伊予《いよ》など各地で頻発《ひんぱつ》（しきりに起こること）した。高氏の謀反と北條残党の反乱が重なり、それらが主因《しゅいん》で建武中興は挫折《ざせつ》の憂《う》き目《め》を見たのである。

建武中興の失敗は大東亜戦争の敗戦とともにわが国最大の悲劇である。しかしそれは決してみじめで空《むな》しい失敗に終ったのではなく、既述《きじゅつ》した通り明治維新を成就《じょうじゅ》せしめる重大な種蒔《たねま》き、礎《いしずえ》、原動力《げんどうりょく》となった。わが国の重要な歴史はことに時間的に長い視野《しや》（範囲）――数百年から千年・二千年――で見なければ正しく理解できない。建武中興の歴史を知るには先にわが国肇国《ちょうこく》の歴史を顧《かえり》みなければならず、後に建武中興を原動力として成就《じょうじゅ》した明治維新の歴史を理解しなければならないのである。建武中興の歴史はまさしく日本国史の中軸《ちゅうじく》・根軸《こんじく》の地位を占《し》めていることを知る必要がある。歴史の表面にのみある事柄《ことがら》だけを見てそれだけに捉《とら》われれば真相《しんそう》を見失う。形だけ見るならば建武中興は大挫折《だいざせつ》・大失敗だが、日本国史三千年の大局《たいきょく》から見るならば、国史の骨髄《こつずい》・精髄《せいずい》・真髄《しんずい》（最もすぐれたところ、精神）にほかならないのである。平泉澄《ひらいずみきよし》は建武中興の歴史につきこう切言《せつげん》（切実《せつじつ》に忠告《ちゅうこく》することば）している。

「是《ここ》に於《お》いて建武中興失敗の原因は明瞭《めいりょう》（明らかなこと）となった。即《すなわ》ちそれは天下の人心《じんしん》多く義《ぎ》（道義《どうぎ》・正義《せいぎ》・義《ただ》しき道《みち》）を忘れて利《り》（私利私欲《しりしよく》）を求むるが故《ゆえ》に、朝《ちょう》廷正義《ていせいぎ》の御政《ぎょせい》(政治)にあきたらず、功利《こうり》(成功と利益)の奸雄《かんゆう》(悪知恵のたけた人物)足利高氏《あしかがたかうじ》誘《さそ》うに利《り》を以《もっ》てするに及び、翕然《きゅうぜん》(多くのものが一つに合《がっ》すること)としてその旗下《はたもと》に馳《は》せ参《さん》じ(駆けつけて)、それらの逆徒《ぎゃくと》(反逆者)滔々《とうとう》(広くすみずみまでゆきわたること)として天下に充満《じゅうまん》するに及び、中興《ちゅうこう》の大業《たいぎょう》遂《つい》に失敗に終ったのである。ここに我等《われら》はこの失敗の原因を恐《おそ》れ多くも朝廷《ちょうてい》の御失政《ごしっせい》(政治のしかたが悪いこと)、殊《こと》には後醍醐《ごだいご》天皇の御失徳《ごしっとく》(徳を失うこと、不徳《ふとく》)に帰《き》し奉《たてまつ》った従来《じゅうらい》(これまで)の俗説《ぞくせつ》(世間で言い伝えられていること)を大地《だいち》に一擲《いってき》(投げうつこと)しなければならぬ。否《いな》、我等の先祖の或《あるい》は誘《さそ》われて足利につき、或は義《ぎ》を守ったにしても力乏《ちからとぼ》しくして遂《つい》に大業《たいぎょう》を翼賛《よくさん》(力を添《そ》えて補佐《ほさ》すること)し奉《たてまつ》る能《あた》わざりしのみならず、却《かえ》って聖業《せいぎょう》(後醍醐天皇の建武中興の大事業)を誹謗《ひぼう》(悪口を言い非難《ひなん》すること)し奉《たてまつ》ること六百年の長きに亘《わた》った罪《つみ》を懺悔《ざんげ》(罪過《ざいか》を悔《く》い改《あらた》めること)し、陳謝《ちんしゃ》(深くお詫《わ》びすること)し奉らねばならぬ。建武中興の歴史はまことに懺悔《ざんげ》の涙《なみだ》を以《もっ》て読まれるべきである」

建武中興失敗の根因《こんいん》は、足利高氏《あしかがたかうじ》が皇国《こうこく》日本の国体《こくたい》を忘却《ぼうきゃく》して後醍醐天皇に反逆《はんぎゃく》したことにある。そうして当時の武士の多くが「義を忘れて利を求」めて、高氏の誘惑《ゆうわく》になびいたからであった。後醍醐天皇の「日本の日本たらん」とする高貴《こうき》なる理想、精神が理解できずに、ひたすら私利私欲に走ったからであった。にもかかわらず過去六百年間以上、建武中興の失敗の原因は後醍醐天皇の不徳《ふとく》と失政《しっせい》にあると思った人が大半《たいはん》であった。この歴史の重大《じゅうだい》なあやまちを正したのが平泉であり、これがわが国第一の歴史家の建武中興に対する結論であり、千古《せんこ》（永遠）の断案《だんあん》（断定した結論）、鉄案《てつあん》（ゆるぎなき結論）である。私はこの史論《しろん》（歴史についての見方《みかた》）に従う者である。

これまで多くの日本人は建武中興の歴史が内包《ないほう》（内に含《ふく》むこと）する深い意義《いぎ》につきほとんど無知同然《むちどうぜん》であったことが痛感《つうかん》させられるのである。

4、七生報国

桜井の別れ
——忠誠と道義の継承

京都での戦いに敗れた足利高氏《あしかがたかうじ》は延元元年《えんげんがんねん》（一三三六）、九州に敗走《はいそう》したがここで勢力を回復《かいふく》して東上《とうじょう》した。時に五月、楠木正成《くすのきまさしげ》は兵庫《ひょうご》（神戸）の湊川《みなとがわ》で高氏を迎《むか》え撃《う》つのである。この戦いに立つ時、正成《まさしげ》は摂津国《せっつのくに》の桜井《さくらい》で長男正行《まさつら》と最後の別れをした。『太平記』はこう記している。

皇居外苑の楠木正成公銅像（東京都千代田区）

「正成、これを最後の合戦《かっせん》と思ひ《(い)》ければ、嫡子《ちゃくし》正行が今年《ことし》十一歳にて供《とも》したりけるを、思ふ《(う)》や《(よ)》う有《あ》りとて、桜井の宿《しゅく》より河内《かわち》へ返《かえ》し遣《つか》は《(わ)》すとて庭訓《ていきん》を残しけるは、『獅子《しし》子《こ》を産《う》んで三日を経《ふ》る時《とき》、数千丈《じょう》の石壁《せきへき》よりこれを投《な》ぐ。その子獅子《しし》の機分《きぶん》あれば、教へ《(え)》ざるに宙《ちゅう》より跳《は》ね返《かえ》りて死する事をえずと言《い》へ《(え)》り。言は《(わ)》んやなんぢ《(じ)》すでに十歳に余りぬ。一言《いちごん》耳に留《と》まらば、わが教誡《きょうかい》に違《たが》ふ《(う)》事《こと》なかれ。今《この》度《たび》の合戦《かっせん》、天下《てんか》の安否《あんぴ》と思ふ《(う)》間《あいだ》、今生《こんじょう》にてなんぢ《(じ)》が顔《かお》を見ん事これを限りと思ふ《(う)》なり。正成すでに討死《うちじに》すと聞《き》きなば、天下《てんか》は必《かなら》ず将軍《しょうぐん》の代《よ》に成《な》りぬと心うべし。しかりと言へ《(え)》ども、一旦《いったん》の身命《しんみょう》を助からんために、多年《たねん》の忠烈《ちゅうれつ》を失《うしな》つて降《こう》人《にん》に出《い》づ《(ず)》ることあるべからず。一族若党《わかとう》の一人も死に残つてあらん程《ほど》は、金剛山《こんごうさん》の辺《へ》に引《ひ》き籠《こも》つて、敵《てき》寄《よ》せ来《き》たらば命《いのち》を養由《ようゆう》が矢《や》さきに懸《か》けて、義《ぎ》を紀信《きしん》が忠《ちゅう》に比《ひ》すべし。これをなんぢ《(じ)》が第一の孝行《こうこう》ならんずる』と泣く泣く申《もう》し含《ふく》めておのおの東西《とうざい》に別れにけり」

嫡子＝あととり。世継《よつ》ぎ。　庭訓＝教訓　獅子＝ライオン　石壁＝岩壁　機分＝天性。能力。

宙より跳ね返り＝宙返り　**教誡**＝教訓　**天下の安否と思ふ間**＝天下分目《わけめ》の決戦と思うので

今生＝この世　将軍＝高氏　一旦＝一時　多年の忠烈を失ひて＝後醍醐天皇に対する長年の忠義・忠誠を捨てて　降人に出づる＝降伏する　若党＝部下　金剛山の辺＝楠木氏の本拠地

養由が矢さき＝シナ春秋時代の弓の名手《めいしゅ》・養由の矢面《やおもて》に立つような危険にも退《しりぞ》かずに戦うこと

紀信が忠……＝紀信が漢《かん》の高祖《こうそ》の身代《みがわ》りになったように天皇に忠誠を尽くすべし

【現代語訳】正成《まさしげ》はこれを最後の戦いと思ったので、今年十一歳になる跡継《あとつ》ぎ正行《まさつら》がここまでお供《とも》をしたけれども、思うことがあるので桜井《さくらい》の宿駅《しゅくえき》より河内《かわち》へ返すことにした。そのとき最後の教訓《きょうくん》を与えてこうのべた。「獅子《しし》（ライオン）は子を産《う》んで三日たつと、数千丈《じょう》（数千メートル）の岸壁《がんぺき》から子を谷底《たにぞこ》に投げる。その子が獅子としての天性《てんせい》、才能があるならば教えられなくても途中ではね返って死ぬことはないという。ましてそなたは既に十歳を越えた。私の一言が耳に留《とど》まるならばこの一言を肝《きも》に銘《めい》じて私の教訓に決して背《そむ》いてはならない。このたびの戦いは天下分《てんかわ》け目《め》の決戦と思うので、この世でそなたの顔を見ること、これが最後になるであろう。正成すでに討死《うちじに》すと聞いたならば、天下は必ず高氏《たかうじ》の代《よ》になるものと心得《こころえ》よ。しかしそうなってもわが命を惜《おし》んでこれまでの楠木《くすのき》一族の忠誠《ちゅうせい》・忠節《ちゅうせつ》を捨《す》てて足利《あしかが》に降伏《こうふく》することは絶対にあってはならぬ。一族と部下の一人でも生き残っている限り、金剛山あたりに引きこもり、敵が攻め寄せてきたならば、昔のシナの勇士養由《ゆうしようゆう》や紀信《きしん》のように義勇《ぎゆう》を奮《ふる》って、天皇陛下に忠誠・忠節を尽《つ》くせ。これこそそなたの父への第一の孝行《こうこう》になるだろう」と泣きながら教えさとして、二人は東西に分れた。

これまた『太平記』の名場面である。正成は高氏《たかうじ》との最後の決戦に立つとき、跡継《あとつ》ぎの正行に泣いて遺言《ゆいごん》し志《こころざし》を伝えたのである。自分はこの戦いで討死《うちじに》する。そうなれば高氏が天下を制《せい》することになる。しかしながら高氏は道義《どうぎ》にそむく天地《てんち》に容《い》れざる朝敵《ちょうてき》・逆賊《ぎゃくぞく》・国賊《こくぞく》だからこれを必ず討ち滅ぼせ。そうして後《ご》醍醐《だいご》天皇に捧《ささ》げてきたこれまでの私の純忠至誠《じゅんちゅうしせい》の心をしっかりと受け継いでくれ。それこそが私へのこの上ない親孝行である。正行もまた涙とともに父の言葉を押《お》し戴《いただ》いた。こうして日本人としての忠誠《ちゅうせい》と道義《どうぎ》の精神がうけ継がれたのである。古来《こらい》、心ある日本人はこの桜井の別れに涙してきたのであった。

正成《まさしげ》は正行《まさつら》の為に約三千名の部下を残し、正成とともに死戦《しせん》を誓った七百名を率《ひき》いて湊川《みなとがわ》に向った。

十二年後の正平《しょうへい》三年（一三四八）一月、二十三歳の楠木正行は四條畷《しじょうなわて》の戦いで戦死を遂《と》げた。父の名を恥ずかしめぬ正行は後世《こうせい》、「小楠公《しょうなんこう》」と賛《たた》えられた。正行が出陣前《しゅつじんまえ》に遺《のこ》した辞世《じせい》（なくなる前に残す歌）がこれである。

返《かへ(え)》らじと　かねて思《おも》へ《(え)》ば　梓弓《あづ(ず)さゆみ》
　なき数《かず》に入《い》る　名《な》をぞとどむる

梓弓で射《い》る矢が立ち帰ることがないように再びこの世に帰ってくることはあるまいと思うので、あらかじめこの過去帳《かこちょう》（死者の名を記す帳面）に名を書きとどめよう。

なお明治二十三年、小楠公戦死の地に、四條畷《しじょうなわて》神社が建立《こんりゅう》された。

七生報国の祈りと誓い

延元《えんげん》元年（一三三六）五月二十五日、正成は兵庫の湊川《みなとがわ》で高氏《たかうじ》の大軍《たいぐん》と戦った。早朝から夕刻《ゆうこく》四時頃まで、楠木軍《くすのきぐん》七百の精鋭《せいえい》（えり抜きの強兵《きょうへい》）は菊水《きくすい》の旗《はた》（家紋《かもん》）を掲《かか》げて縦横無尽《じゅうおうむじん》に駆《か》け巡《めぐ》り幾度《いくど》も敵陣《てきじん》を切《き》り崩《くず》した。正成は籠城戦《ろうじょうせん》のみならず野戦《やせん》・騎馬戦《きばせん》においてもすぐれ足利軍を圧倒《あっとう》した。湊川では、新田義貞《にったよしさだ》の軍勢《ぐんぜい》もともに戦った。しかし兵力数が桁違《けたちが》いであったため、正成・義貞軍は敗れた。正成は今後の戦いのため、朝廷軍《ちょうていぐん》の主力《しゅりょく》である（兵力は新田軍が最大）義貞を湊川から脱出《だっしゅつ》させた。正成の部下はほとんど討死《うちじに》し残るは数十名になった夕方、正成はこの日ともに戦い抜いた弟楠木正季《まさすえ》と最後の言葉を交《かわ》した。『太平記』はこう伝えている。

「正成、座上《ざじょう》に居《い》つつ舎弟《しゃてい》の正季に向つて、『そもそも最後《さいご》の一念《いちねん》に依《よ》つて、善《ぜん》悪《あく》の生《しょう》を引《ひ》くと言《い》へ《（え）》り。九界《くかい》の間《あいだ》になにか御辺《ごへん》の願《ねが》ひ《（い）》なる』と問ひ《（い）》ければ、正季からからと打《う》ち笑《わら(い)》ひて、『七生《しちしょう》までただ同じ人間に生まれて、朝敵《ちょうてき》を滅《ほろ》ぼさばやとこそ存《ぞん》じ候《そうら(え)》へ』と申しければ、正成《まさしげ》よに嬉《うれ》しげなる気色《けしき》にて、『罪業深《ざいごうふか》き悪念《あくねん》なれども、われも斯様《かよう》に思《(う)》ふなり。いざさらば同《おな》じく生《しょう》を替《(え)》へてこの本懐《ほんかい》を達《たっ》せん』と契《ちぎ》つて、兄弟ともに差《ざ》し違《ちが(え)》へて同《おな》じ枕《まくら》に臥《ふ》しにけり。

そもそも元弘《げんこう》よりこのかた 忝《かたじけな》くもこの君《きみ》に憑《たの》まれまゐ《(い)》らせて、忠《ちゅう》を致《いた》し功《こう》に誇《ほこ》る者幾千万《いくせんまん》ぞや。然《しか》れどもこの乱《らん》また出《い》で来《き》て後《のち》、仁《じん》を知らぬ者は朝恩《ちょうおん》を捨《す》てて敵に属《しょく》し、勇《いさ》みなき者はいやしくも死《し》を免《まぬか》れんとて刑戮《けいりく》にあひ《(い)》、智《ち》なき者は時の変《へん》を弁《べん》ぜずして道に違《たが(う)》ふことのみありしに、智《ち》・仁《じん》・勇《ゆう》の三徳《さんとく》を兼《か》ねて死を善道《ぜんどう》に守《まも》るは、いにしへ《(え)》より今に至《いた》るまで、正成ほどの者は未《いま》だなかりつるに、兄弟ともに自害《じがい》しけるこそ、聖主《せいしゅ》再《ふたた》び国を失つて、逆臣《ぎゃくしん》よこしまに威《い》を振《(う)》ふべき、その前表《ぜんぴょう》のしるしなれ」

座上に居つつ＝上座《かみざ》にすわって　**舎弟**＝実弟《じってい》　**最後の一念～いへり**＝死の瞬間《しゅんかん》、何を考えるかによって来世《らいせ》に善(極楽)に行くか悪(地獄)へ行くかが決まるという。**九界**＝地獄・餓鬼・畜生・修羅・人間・天上・声聞《しょうもん》・縁覚《えんがく》・菩薩《ぼさつ》の九つの世界。上に行くほど良いとされる。仏教思想。**御辺**＝そなた　**気色**＝様子　**よに**＝非常に　**罪業深き悪念**＝人間に生まれ変るのは罪深い悪念とする仏教思想　**生を替えて**＝生れ変って　**本懐**＝心からの願望《がんぼう》　**契る**＝約束する　**忝くも**＝おそれ多くも　**この君**＝後醍醐天皇　**憑まれまいらせ**＝頼まれ申し上げて　**この乱**＝高氏の謀反《むほん》　**仁**＝人間にとり最も大切な道　**朝恩**＝天皇の御恩　**属し**＝付属《ふぞく》し　**刑戮**＝刑罰《けいばつ》　**時の変を弁せず**＝時勢の推移《すいい》を理解せず　**道に違ふ**＝道義《どうぎ》にそむく　**死を善道に守る**＝生涯、道義に従って生き道義を守り抜くこと　**聖主**＝後醍醐天皇　**逆臣**＝足利高氏　**よこしまに意を振ふ**＝道義にそむき暴逆《ぼうぎゃく》を行う　**前表のしるし**＝前ぶれ

【現代語訳】正成は上座《かみざ》にすわって弟の正季《まさすえ》に向ってこう問うた。「そもそも死に臨《のぞ》んだ瞬間《しゅんかん》何を考えるかによって来世《らいせ》に善《よ》い所《ところ》(極楽《ごくらく》)へ行くか悪いところ(地獄《ぢごく》)へ行くかが決まると言う。九界《くかい》(仏の世界を除いた九つの世界――地獄《じごく》・餓《が》鬼《き》・畜生《ちくしょう》・修羅《しゅら》・人間《にんげん》・天上《てんじょう》・声聞《しょうもん》・縁覚《えんがく》・菩薩《ぼさつ》――)のうち一体《いったい》そなたは何を願うか」　すると正季はからからとうち笑い、「七生《しちしょう》まで何度《なんど》も何度もただ同じ人間に生まれて、天皇、朝廷に敵対する者(ここでは足利高氏)を滅ぼしたいと思います」と答えた。正成は非常にうれしそうな様子で、「罪業《ざいごう》深い悪い考

えだが私もまったくそう思う。いざさらば、同じく生《うま》れ変《かわ》ってこの私どもの本《ほん》望《もう》、本懐《ほんかい》を遂《と》げよう」と約束して、兄弟とも刀を差《さ》し違《ちが》いて最期《さいご》を遂《と》げた。

そもそも元弘《げんこう》元年以来、おそれ多くも後醍醐《ごだいご》天皇に依頼《いらい》されて、忠節《ちゅうせつ》を尽《つく》し数々の功績を上げた者は実《じつ》に数多い。しかしながら足利高氏《あしかがたかうじ》が謀反《むほん》を起こしてから、仁《じん》を知らぬ者は朝廷の高大《こうだい》な恩を捨て敵につき、勇気なき者は死をのがれようとしてかえって刑罰《けいばつ》にあい、物事の是非《ぜひ》・善悪《ぜんあく》を知らぬ者は時の推移《すいい》(うつりかわり)を理解せずして道理《どうり》に違《たが》うことのみある中で、智《ち》・仁《じん》・勇《ゆう》の三《さん》徳《とく》(人間《にんげん》の至上《しじょう》の道徳とされる)を兼《か》ねて道義《どうぎ》に従って生き、道義によって死ぬ人物は、昔より今まで正成ほどの者はいまだかってなかったが、正成《まさしげ》・正季《まさすえ》兄弟がともに自決《じけつ》したことこそ、聖主《せいしゅ》たる後醍醐天皇が再び国を失い、逆臣《ぎゃくしん》・国《こく》賊《ぞく》である足利高氏が悪逆《あくぎゃく》、非道《ひどう》を行おうとするその前触《まえぶ》れであった。

いよいよ最期《さいご》を迎えたとき、正成《まさしげ》は弟の正季《まさすえ》に、九界《くかい》のうちどこに生まれ変りたいかと尋《たず》ねると正季は、「七生《しちしょう》まで唯《ただ》同じ人間に生まれて朝敵《ちょうてき》を滅ぼさばや」

と答えたのであった。当時の人々はみな仏教を信じていたので、次に生まれ変る時は九界《くかい》の上の方、つまり菩薩《ぼさつ》や縁覚《えんがく》や声聞《しょうもん》などの高い上等な世界に生まれ変りたいと願ったのである。地獄《ぢごく》・餓鬼《がき》・畜生《ちくしょう》・修羅《しゅら》などは誰も望まない。その中で人間は九界の真ん中で高くはないから、多くの人々は人間に生まれ変ることも決して望まなかったのである。

ところが正季は「七生」すなわち何度も繰り返して永遠に人間に生まれ変り、朝敵つまり足利高氏のような天皇に反逆《はんぎゃく》する国賊《こくぞく》を討ち滅ぼしたいと思いますと兄に答えたのである。すると正成は心から嬉《うれ》しそうな表情を浮かべて、「自分も全《まった》くそう思う。ともに生まれ変ってこの本懐《ほんかい》を遂《と》げよう」と応《おう》じたのである。「罪業深き悪念《ざいごう》」とは当時の仏教思想から来るものだが、正成はそうした考えに捉《とら》われず超越《ちょうえつ》していた。「七生まで唯同じ人間に生まれて朝敵を滅ぼさばや」の言葉が、後世《こうせい》その精神を取り「七生報国《しちしょうほうこく》」になったのである。必ず必ず人間として日本人として幾度《いくど》も生まれ変り、天皇に反逆する朝敵・国賊を討ち滅ぼし皇《こう》恩《おん》(天皇の御恩)におこたえして皇国《こうこく》日本に報《むく》いる。これが正成・正季兄弟そして楠木《くすのき》一族の心であるとともに本当の日本人の心・魂であった。そしてそれは皇《こう》国《こく》日本に生を享《う》けた者の本願《ほんがん》であり祈りであり誓いであった。この「七生報国《しちしょうほうこく》」の精神が後世の日本人の心の奥底に深く刻《きざ》まれ骨髄《こつずい》に染《し》み透《とお》り、それが明治維新の志士たちを奮《ふる》い立たせ、また日清・日露戦争及び大東亜《だいとうあ》戦争の戦士《せんし》・忠霊《ちゅうれい》・英霊《えいれい》を導いたのである。

『太平記』の作者は最後に正成《まさしげ》に無上《むじょう》の賛辞《さんじ》(ほめたたえる言葉)を捧《ささ》げた。それが「智・仁・勇の三徳を兼《か》ねて死を善道《ぜんどう》に守るは、古《いにしえ》より今に至《いた》るまで正成ほどの者は未《いま》だなかりつる」である。楠木正成こそ「智・仁・勇」の最も大切な徳を兼ね備えた人物であり、生涯《しょうがい》ただひたすら天皇への忠誠《ちゅうせい》を貫《つらぬ》き道義《どうぎ》を守り抜いた古今無双《ここんむそう》(二人といないこと)の英傑《えいけつ》、偉人、日本人と絶賛《ぜっさん》したのであった。

わが国の数ある悲史《ひし》の中で大東亜戦争を別にして湊川における正成の死ほど後《こう》世《せい》の日本人を悲しませるものはない。かつまた日本人の大和魂《やまとだましい》を奮い立たせたものはない。後世の日本人は大楠公《だいなんこう》が示した最期《さいご》の姿に、日本人の道とは何かを深く教えられたのである。大楠公は人間、日本人にとって最も大切な忠誠《ちゅうせい》と道《どう》義《ぎ》の生き方を湊川の死戦《しせん》・義戦《ぎせん》・忠戦《ちゅうせん》において身《み》を以《もっ》て教えそれを千載《せんざい》(千年万年)の後《のち》に留《とど》めたのである。

大楠公が尊崇《そんすう》した産土神社《うぶすなじんじゃ》(生まれた土地の守護神《しゅごしん》を祭る神社)建水分神社《たけみくまりじんじゃ》(大阪府千早赤阪村)に伝えられている大楠公の和歌が次のものである。

久方《ひさかた》の　天津朝廷《あまつみかど》の　安《やす》かれと
　祈《いの》るは國《くに》の　水分《みくまり》の神《かみ》

久方＝天にかかる枕詞《まくらことば》　**天津朝廷**＝天照大御神《あまてらすおおみかみ》を皇祖神《こうそしん》と仰ぐ皇国《こうこく》日本。万世一系の天皇。**水分**＝瀧《たき》または山から流れ出た水が、種々の方向に分岐《ぶんき》するところ。分水嶺《ぶんすいれい》。水分の神とは水の分配をつかさどる神。

神国《しんこく》日本・皇国《こうこく》日本、「万世一系《ばんせいいっけい》の天皇」の弥栄《いやさか》、天壌無窮《てんじょうむきゅう》こそ大楠公の祈りであり、それはとりもなおさず日本人永遠の祈りであり、「七生報国」の誓いにほかならない。世界に比類なき万邦《ばんぽう》に冠絶《かんぜつ》(とびぬけてすぐれていること)する日本国体《こくたい》の尊厳《そんげん》(尊く厳《おごそ》かなこと)を知り、道義に立ちただ忠《ちゅう》に生き忠に死して七生報国を本懐《ほんかい》(本願《ほんがん》・本望《ほんもう》)とする真の日本人の高貴なる生き方を、後世の日本人に身《み》を以《もっ》て示した古今《ここん》不世出《ふせいしゅつ》の最高の日本人が大楠公《だいなんこう》・楠木正成《くすのきまさしげ》であった。

なお楠木正成を誰よりも仰慕《ぎょうぼ》崇敬《すうけい》された明治天皇は正成とその一族を祀《まつ》る神社の創建《そうけん》を命ぜられ、明治五年(一八七二)五月二十四日、正成戦死の地(神戸)に湊川《みなとがわ》神社が創建された。

明治天皇御製《ぎょせい》

子《こ》わかれの　松《まつ》のしづ(ず)くに　袖《そで》ぬれて
昔《むかし》をしのぶ　さくらゐ(い)の里《さと》

袖ぬれて＝涙をながすこと

あだ波《なみ》を　ふせぎし人《ひと》は　みなと川《がわ》
神となりてぞ　世《よ》を守るらむ(ん)

あだ波＝足利高氏

湊川神社　(兵庫県神戸市 湊川神社提供)

参考文献

『太平記』全五巻　山下宏明校注　新潮社　昭和52〜63年
『建武中興の本義』平泉澄　日本学協会　昭和58年
『明治の源流』平泉澄　時事通信社　昭和45年
『父祖の足跡』正・続・続々・再続・三続（五巻）平泉澄　時事通信社　昭和38〜40年
『楠公その忠烈と餘光』平泉澄　鹿島研究所出版会　昭和48年
『楠公精神の喚起』平泉澄　久我久夫私家版　昭和11年
『物語日本史』上・中・下　平泉澄　講談社学術文庫　昭和54年
『建武中興と国史の骨髄』（『皇国学大綱』所収）平泉澄　同文書院　昭和16年
『建武中興』平泉澄・黒板勝美・宮地真一　建武中興六百年記念会　昭和9年
『伝統』平泉澄　至文堂　昭和15年
『万物流転』平泉澄　至文堂　昭和11年
『菊池勤王史』平泉澄　皇學館大学出版部　昭和52年
『名和世家』平泉澄　皇學館大学出版部　昭和29年

『北畠親房公の研究』平泉澄　皇學館大学出版部　昭和50年
『国史の研究』各説上・下　黒板勝美　岩波書店　昭和7～11年
『虚心文集』第一・第二　黒板勝美　吉川弘文館　昭和14年
『肇国と建武中興の聖業』山田孝雄　白水社　昭和15年
『吉野時代の研究』平田俊春　山一書房　昭和18年
『南朝史論考』平田俊春　錦正社　平成6年
『後醍醐天皇御事蹟』吉野神宮奉賛会　昭和7年
『後醍醐天皇』兵藤裕己　岩波新書　平成30年
『大楠公』保田與重郎・葦津珍彦　湊川神社社務所　昭和43年
『保田與重郎全集』第十七・第二十六巻　講談社　昭和62年
『楠氏研究』藤田精一　積善館　昭和8年
『大楠公』藤田精一　寶文館　昭和9年
『楠氏餘論』藤田精一　螢雪書院　昭和17年
『楠公精神の研究』土橋真吉　大日本皇道奉賛会　昭和18年
『国体の本義と楠公父子の忠誠』土橋真吉　奉公会　昭和13年

『楠公史話』土橋真吉　英進社　昭和11年
『楠公伝』中村孝也　小学館　昭和18年
『大楠公詳伝』林弥三吉　新興亜社　昭和17年
『楠公遺芳』中村孝也編　大楠公六百年祭大奉賛会　昭和10年
『太平記評判秘伝理尽鈔1・2・3・4・5』今井正之助・加美宏・長坂成行校注　平凡社
東洋文庫　平成14～令和2年
『楠公叢書』全三冊　堀江秀雄編　奉公会　昭和12～15年
『密寶楠公遺訓書』堀田善太郎編著　楠公研究会　昭和7年
『立体的に見たる大楠公』渡邊義一　上田盛文堂　昭和6年
『建武中興』久保田収　日本教文社　昭和40年
『楠木正成公と楠木一族二五〇年の戦い』椛島有三　日本協議会　令和4年
『南朝五十七年史』笹川臨風　新潮社　明治44年
『南北朝時代史』田中義成　講談社学術文庫　昭和54年
『足利時代史』田中義成　講談社学術文庫　昭和49年
『後村上天皇の聖蹟』木村武夫　柳原書店　昭和18年

『吉野朝の柱石宗良親王』川田順　第一書房　昭和13年
『吉野朝の悲歌』川田順　第一書房　昭和13年
『新葉和歌集』岩波文庫　昭和15年
『李花集標注』米山宗臣　井伊谷宮　昭和10年
『神皇正統記・増鏡』（日本古典文学大系　岩波書店　昭和40年
『神皇正統記述義』山田孝雄　民友社　昭和7年
『楠木正成』植村清二　至文社　昭和37年
『楠木正成』森田康之助　新人物往来社　昭和57年
『湊川神社史』上・下　森田康之助　湊川神社社務所　昭和53〜63年
『新説楠木正成の生涯』家村和幸　宝島新書　平成29年
『兵法の天才楠木正成を読む』家村和幸編著　並木書房　平成24年
『日本人の心楠木正成を読み解く』産経新聞社　令和2年
『菊池氏三代』杉本尚雄　吉川弘文館　昭和41年
『菊池一族遺文集』上米良純臣　下田印刷　平成元年
『菊池氏史』菊池輝雄著作兼発行　昭和58年

第一話　楠木正成――日本人の高貴なる生き方の手本

『因縁の菊池氏』菊池秀之　あさを社　昭和59年
『菊池氏要略』上米良純臣　菊池神社社務所　昭和63年
『新田氏研究』藤田精一　雄山閣　昭和13年
『新田義貞』峰岸純夫　吉川弘文館　平成17年
『太平記〈よみ〉の可能性』兵藤裕己　講談社学術文庫　平成17年
『「太平記読み」の時代』若尾政希　平凡社ライブラリー　平成24年
『中村直勝著作集3・7』淡交社　昭和53年
『足利尊氏』高柳光壽　春秋社　昭和31年
『足利尊氏と直義』峰岸純夫　吉川弘文館　平成21年
『足利直義』亀田俊和　ミネルヴァ書房　平成28年
『高師直』亀田俊和　吉川弘文館　平成27年
『室町の王権―足利義満の王権簒奪計画』今谷明　中公新書　平成2年
『足利義満』佐藤進一　平凡社ライブラリー　平成6年
『足利義満』小川剛生　中公新書　平成24年

ほか

第二話　南方熊楠

——「大不思議」を探究した「日本人の可能性の極限」

南方 熊楠

慶応 3 年(1867) ~昭和 16 年(1941)　和歌山県生まれ。博物学者、生物学者(特に菌類学)、民俗学者。主著『十二支考』『南方随筆』など。「歩く百科事典」と呼ばれるほどの無類の博識であった。(肖像写真：南方熊楠顕彰館(田辺市)所蔵)

1、日本が生んだ世界的大学者

驚異的記憶力を持つ神童

南方熊楠《みなかたくまぐす》は近代日本が生んだ稀有《けう》(めったにないこと)の世界的学者であり、博物学《はくぶつがく》、生物学を主《しゅ》として研究した世界一の粘菌《ねんきん》(葉緑体《ようりょくたい》を欠《か》き、栄養体《えいようたい》が変形体《へんけいたい》をなす菌類の総称《そうしょう》、後述《こうじゅつ》)学者であった。同時《どうじ》にわが国の民俗学《みんぞくがく》(人々の生活、文化《ぶんか》、信仰《しんこう》、風俗《ふうぞく》、習慣《しゅうかん》、伝承等《でんしょうなど》について調査研究する学問)の草分《くさわけ》(創始者《そうししゃ》)でもあり、「日本民俗学の母」とも言われた。

南方熊楠《みなかたくまぐす》は植物、動物を始め科学一般《いっぱん》、歴史《れきし》、地理《ちり》、文学《ぶんがく》、宗教《しゅうきょう》、文化《ぶんか》、民《みん》俗《ぞく》など、文科と理科、人文《じんぶん》科学と自然科学の両面において何人《なんぴと》も及ばぬ膨大《ぼうだい》(非常に大きいこと)な学識《がくしき》を備《そな》え、「博識無限《はくしきむげん》、百科事典《ひゃっかじてん》に足が生《は》えて動き出したような男」とまで言われて、他《た》に比較《ひかく》すべき人物はいない。「日本民俗学の父」であり、近代日本の代表的学者であった柳田國男《やなぎたくにお》は、南方熊楠を「日本人の可能性の極限《きょくげん》」とまで絶賛《ぜっさん》したが、ほとんど不世出《ふせいしゅつ》(世にまれなこと)の天才学者であった。

南方熊楠は慶応《けいおう》三年(一八六七)四月十五日、和歌山城下《じょうか》に生まれた。亡くなるのは昭和十六年(一九四一)十二月二十九日(七十五歳)である。

父は弥兵衛《やへえ》、母はスミ、次男である。父は金物屋《かなものや》と米屋を営《いとな》み後《のち》に金融業《きんゆうぎょう》に転《てん》じた。すぐれた商才《しょうさい》があり、熊楠が十代の頃、和歌山市きっての富裕者《ふゆうしゃ》になっていた。父と母はともに真言宗《しんごんしゅう》の信徒《しんと》で弘法大師空海《こうぼうだいしくうかい》を深く信仰《しんこう》した。熊楠は両親の感化《かんか》を強く受けた。後年《こうねん》、桁外《けたはず》れ、型破《かたやぶ》りの大学者になるが、熊楠の心の奥底にあったのは神仏《しんぶつ》への深厚《しんこう》な崇敬《すうけい》(あがめ敬《うやま》うこと)の念《ねん》であった。それがどれほど強く大きなものであったかは後《のち》に語ろう。

熊楠という変った名をつけられたが、和歌山では名前に「楠」をつけるのは珍《めずら》しいことではなかった。楠と熊の名を持つ熊楠は少年時から植物と動物に強い興《きょう》味《み》を抱《いだ》いたが、それが熊楠生涯《しょうがい》の関心事《かんしんじ》となるのである。熊楠は和歌山県海南《かいなん》市にある藤白王子《ふじしろおうじ》神社の神主《かんぬし》に名前を授かったがこう語っている。

「小生《しょうせい》（自分のこと）は藤白王子の老樟木《ろうくすのき》（楠）の神の申し子《もうご》（神仏に祈って授かったという子供）なり」

「楠《くす》の樹《き》を見るごとに口に言うべからざる特殊《とくしゅ》な感じを発《はっ》する」

鎮守《ちんじゅ》の森に聳《そび》え立つ神樹《しんじゅ》・楠《くすのき》をわが名にいただいた熊楠は、楠に強い一体感を覚《おぼ》えた。熊楠が生涯かけた学問は、天地自然の生命を対象《たいしょう》としたが、その道を歩んだのは「熊楠」という自己の名が導いたと言えようか。

熊楠は特別にすぐれた頭脳と記憶力《きおくりょく》を持つ「神童《しんどう》」であった。小学校に入る前から和漢《わかん》（日本とシナ）の書物《しょもつ》を読むことを好み、しかも読んだ本はことごとく記憶することが出来た。むつかしい漢文《かんぶん》もすらすら読め少しも苦《く》ではなかったというのだから、並外《なみはず》れた天賦《てんぷ》(天、神から授かること)の才能を持つ少年だったのである。

熊楠《くまぐす》はとても子供が読めるようなものとは思われぬ大部《たいぶ》(量の多いこと)の書物を次々に読破《どくは》するのみならず、それらを筆写《ひっしゃ》した。熊楠の家は和歌山市一、二の豪商《ごうしょう》だが、家に書物は少なかった。そこで本が沢山《たくさん》ある家に行って読ませてもらう。そのあと帰宅《きたく》して読んだところは全《すべ》て記憶しているから、それを筆記《ひっき》するのである。驚異的《きょういてき》な記憶力を持っていた熊楠はこうのべている。

「小生《しょうせい》は幼少《ようしょう》より学問を好み、書籍《しょせき》を求めて八、九歳の頃より二十町《ちょう》(約二キロ余り)三十町(約三キロ余り)も走りありき(歩き)、借覧《しゃくらん》(書物を借りて見ること)し悉《ことごと》く記憶し帰り、反古紙《ほごし》(粗末《そまつ》な紙)に写《うつ》し出《だ》し繰《く》り返《かえ》し読みたり。『和漢三才図会《わかんさんさいずえ》』百五巻を三年かかりて写《うつ》す。『本草綱目《ほんぞうこうもく》』『諸国名所図会《しょこくめいしょずえ》』『大和本草《やまとほんぞう》』等《とう》の書を十二歳の時までに写し取《と》れり」

一体《いったい》これが十歳前後の少年のすることかと思われる驚くべき向学心《こうがくしん》、知的好奇《ちてきこうき》心《しん》の塊《かたまり》であった。熊楠は天才であるとともに並《なみ》はずれた努力家でもあった。熊楠は生涯《しょうがい》、古今東西《ここんとうざい》の無数《むすう》の書物《しょもつ》を読み、筆写《ひっしゃ》は晩年《ばんねん》まで続けられた。

熊楠生涯の学問の基礎となった和漢の書

『和漢三才図会《わかんさんさいずえ》』は江戸時代中期《ちゅうき》、医者寺島良安《てらじまりょうあん》の著作《ちょさく》、百五巻八十一冊もの大著《たいちょ》で絵図《えず》のある漢文書《かんぶんが》きの大百科《だいひゃっか》事典《じてん》である。「三才」とは「天（天文《てんもん》）・地（地《ち》理《り》）・人《じん》（人事《じんじ》）」のこと、つまり天・地・人の種々様々《しゅじゅさまざま》、すべてのことである。天地自然の万物《ばんぶつ》・森羅万象《しんらばんしょう》（世界のありとあらゆること）・天文・地理・歴史・人物・動物・植物・食物・芸能《げいのう》・文化・諸道具等、自然と人間社会全般《ぜんぱん》についてのわが国初めての百科事典である。熊楠はこの大部の書を数年がかりで筆写しほとんどすべて記憶していた。全《まった》く驚嘆《きょうたん》すべき記憶力だが、これを十代前半で筆写した根気《こんき》と努力はもう人間業《にんげんわざ》を超えている。

『本草綱目《ほんぞうこうもく》』は明《みん》の李時珍《りじちん》が十六世紀末に著《あらわ》したもので、シナの代表的な本草学《ほんぞうがく》の書である。本草とは薬用《やくよう》となる植物・動物・鉱物《こうぶつ》の総称《そうしょう》で、本草学とは薬物《やくぶつ》学《がく》・博物学《はくぶつがく》のことである。五十一巻二十一冊あり、一八七一種の本草につき解説《かいせつ》したもので、本草学《ほんぞうがく》の規範《きはん》（手本）とされわが国に伝えられた。

『大和本草《やまとほんぞう》』は十八世紀始め、すぐれた儒学者《じゅがくしゃ》でもあった貝原益軒《かいばらえきけん》が著《あらわ》した一三六一種のわが国の本草について詳説《しょうせつ》（詳《くわ》しく説明すること）したもので、日本の本草書の先駆《せんく》（さきがけ）である。

この三書は博物学を主《しゅ》とする自然科学的な書物《しょもつ》だが、歴史学的、民俗学的側面《みんぞくがくてきそくめん》をもあわせ持っていた。熊楠《くまぐす》はこの三書を晩年《ばんねん》まで座右《ざゆう》の書《しょ》として活用《かつよう》した。やがて博物学を専門とするが、その出発は少年時のこの三書の読書と筆写《ひっしゃ》にあった。

『諸国名所図会《しょこくめいしょずえ》』は江戸時代末期《まっき》に刊行《かんこう》された全国各地の地理・名所・風物《ふうぶつ》（季節季節の物）・人情《にんじょう》・習俗《しゅうぞく》・伝承《でんしょう》等を詳述《しょうじゅつ》した絵図《えず》入りの案内書《あんないしょ》である。既述《きじゅつ》の通り熊楠はわが国民俗学《くにみんぞくがく》の草分《くさわけ》だが、少年時からこの方面にも深い関心《かんしん》を抱《いだ》いていたのである。

そのほかにも『日本書紀《にほんしょき》』『太平記《たいへいき》』など十代の時筆写している。深い愛国心の持主《もちぬし》であり生涯《しょうがい》、皇室《こうしつ》に深厚《しんこう》なる尊敬《そんけい》の念《ねん》を抱《いだ》いていた熊楠は、『古事記《こじき》』『万葉集《まんようしゅう》』始め和歌集、『源氏物語《げんじものがたり》』『古事記伝《こじきでん》』（本居宣長《もとおりのりながちょ》著）等《など》の古典《こてん》、古書《こしょ》は言うまでもなく、わが国の歴史全般《ぜんぱん》にわたりあまねく読み、十代の時から広汎《こうはん》（広くあらゆることにおよぶこと）、膨大《ぼうだい》な知識を備《そな》えていた。さらに中学生の時、仏教の経典《きょうてん》である漢訳一切経《かんやくいっさいきょう》二千冊七千巻を読破《どくは》、そのうち三千巻を筆写している。仏教に対する関心と知識も両親の感化《かんか》を受けて並大抵《なみたいてい》ではなく、後年親交《こうねんしんこう》を結ぶ真言宗《しんごんしゅう》の高僧《こうそう》・土宜法龍《どぎほうりゅう》（晩年《ばんねん》、高野山《こうやさん》真言宗管長《かんちょう》）を驚嘆《きょうたん》させることになる。

このように熊楠の学問の基礎《きそ》は、実《じつ》に十代の時《とき》にほとんど築《きず》かれていたのである。そうして少年時に発《はっ》した天地自然、宇宙、森羅万象《しんらばんしょう》、人事《じんじ》に対する限りなく深い興味《きょうみ》と関心《かんしん》が、熊楠の生涯《しょうがい》を決したのである。十代の時から文科・理科、人文《じんぶん》科学・自然科学両面にわたるとてつもない学識《がくしき》を有《ゆう》し、さらに欧米留学後《おうべいりゅうがくご》は何人《なんぴと》の追随《ついずい》を許《ゆる》さぬ古今東西《ここんとうざい》に及ぶ広大無辺《こうだいむへん》というべき知識を持つに至《いた》るが、この超人《ちょうじん》というしかない一大天才は中学を卒業しただけで大学も出ず帝国《ていこく》大学の教授《きょうじゅ》にも博士《はくし》にもならず、師《し》を持つことなく終始独学《しゅうしどくがく》を貫いた在野《ざいや》の学者でありつづけたのである。生前《せいぜん》、熊楠《くまぐす》は変人《へんじん》、奇人《きじん》(性質、行動が普通の人と違う人)扱《あつか》いされ、その計《はか》り知れない学識《がくしき》・見識《けんしき》と真価《しんか》が分《わか》る人物は絶無《ぜつむ》であった。何人《なんぴと》も万人《ばんにん》に超絶《ちょうぜつ》(とびぬけてすぐれていること)する熊楠の底知れぬ才知《さいち》と学識を正しく判定《はんてい》する能力がなかったからである。この点で熊楠は深く信仰していた空海《くうかい》と全《まった》く同じであった。途方《とほう》もない(とてつもない)比類《ひるい》なき世界的学者、わが国の誇るべき一大天才との評価は、没後《ぼつご》数十年たったここ十年あまりのごく最近のことであり、熊楠の本格的な再評価《さいひょうか》はいま始まったばかりなのである。

学校嫌いの学問好き

小学校時代、熊楠の成績《せいせき》は最優秀《さいゆうしゅう》だった。しかし熊楠は学校の勉強よりも、『和漢三才図会《わかんさんさいずえ》』などに夢中《むちゅう》になり、もっぱら動植物へ関心《かんしん》を寄《よ》せた。

十二歳の時、和歌山中学に進んだが、学校の授業《じゅぎょう》が退屈《たいくつ》でしかたなく、興味《きょうみ》ある学科以外に関心《かんしん》がなかった。好きな学科は飛び抜けてすぐれいつも満点《まんてん》だが、嫌いな学科は見向きもせず試験のとき白紙《はくし》で出した。

相変らず好きな書物《しょもつ》を読み写本《しゃほん》に励《はげ》み、この頃から植物、昆虫《こんちゅう》の採集《さいしゅう》に精《せい》を出した。野外《やがい》採集に熱中《ねっちゅう》するあまり、数日《すうじつ》家に帰らないこともあり親を心配させた。まわりの人々は熊楠が森で天狗《てんぐ》にさらわれたのではないかと気をもんだ。熊楠はいつしか「てんぎゃん」というあだ名をつけられた。てんぎゃんとは「天狗さん」のこと、和歌山の方言《ほうげん》である。また熊楠は鼻が高いこともあってこう言われた。熊楠は足腰が頑丈《がんじょう》で一日に四十キロないし八十キロ歩いて平気《へいき》だったそうだ。壮年時《そうねんじ》、熊野《くまの》、那智《なち》地方に住んだが、その健脚《けんきゃく》で深山幽谷《しんざんゆうこく》（奥深い谷）をめぐり植物採集に務《つと》めたのである。

中学時代、恩師《おんし》と仰《あお》いだ教師が一人いる。鳥山啓《とりやまひらく》という博物学《はくぶつがく》の先生だった。鳥山は旧紀州藩士《きゅうきしゅうはんし》、憂国《ゆうこく》の志士《しし》として幕末時《ばくまつじ》、奔走《ほんそう》（走りまわること）した。国学《こくがく》始め漢学《かんがく》、英語、博物学、理化学《りかがく》、天文学《てんもんがく》、地理学等に通じた当時稀《まれ》に見る幅広《はばひろ》い学識《がくしき》を持つ人物で、後に上京《じょうきょう》、華族女学校《かぞくじょがっこう》の教授になる。志士の心を持つこの博学《はくがく》の鳥山の感化《かんか》は大きかった。熊楠の卓越《たくえつ》（とび抜けていること）した才能を愛した鳥山は、熊楠《くまぐす》に博物学に進むことを強く勧《すす》めるとともに、正式《せいしき》な採集の方法、分類《ぶんるい》、記録《きろく》の仕方《しかた》、標本《ひょうほん》（実物の見本）づくりを指導した。また新刊《しんかん》の動植物等の原書《げんしょ》（欧米語の書物）を貸してくれたりした。まったく最良《さいりょう》の師《し》に巡《めぐ》り会《あ》えたのは幸運《こううん》であった。熊楠は後に十数カ国語に通《つう》じる語学の天才でもあったが、英語は中学時代十分読めたから原書を読みこなすことができた。

父の弥兵衛《やへえ》は始め熊楠が書物《しょもつ》に熱中《ねっちゅう》することに眉《まゆ》をひそめた。商人の子供は基礎的《きそてき》な読み書きと算盤《そろばん》が出来ればそれで十分と思ったからである。しかし息子の天才的な頭脳と記憶力を見て、熊楠には好きな学問を生涯《しょうがい》させてやろうと考えが変った。学資《がくし》の心配は全《まった》くなかった。

こうして明治十六年三月、和歌山中学を卒業した熊楠は上京《じょうきょう》、神田《かんだ》にある共《きょう》立《りゅう》学校に入《はい》った。この学校は東京大学予備門《よびもん》に進む為の予備校である。しかし熊楠は学校へはあまり行かずに図書館通いに熱中《ねっちゅう》した。上野図書館（当時日本最大の図書館）で博物学始め興味《きょうみ》あるあらゆる本を読み漁《あさ》ったのである。ある日、新聞紙上で私淑《ししゅく》（ひそかに模範《もはん》として学ぶこと）する菌学《きんがく》の父といわれたイギリスの植物学者バークレーが六千点もの菌類《きんるい》を集め、世界最初の標本集を刊行《かんこう》したという記事を読み胸躍《むねおど》らせた熊楠は、「男と生まれたからにはバークレーたちを超《こ》える七千種の菌類を集め、日本国の名を天下《てんか》にあげて見せる」と誓った。

明治十七年、東京大学予備門《よびもん》の試験に合格し入学した。同級生には夏目漱石《なつめそうせき》、正岡子規《まさおかしき》、秋山真之《あきやまさねゆき》(後《のち》に海軍将校《しょうこう》になる)らがいた。しかし天下《てんか》の秀才が集った大学予備門の授業も熊楠には満足できなかったのである。ここでの進級《しんきゅう》試験は全科目において及第点《きゅうだいてん》(合格点)を取らねば進級できなかった。しかし熊楠は嫌いな学科には見向きもしない。授業に出ずに上野図書館で和漢洋《わかんよう》の書物を思う存分《ぞんぶん》読んだ。その結果、試験に落第《らくだい》、明治十九年二月、退学《たいがく》するのである。熊楠はどの科目も万遍《まんべん》(かたよりなく)なく出来る学校秀才ではなかったのである。このあと渡米《とべい》するが、アメリカでも学校を中退《ちゅうたい》している。学校が性《しょう》に合わなかったのだ。熊楠は結局《けっきょく》中学時代を除《のぞ》いて生涯《しょうがい》、師につかず自学自習で世界稀有《けう》の大学者になったのである。

大学予備門時代、熊楠は当時大きな反響《はんきょう》(反応《はんのう》)を呼んだ柴四朗《しばしろう》の著書《ちょしょ》『佳人《かじん》の奇遇《きぐう》』を読みいたく感激した。柴四朗は義和団《ぎわだん》事件（明治三十三年）で世界に有名を轟《とどろ》かせた柴《しば》五郎《ごろう》陸軍中佐《ちゅうさ》の兄だが、日本の現状を憂《うれ》える一愛国者としてこの書を著《あらわ》した。熊楠《くまぐす》はこの書にある「方今《ほうこん》（現在）焦眉《しょうび》（あぶないことが身《み》に迫《せま》ること）の急務《きゅうむ》は十尺《じゅっしゃく》の自由を内《うち》に伸ばさんより、むしろ一尺《いっしゃく》の国権《こっけん》を外《そと》に暢《の》ぶる（伸ばすこと）に在《あ》り」という一節《いっせつ》に深く共鳴《きょうめい》する強烈《きょうれつ》な国家意識《いしき》に燃える愛国青年だったが、この思いは生涯変らなかった。

渡米――和魂洋才の精神

明治二十年一月、二十一歳の熊楠はアメリカへ渡った。渡米《とべい》した理由は一つに、大学予備門を中退《ちゅうたい》して父の期待に背《そむ》き家に居《い》ずらかったことがあげられる。両親は熊楠が東京大学に進みやがて大学教授あるいは博士《はくし》になることを夢見ていたに違いない。しかし熊楠は挫折《ざせつ》した。このまま故郷に埋《うず》もれてしまいまともに学問できずに朽《く》ち果《は》ててしまうことを何よりも恐れたのである。海外に出れば束《そく》縛《ばく》されることなく学問が自由に出来るので、まずアメリカに行くことを考えて父の許しを得たのである。熊楠は出発する前、渡米の理由をこう記している。

「油断《ゆだん》すれば日本は欧米《おうべい》に蹂躙《じゅうりん》(踏みにじられること)絶滅《ぜつめつ》されることは必至《ひっし》(必ずそうなること)である。それを免《まぬが》れる為には日本人が欧米の土《つち》を踏《ふ》み、その物を見、その人間の内情《ないじょう》を探《さぐ》り、資《と》る(取る)べきは即《すなわ》ちとり、倣《なら》う(見習う)べきは即ち倣い、以《もっ》て自ら勗《すす》むる(前進すること)こと甚《はなは》だ要用《ようよう》(必要)なりとす」

日本の属国化《ぞっこくか》、植民地化《しょくみんちか》を狙《ねら》う欧米についてよく知るという欲求《よっきゅう》、願望《がんぼう》はこの時代の志《こころざし》高い青年に共通《きょうつう》するところであった。熊楠はまず渡米し、そのあとヨーロッパへ行く心づもりであった。目標は無論《むろん》、博物学の研究である。当時の日本人の思いは「和魂洋才《わこんようさい》」の言葉で言い表わせられる。日本人としての大和魂《やまとだましい》を堅持《けんじ》しつつ、欧米の先進的《せんしんてき》な文物《ぶんぶつ》(学問、科学技術、諸制度等《しょせいどとう》)を謙虚《けんきょ》に学びそれらをいち早く体得《たいとく》し、日本を欧米にあなどられない立派な強い近代的な国家にするということが彼らの心を占《し》めていたのである。その為には政治、外交、軍事、経済の分野《ぶんや》だけではなく、学問、思想、科学技術等《とう》の方面においても高い志を持つ青年が海外に出て欧米に学ぶ必要があった。数え年二十一歳、満十九歳の熊楠はこのような大志《たいし》を抱《いだ》いてアメリカへ渡ったのである。

しかし熊楠《くまぐす》はアメリカの大学でも幻滅《げんめつ》を味わい、二つの学校を途中でやめた。よくよく学校に向いていなかった熊楠はそのあと一切《いっさい》学校へ行かず、図書館や博《はく》物館《ぶつかん》に通《かよ》い独学《どくがく》した。在米五年間に実《じつ》に多種多様《たしゅたよう》の洋書《ようしょ》をむさぼり読んだ。またこの間、数カ国語に精通《せいつう》した。

またここでも動植物の採集《さいしゅう》を怠《おこた》らなかった。シカゴでは菌類《きんるい》、地衣類《ちいるい》（菌類と藻類《そうるい》の共生体《きょうせいたい》）を研究している民間《みんかん》の学者カルキンスに出会ったが、彼はあたたかい厚意《こうい》を示してくれた。そのあと熊楠はカルキンスの勧《すす》めでフロリダに行き採集に専念《せんねん》（ひとつのことに心を集中《しゅうちゅう》すること）した。さらにキューバにまで足をのばし、キューバ始め西インド諸島において三六七種の菌類を採集し標本《ひょうほん》づくりをした。

在米《ざいべい》の五年余り、熊楠は学校こそ中退《ちゅうたい》したもののその勉学《べんがく》ぶりはすさまじかった。常に自分を理解し温かい目でアメリカに送ってくれた父の愛情に応《こた》える為にも励みに励んだのである。熊楠はこうのべている。

「むちゃくちゃに衣食《いしょく》を薄《うす》くして、病気を生《しょう》ずるもかまわず、多く書を買《こ》うて、神学《しんがく》もかじれば生物学も覗《うかが》い、希《ギリシヤ》（ギリシャ語）・拉《ラテン》（ラテン語）もやりかくれば、梵《サンスクリット》文（インド古代文字）にも志《こころざ》し……」

熊楠は出来るだけ質素《しっそ》な生活を心掛《こころが》け、多くの書物を買い読書並びに採集に没《ぼっ》頭《とう》（全精神力を集中して励《はげ》むこと）したのであった。在米時代の読書は自然科学等《など》の洋書が中心だが、熊楠の学問はその幅《はば》をさらに広げ奥行《おくゆき》を深くするのである。こうして熊楠は和漢《わかん》に西洋を加える猛烈《もうれつ》な読書と独学により、二十代にして驚くべき学識《がくしき》と見識《けんしき》（物事《ものごと》についての考え、独特《どくとく》の意見、見方《みかた》）を蓄《たくわ》えるに至る。このあとイギリスへ渡るが、熊楠の学問はここで大きく花開くのである。

アメリカ時代（明治 24 年）
（南方熊楠顕彰館（田辺市）所蔵）

2、「日本の名を天下にあげて見せる」
——在英八年間の精進《しょうじん》努力

科学誌「ネイチャー」への寄稿
——一躍《いちやく》、新進学者として認められる

明治二十五年(一八九二)九月、二十五歳の熊楠《くまぐす》はロンドンに着いた。その時、父が先月死去したことを知らされた。熊楠をよく理解し将来を期待していた父であった。父の願いにいまだ応《こた》えられず、死に目にも会えなかったことを深く悔《く》や

みとめどもない涙を流した。日本を立つ時、親友に「僕もこれから勉強を積《つ》んで、洋行《ようこう》すましたその後《のち》は、ふるあめりかを跡《あと》に見て晴《は》るる日《ひ》の本立《もとた》ち帰《かえ》り、一大事業《いちだいじぎょう》をなした後、天下《てんか》の男と言われたい」と壮語《そうご》（大言《たいげん》をはくこと）した熊楠であった。学《がく》いまだ成《な》らず、イギリスへ渡った途端《とたん》、父の死を迎えたのだから衝撃《しょうげき》（打撃《だげき》）は大きかった。父の高大《こうだい》な恩《おん》に報《むく》いる道はただ一つ、ここイギリスにおいて在米時《ざいべいじ》以上、死にもの狂いの努力をするしかないと思った。生涯《しょうがい》日記を綴《つづ》った熊楠は当時の日記に、「学問と決死《けっし》すべし」と記している。

在英時代《ざいえい》の生活は決して楽《らく》ではなかった。父の死に伴《ともな》い家庭事情も変化し送金《そうきん》も少なくなり苦労した。住居は安い所を借りたが幾度《いくど》も転居《てんきょ》した。在米時同様《どうよう》できる限り衣食住を質素《しっそ》にして節約《せつやく》に努め、多くの書物《しょもつ》を買い一心《いっしん》に読書し筆写《ひっしゃ》する生活が八年間続くのである。最初の一年は植物採集《さいしゅう》、標本《ひょうほん》の整理《せいり》なども行ったが、やがて大英博物館《だいえいはくぶつかん》図書館に日参《にっさん》する日々《ひび》を送ることになる。

在英生活二年目の明治二十六年（一八九三）八月、熊楠は週刊《しゅうかん》の総合科学雑誌『ネイチャー』に、「東洋の星座《せいざ》」と題する英語論文を投稿《とうこう》した。初めて書いた科学論文だったが、この全《まった》く無名《むめい》の日本人の論文は、世界各国から集った天文学者《てんもん》や大学教授たちの論文に優《まさ》って最優秀《さいゆうしゅう》の一篇《いっぺん》として大きな反響《はんきょう》を呼んだのである。学歴《がくれき》も肩書《かたがき》もない二十代の東洋人の論考《ろんこう》（論文《ろんぶん》）が世界第一流の科学誌に突如《とつじょ》登場《とうじょう》したのだから誰もが驚嘆《きょうたん》したのである。熊楠《くまぐす》はこうのべている。

「この時ちょうど『ネーチュール（ネイチャー）』（ご承知通《しょうちどお》り英国で第一の週刊科学雑誌）に天文学上の問題を出せし者ありしが、誰も答うる者なかりしを小生一見《しょうせいいっけん》して、……答文《とうぶん》を草《そう》し（文章にすること）編集人に送りしに、たちまち『ネーチュール』に掲載《けいさい》されて、『タイムズ』以下諸新紙《しょしんし》に批評《ひひょう》出で大いに名を挙《あ》げ……」

これにより熊楠《くまぐす》はイギリスで一躍新進気鋭《いちやくしんしんきえい》（新しく進み出て勢いが盛んなこと）の青年学者として認められる幸運《こううん》に恵まれるのである。以後、生涯を通《つう》じ五十一篇の論文を寄稿《きこう》したが、各国の寄稿者中、歴代《れきだい》最高の本数であった。

また熊楠はもう一つの学術誌『ノーツ・アンド・クエリーズ』にも寄稿した。この雑誌は民俗《みんぞく》、歴史、語源《ごげん》、人類学、動物学などの総合学術誌《そうごうがくじゅつし》だが、生涯三二四篇もの膨大《ぼうだい》な論文が掲載《けいさい》された。日本人学者南方熊楠の名声《めいせい》はこうしてイギリス人学者の間に響《ひび》き渡《わた》るのである。当時のイギリスは世界を支配する最強《さいきょう》の覇権《はけん》国家であり、学問においても世界一の「学問の本場《ほんば》」であった。そのイギリスの代表的科学誌に彗星《すいせい》の如《ごと》く登場《とうじょう》してたちまち学者としての声価《せいか》（ねうち）が定まったのだから、それは驚異的《きょういてき》なことであったのである。

熊楠の成功を誰より喜んでくれたのが、大英博物館の要職《ようしょく》にある考古学《こうこがく》・民俗学部長で貴族のオーラストン・フランクスである。フランクスは文学博士、英国学士院《がくしいん》名誉会員、英国古美術協会会長、王立《おうりつ》美術名誉会員という名士《めいし》（有名な人物）であり、『ネイチャー』投稿前《とうこうまえ》に知り合いとなったが、初対面《しょたいめん》のとき若年《じゃくねん》ながらもその人物と学識《がくしき》が非凡《ひぼん》なることを見てとり、最初から並々ならぬ好意《こうい》を寄《よ》せてくれた。フランクス宅で厚遇《こうぐう》された時のことをこう語っている。

「この答文《とうぶん》（「東洋の星座」）の校正刷《こうせいず》りを手にして、乞食《こじき》もあきれるような垢《あか》じみたるフロックコートでフランクスを訪《たず》ねしに……少しも小生《しょうせい》の服装などを気にかける体《てい》（態度）なく、件《くだん》の印刷文《いんさつぶん》を校正してくれたる上《うえ》、……大いなる銀器《ぎんき》に鵝《が》（鳥《ちょう》）を全煮《まるに》にしたるを出して前に据《す》え、自《みずか》ら包丁《ほうちょう》してその肝《きも》を取り出し小生に饗《きょう》(ご馳走《ちそう》すること)せられし。英国学士会員の耆宿《きしゅく》(長老《ちょうろう》)にして諸大学の大博士《だいはくし》号《ごう》をいやが上《うえ》に持ちたるこの七十近き老人が、生処《うまれどころ》も知れず、たとい知れたところが和歌山の小さき鍋屋《なべや》(金物屋《かなものや》)の倅《せがれ》と生まれたものが、何《なん》たる資格《しかく》も学校席《せき》位《い》(大学卒業の学士の資格《しかく》)も持たぬ、まるで孤児院出《こじいんで》の小僧《こぞう》のごとき当時二十六歳の小生をかくまで好遇《こうぐう》されたるは全《まった》く異数《いすう》(異例《いれい》の意《い》)のことで、今日《きょう》始めて学問の尊《とうと》きを知ると小生思い申《もう》し候《そうろう》(……である、です、ますとの意)」

熊楠《くまぐす》の東洋に関する広大な知識は、欧米人の誰一人として持たない貴重《きちょう》なものであった。そこでフランクスは大英博物館の古美術・古遺物《こいぶつ》部内《ぶない》の仕事を熊楠に手伝わせることにしたのである。そうしたことから一年後、熊楠は大英博物館図書館を利用する許可を与えられたのであった。

古今東西の読書と筆写

――『ロンドン抜書』五二冊

大英博物館図書館は当時世界最大の図書館として古今東西《ここんとうざい》の書籍《しょせき》百五十万冊を収納《しゅうのう》した「世界最高峰《さいこうほう》の知」を集めた図書館であった。ここでしか読むことのできない貴重な書、珍書《ちんしょ》が数多くあった。

熊楠は「あそこに行った時は、自分の一番望んでいたところに来たと思って嬉しかった」と言っている。以後四年間ほとんど毎日通《かよ》い詰《つ》めた。昼ごろから閉館《へいかん》の七時ごろまで閲覧室《えつらんしつ》で古今《ここん》東西の書物を一心不乱に読み耽《ふ》けり、かつ筆写《ひっしゃ》に努《つと》めたのである。その筆写は『ロンドン抜書《ぬきがき》』と呼ばれるが、明治二十八年から帰国する三十三年まで五年間続けられた。大型ノートに写されたが、一冊二五〇～二八〇頁《ページ》に小さな字で隙間《すきま》なくびっしり書きこまれ合計一万数千頁に及ぶ。活字《かつじ》本《ぼん》にしたら何十冊にもなろう。

この膨大《ぼうだい》な『ロンドン抜書』の内容は、博物学、民俗学《みんぞくがく》、植物学、動物学、歴史学、人類学、文学、伝記《でんき》、物理学、医学、古物学《こぶつがく》、宗教学、旅行記、地誌《ちし》、事典《じてん》、美術、法学、地質学《ちしつがく》等実《とうじつ》に広範囲《こうはんい》にわたる。熊楠の知的関心《ちてきかんしん》がいかに広大《こうだい》であったか驚嘆《きょうたん》のほかはない。この『ロンドン抜書』こそ『ネイチャー』誌等《とう》への寄稿《きこう》に増《ま》して、イギリス生活における最も大きな収穫《しゅうかく》、成果《せいか》であった。帰国後こうのべている。

「抄出《しょうしゅつ》（一部分の筆写《ひっしゃ》）また全文を写《うつ》しとり、日本などで見られぬ珍書《ちんしょ》五〇〇部ばかりあり」

「小生《しょうせい》、欧州《おうしゅう》で毎々《まいまい》やり合うに、この写本より稀覯《きこう》の書《しょ》（稀《まれ》に見る珍書）を全部訳《やく》出《しゅつ》し引くに、驚かざるものなし」

『ロンドン抜書《ぬきがき》』には欧米人ですら未《いま》だ読んでいない書物《しょもつ》が多数あったから、イギリスの学者・知識人は度肝《どぎも》を抜かれ脱帽《だつぼう》するしかなかったのである。

熊楠《くまぐす》の読んだ稀少《きしょう》な書物は英語のほかフランス語・ドイツ語・イタリア語・スペイン語・ラテン語等《など》で書かれている。熊楠が理解した言語は十数カ国語とも言われるが、すべて原文《げんぶん》で読みそれをそのまま書き写したのである。想像を絶する仕事であり、その努力と根気《こんき》だけでも熊楠は万人《ばんにん》に卓絶《たくぜつ》（ずば抜けてすぐれていること）した超人《ちょうじん》であった。

イギリスにおける八年間の尽力《じんりょく》は熊楠の学問、思想を一層《いっそう》広めかつ深めた。

熊楠は十代にして和漢《わかん》の学問をひと通りやり遂《と》げていた。続いてアメリカで五年間、西洋の学問にほぼ精通《せいつう》（物事《ものごと》をくわしく知ること）した。そうしてイギリスで最後の仕《し》上《あ》げを行った。熊楠の学問は大別《たいべつ》して博物学と民俗学《みんぞくがく》だが、ことに民俗学につき世界的規模《きぼ》で広く深い知識を蓄積《ちくせき》したのがイギリス時代だった。またイギリスでは改めて和漢《わかん》の書を数多く読んでいる。熊楠がロンドンで読んだ西洋書は数知れず、海外に留《りゅう》学《がく》したいかなる日本人学者よりも多く、かつ購入《こうにゅう》した書物も多い。こうのべている。

「小生《しょうせい》（私）の洋書の集彙《しゅうい》（収集《しゅうしゅう》のこと）はちとホラ（法螺《ほら》）かは知らぬが、日本一私人《しじん》の

ロンドン抜書（明治 28 年頃）
（（公財）南方熊楠記念館提供）

蔵《ぞう》（所蔵《しょぞう》）としては一、二なるべく、また珍冊《ちんさつ》・奇篇《きへん》（奇書《きしょ》）あることは、決して公立《こうりつ》の書庫《しょこ》（図書館）にも劣るまじきと存《ぞん》じ候《そうろう》」

「予《よ》（私）などロンドンで馬小屋の二階に住みしほどの貧乏だったが、一冊百五十円（現在の三百万円位）の欧書《おうしょ》は幾部《いくぶ》も購《あがの》うて持《も》て居《お》る」

熊楠《くまぐす》はこのような洋書を七百冊ほど持ち帰っている。熊楠は帰国してから亡くなるまでの約四十年間も同様《どうよう》に、読書と筆写《ひっしゃ》を撓《たゆ》みなく継続《けいぞく》した。後半生《こうはんせい》、田辺《たなべ》町（和歌山県田辺市）に住んだが、ここでの筆写が『田辺抜書《ぬきがき》』六十余冊である。これは和漢の書が多い。当時、世界で和漢洋《わかんよう》の書物をこれほど多く読んだ人物は、日本にも世界にも一人としていない。そしてそれら貴重《きちょう》な書物の抜書《ぬきがき》を数千冊（十代の時も含めて）もした人もいない。まさに「博識無限《はくしきむげん》」であり熊楠に匹敵《ひってき》（肩をならべること）し得《う》る学者は世界のどこにもいなかったのである。熊楠は六、七歳ごろから在英時の三十四歳までの二十数年間でその学問・思想をほぼ大成《たいせい》させたと言えよう。そのあとの四十年間はそれを円熟《えんじゅく》（十分に成熟《せいじゅく》し成果《せいか》を得《う》ること）させた期間である。円熟期が実《じつ》に長かったのである。熊楠研究家の松居竜五《まついりゅうご》氏は著書でこうのべている。

「一八九五年から一九〇〇年までの大英博物館閲覧室《えつらん》を中心とする読書・抜書期《ぬきがきき》がなかったならば、今日《こんにち》我々が知っている意味での南方熊楠《みなかたくまぐす》という学者は存在しなかったと言っても大げさではないだろう」

学校が苦手《にがて》で度々《たびたび》中退《ちゅうたい》した熊楠にとり、学校に代《かわ》るべき存在が図書館であり教師は書物であった。大英博物館図書館こそ熊楠にとり最良《さいりょう》の大学であり教師だったのである。大学を中退《ちゅうたい》し学位《がくい》なく博士《はくし》でもなく、中学卒業以来一人の師を持つことなく、全《まった》く独学《どくがく》して古今《ここん》東西の膨大《ぼうだい》な和漢洋の良書の読破《どくは》と筆写《ひっしゃ》を生涯《がい》続けた熊楠は、到底《とうてい》ふつうの物差《ものさ》しでは計《はか》りきることのできない桁外《けたはず》れの知《ち》の巨人《きょじん》、古今稀有《ここんけう》の天才学者であったことが思い知らされるのである。

ロンドン大学事務総長ディキンズとの親交

『ネイチャー』誌でその名を知られることになった翌年、熊楠は国立ロンドン大学事務《じむ》総長《そうちょう》フレデリック・ディキンズと親交《しんこう》を結んだ。ディキンズは一四歳の時に来日《らいにち》、横浜で弁護士《べんごし》と医師《いし》をつとめた日本通《にほんつう》であり、著作を以《もっ》て日本を世界に紹介《しょうかい》する親日家《しんにちか》でもあった。熊楠《くまぐす》の活躍《かつやく》をとても喜びある日、大学の自室に招《まね》いた。そのとき自《みずか》ら訳《やく》した『竹取《たけとり》物語』を出し見せてくれた。読んで見ると見のがすことのできぬ大きな誤りがあったので、ここはこのように書き直すべきと深切《しんせつ》に助言《じょげん》した。すると彼は「長老《ちょうろう》に暴言《ぼうげん》を吐《は》く無礼者《ぶれいもの》」と激怒《げきど》した。熊楠は毅然《きぜん》（強いさま）として反論《はんろん》した。

「日本人は自国の長老に礼を尽《つく》すことを知っていますが、自国の不面目《ふめんぼく》（面目《めんぼく》をつぶすこと、恥《はじ》になること）なることを捏造《ねつぞう》（でっちあげること）して書く外国の老人をどうして尊敬できましょう。外国に来て長老の明らかな過《あやま》ちを断然抗議《だんぜんこうぎ》する気《き》象《しょう》（気性《きしょう》、根性《こんじょう》）なき者は、外国に来て学んでも何《なん》の益《えき》もありません。あなた方はみな日本に来てわが国の長上《ちょうじょう》（位の上の人、目上《めうえ》の人）を侮辱《ぶじょく》し、いま帰国してまでも日本のことを悪《あ》し様《ざま》に言っています。不埒千万《ふらちせんばん》（許しがたいこと、けしからんこと）とはこのこと、礼を失《しっ》しているのは私ではなくあなたです」

こう言い返されてディキンズは益々《ます》憤怒《ふんぬ》（ひどく怒《いか》ること）して、この日喧嘩《けんか》別れをした。しかし冷静《れいせい》になって考えて見ると、熊楠の言うことはもっともだと反省して、このあとすぐに無礼《ぶれい》を詫《わ》びるのである。当時、イギリス人に阿諛迎合《あゆげいごう》（こびへつらうこと）する卑屈《ひくつ》（品性《ひんせい》がいやしく気力《きりょく》がないこと）な日本人もいないわけではなかった中で、親子ほど年齢の違う熊楠が堂《どう》々と抗議《こうぎ》してきたその態度にいたく感じ入り親交《しんこう》を求めてきたのである。こうして二人は意気投合《いきとうごう》（気持が一つになること）、その後、交際《こうさい》は長らく続いた。

当時、日本人として熊楠ほど比類《ひるい》なき頭脳を有し、その上《うえ》絶えざる精進努力《しょうじんどりょく》（精神を打ちこみひたすら努力すること）を積《つ》み重《かさ》ね、毅然《きぜん》たる勇気と烈々《れつれつ》（激しいさま）たる愛国心を持つ人物は稀《まれ》であった。ディキンズは熊楠の一喝《いっかつ》を浴《あ》びてそれがよく身《み》に沁《し》みて、ここに忘年《ぼうねん》の交《まじ》わり（年齢の差に関係なく親しくなること）を結ぶが熊楠をこう讃《たた》えた。

「南方《みなかた》は私が見た日本人の中で最も博学で剛直無偏《ごうちょくむへん》（強く正直で偏《かたよ》りがなく公正《こうせい》なこと）の人」

熊楠《くまぐす》は生涯《しょうがい》学問の世界に生き長らく欧米《おうべい》で暮《く》らしたが、日本人として恥ずかしからぬ態度を貫《つらぬ》き、日本男児たる誇りを堅持《けんじ》した。日の丸の旗を背負《せお》って日々《ひび》を送ったのである。イギリスにやって来た時の心意気《こころいき》を示す言葉が、「日本の名を天下《てんか》（世界）にあげて見せる」であった。外国にあって卑屈《ひくつ》な態度を示す者は軽《けい》蔑《べつ》され嘲笑《ちょうしょう》されるだけである。逆《ぎゃく》に正直《しょうじき》にして勇気ある毅然《きぜん》たる姿勢《しせい》を貫《つらぬ》く者はかえって畏敬《いけい》（畏《おそ》れ敬《うやま》うこと）され親愛《しんあい》されるのである。熊楠はその一例証《いちれいしょう》である。熊楠は学問の世界において日本及び東洋の為に万丈《ばんじょう》の気《き》（大きな高い気持ち、精神）を吐《は》くことに生涯《しょうがい》つとめた生粋《きっすい》（純粋《じゅんすい》）の愛国者であった。

イギリスに来て三年目の明治二十七年、日清戦争《にっしんせんそう》が勃発《ぼっぱつ》した。熊楠は直《ただ》ちに行動を起こし駐英公使《ちゅうえいこうし》内田《うちだ》康哉《こうさい》らと謀《はか》り、在英邦人《ざいえいほうじん》に献金《けんきん》を呼びかけ率先《そっせん》（先に立つこと）して寄付《きふ》している。

真言宗僧侶・土宜法龍との出会い

ロンドンでの忘れ難《がた》い出来事が、真言宗僧侶《しんごんしゅうそうりょ》・土宜法龍《どぎほうりゅう》との出会いである。土宜は明治二十六年（一八九三）、世界初の宗教者会議であるシカゴ万国《ばんこく》宗教会議に真言宗《しんごんしゅう》代表として出席、帰途《きと》ロンドンに立ち寄り熊楠と出会った。土宜は十三歳年長《ねんちょう》の四十歳、学徳兼備《がくとくけんび》（学問と道徳を兼ね備《そな》えること）の傑僧《けっそう》（すぐれたお坊《ぼう》さん）であった。二人は出会った最初から互いに強く惹《ひ》かれ合うものを感じて三日間、法龍の旅宿《りょしゅく》で熱心に語り合ったのである。よほど気が合ったのか、以後生涯《しょうがい》の親交《しんこう》を結ぶことになる。真言宗を代表して万国宗教会議に出るほどの高《こう》僧《そう》土宜と対等《たいとう》に話し合えたのは、熊楠の仏教に対する理解と信仰心が並々ではなかったからである。そうでなければ土宜は年若《としわか》の熊楠を相手にするはずもなく、三日間も同宿《どうしゅく》して語り合うことなど出来はしない。

既述《きじゅつ》したように熊楠は中学時代、漢訳《かんやく》の一切経《いっさいきょう》二千冊七千巻を読みその半分近くを筆写《ひっしゃ》したほどの僧侶そこのけの仏教知識と親譲《おやゆず》りの厚い信仰心を持っていた。土宜はこの一風《いっぷう》変った青年熊楠の不思議さに魅了《みりょう》（人の心を強くひきつけてしまうこと）されたのである。一方、熊楠は始めて語るに足る日本人を見い出した。

弘法大師空海《こうぼうだいしくうかい》を仰《あお》ぐ同じ真言宗《しんごんしゅう》の信仰者として土宜《どぎ》は、心を許して語り合い論じ合うことの出来る唯一《ゆいいつ》の人物であった。このあと土宜はパリに行くが、二人は多くの手紙を交換《こうかん》し合うのである。手紙のやりとりは帰国後も続き、今日《こんにち》明らかになっているだけで約二五〇通に達《たっ》する。熊楠《くまぐす》は後に土宜との交流をこう語っている。

「小生《しょうせい》は件《くだん》(上にのべたこと)の土宜師への状《じょう》(手紙)を認《したた》むるためには、一状《いちじょう》(一回の手紙)に昼夜《ちゅうや》兼《か》ねて眠りを省《はぶ》き二週間もかかりしことあり。……これがために自分の学問、灼然《しゃくぜん》(輝くさま、明確《めいかく》なさま)として上進《じょうしん》せしを記憶《きおく》しおり候《そうろう》」

数多い手紙のやりとりの中で、土宜から教えられること少なくなくまた人間的、宗教的感化《かんか》を受け、自分の学問が明らかに前進向上《ぜんしんこうじょう》したと言うのである。二人は互いに教え教えられる関係であった。土宜はひとまわりも若い熊楠に対して決して先輩面《せんぱいづら》しなかった。両者の気高《けだか》い人格と深い学識《がくしき》と信仰・信念が共感《きょうかん》共鳴《きょうめい》を呼び起こして刺激《しげき》し合い切磋琢磨《せっさたくま》(人格をみがくこと)し合ったのである。まことにも二人は魂合《たまあ》える同志《どうし》であった。

二人は極《きわ》めて高度《こうど》な話し合いをした。当時、熊楠が土宜に出した手紙の中で最も重要なところを紹介《しょうかい》しよう。空海《くうかい》の物語（『日本の偉人物語8』）でのべたように、空海の真言宗《しんごんしゅう》の教えは、本尊《ほんぞん》（仏教各宗派《しゅうは》において中心となる仏《ほとけ》）である大日如来《だいにちにょらい》が宇宙一切《いっさい》の生命の根源《こんげん》の仏《ほとけ》（法身仏《ほっしんぶつ》ともいう）とされている。

この宇宙、この世界には人知《じんち》にては到底《とうてい》うかがい知ることの出来ない神秘《しんぴ》、霊《れい》妙《みょう》（人知を超えてすぐれていること）なものが存在しているが、熊楠はそれを「妙不《みょうふ》可思議《かしぎ》」「大不可思議《だいふかしぎ》」と名づけたのである。熊楠独特《どくとく》の呼び名であった。こうのべている。

「その妙不可思議が、すなわち大日如来それ自身《じしん》なるなり」

「釈迦《しゃか》が生まれたる所以《ゆえん》のものが、大不可思議《だいふかしぎ》、大妙《だいみょう》ちき（霊妙そのものという意味）なる、すなわち大日如来なり」

空海の物語にあるように真言宗以外の仏教各宗は釈迦が教え親である。つまり仏教は釈迦の教えを根本《こんぽん》としている。ところが真言宗はそうではなく、大日如来が根本で大日如来から釈迦の教えが生まれたとするのである。そこで熊楠はこう語る。
「従来《じゅうらい》の真言宗旨《しんごんしゅうし》(教えの根本)は決して釈迦に出《い》で始まりとせず、大日如来《だいにちにょらい》より出《い》でて……。故《ゆえ》にいわば真言は仏教中の一派にあらずして、仏教が真言宗の支《し》出物《しゅつぶつ》(そこより出たもの)なり」

このように熊楠《くまぐす》は空海の真言宗の教えを正しく理解した上で、大日如来という宇宙の大生命、天地万物を生み出した生命の根源《こんげん》・本源《ほんげん》を「妙不可思議《みょうふかしぎ》」「大不《だいふ》可思議《かしぎ》」という今日的名称《こんにちてきめいしょう》をもって言《い》い換《か》えたのである。

さらに熊楠は宗教と科学の関《かか》わりについて深く考えていた。熊楠は西洋に発した自然科学に強い関心を抱《いだ》き、在米英時代《ざいべいえい》、この方面の勉学《べんがく》に精根《せいこん》を傾《かたむ》けた。近代は自然科学なしに国家社会は成り立ち得なかった。鉄道も軍艦《ぐんかん》もそれなくして作ることが出来ない。それまで宗教と科学は別箇《べっこ》(別々)の存在、あるいは相対立《あいたいりつ》するものと考えられた。しかし真言宗の深い信仰を持ちつつ自然科学を学んだ熊楠にとって、宗教と科学は決して別々のものとして分離《ぶんり》していず、真言宗を信仰する心と科学的真理を求める心は両立《りょうりつ》しひとつであったのである。宗教と科学は究極《きゅうきょく》（つまるところ、結局《けっきょく》）において一致《いっち》、融合《ゆうごう》（一つに融《と》け合うこと）すべきものとの信念を強く抱《いだ》く熊楠は、それゆえ土宜《どぎ》に西洋の科学を捨ててはならず、よく学んで仏教において活用《かつよう》すべしと熱心に説いたのであった。

「（西洋の）哲学《てつがく》（真理を探究《たんきゅう》する学問）、科学は全《まった》く仏教中の理《り》をのべたるものなるに気づかずして……」

「仏徒《ぶっと》が科学をわが掌中《しょうちゅう》（手のうち）ににぎりたらんには、それこそその教理《きょうり》とするところが目前《もくぜん》に証《しょう》が挙《あ》がり（仏教者が西洋の科学的真理を深く理解しえたならば、それが仏教の根本的《こんぽんてき》教義《きょうぎ》の正しさを科学の面から証明《しょうめい》することになるという意味）、かつ世用《せよう》（世間のためになる働き）にははなはだ大なることにして……。しかるに従来《じゅうらい》、僧になるような人はいずれもかかることにはなはだうとき……」

「この水素原子《すいそげんし》、何《なに》より来たるかと言わば大日如来《だいにちにょらい》の法身《ほっしん》（根本仏《こんぽんぶつ》・一切《いっさい》の生命の根源《こんげん》）というの外《ほか》なし」

大日如来、大不可思議について熊楠は帰国後、さらに論議《ろんぎ》を深めているのでそこでまたのべよう。

3、熊楠の学問・思想の深化
――「大日如来の大不思議」の世界

帰国・家族の無理解
――厄介者《やっかいもの》として那智《なち》に追い払われる

実《みの》り多き八年間のイギリス時代を終えて、熊楠《くまぐす》が帰国するのが明治三十三年秋、三十四歳の時である。ここから後半生《こうはんせい》となり熊楠の人生はまた大きく一転《いってん》する。南方家《みなかたけ》は父についで母もすでに亡くなり、弟の常楠《つねぐす》が家を継《つ》いでいた。常楠は父の死後苦労したが父に似てすぐれた商才《しょうさい》があり、一時傾《かたむ》いた家を立て直して酒造りを営《いとな》んで成功、かつての繁栄《はんえい》を取り戻《もど》していた。

そこに熊楠が戻って来たのである。足かけ十五年も米英に留学《りゅうがく》したのに、大学も卒業することなく博士《はくし》にもならず、くたびれたよれよれの服装で帰ってきた風来坊《ふうらいぼう》（浮浪人《ふろうにん》、気まぐれな人、役に立たぬ者）みたいな熊楠の姿に常楠はがっかりするのである。熊楠が当時の日本人中誰一人としてかなわぬ和漢洋《わかんよう》の数知れぬ書《しょ》物《もつ》を読み筆写《ひっしゃ》までしてその学識《がくしき》が万人《ばんにん》に秀《ひい》でていることなどは、常楠には到底《とうてい》わからない。英米の名だたる大学を出て博士となって故郷に錦《にしき》を飾《かざ》るのが当然と考えるから、兄のやることがさっぱり理解できない。「兄さん、十四年間も多額《たがく》の金を費《ついや》して一体《いったい》何をしていたのですか」との思いで呆《あき》れかえるのである。常楠の妻もそうで親族《しんぞく》、知人たちも同様《どうよう》であった。熊楠はこうのべている。

「帰国して見れば双親《そうしん》（両親）すでに下生《げせい》（亡くなること）して……万事《ばんじ》変り果《は》てており、次弟《じてい》常楠、不承不承《ふしょうぶしょう》（いやいやながらの意）に神戸に迎えに来《き》たり。小生《しょうせい》の無《む》銭《せん》に驚き、また将来《しょうらい》（持ち来《きた》ること）の書籍《しょせき》、標品《ひょうひん》（植物を採集《さいしゅう》した標本《ひょうほん》）のおびただしきにあきれたり」

「(常楠《つねぐす》は)十五年も海外に居《い》て何《なん》の学位《がくい》をも得《え》ざりし者《もの》が帰って来たとて仏頂面《ぶっちょうづら》(ふくれた顔つき、無愛想《ぶあいそう》な顔)をする。……かくて小生《しょうせい》、舎弟《しゃてい》(弟)方《かた》に寄宿《きしゅく》して一週間ならぬうちに香《こう》の物《もの》(漬《つ》け物《もの》)と梅干《うめぼし》で飯《めし》を食《く》わす。色々《いろいろ》と薄遇《はくぐう》(冷たい待遇《たいぐう》)し、『海外に十五年もいたのだから何《なん》とか自活《じかつ》(自分で生計《せいけい》を立てること)せよ』と言う」

熊楠《くまぐす》は自分を少しも理解しようとせず冷遇《れいぐう》する常楠《つねぐす》夫妻《ふさい》と激しく言い争い大喧嘩《おおげんか》をした。その結果、常楠の妻に漬け物と梅干だけの食事というひどい目に遭《あ》わされたのである。常楠が兄に無理解だったのはひとつに、妻に頭が上がらぬ恐妻家《きょうさいか》であったからである。そのようなわけでこの妻に忌《い》み嫌《きら》われた熊楠は、どうしようもなかったのである。亡き父は熊楠が生涯学問に没頭《ぼっとう》できるだけの遺産《いさん》を残しておいてくれたが、常楠は何《なん》だかんだと言ってそれを渡さず、「自活《じかつ》せよ」と迫《せま》るのである。熊楠はその頃の生活をこうのべる。

「帰国後毎日大酒《たいしゅ》致し候《そうろう》(弟夫妻に冷遇《れいぐう》された熊楠は日々、店の酒をあおって鬱憤《うっぷん》〈心の中の憤懣《ふんまん》）を晴らした）に兄弟（常楠）あきれ果《は》て候《そうろう》ゆえ、『酒屋《さかや》が酒徒《しゅと》を悲しむ理由奈何《いかん》（なぜなのかの意）』と問い候《そうら》えば、『いかにも酒屋は酒徒が多いことを悦びますが、兄さんのように無銭多飲《むせんたいん》の客はおりません』とやりこめられ返答《へんとう》できず、ここに閉口《へいこう》の体《てい》（姿）にござ候」

浮世離《うきよばな》れをしていて学問の世界に没入《ぼつにゅう》し世渡《よわた》りがまったく下手《へた》だった熊楠は、弟夫妻から手もなくひねられたのである。イギリスでは高く評価されたのに故郷では二束三文《にそくさんもん》（わずかの値《あたい》しかないこと）の扱《あつか》いを受け、大酒飲みの変人《へんじん》・奇人《きじん》と見られたのである。ほとんど比類《ひるい》ない学問と見識《けんしき》を持つこの型破《かたやぶ》りの学者のすごさ、偉大さを理解しうる人間は、この広い世界に郷里《きょうり》はおろか日本には誰一人としていなかったのである。熊楠にはそれがどんなにつらく悲しかったことであろう。熊楠は郷里に戻《もど》ってきたことを後悔《こうかい》して、再びイギリスに行きたいから船賃《ふなちん》だけ出してくれと請《こ》うたがすげなく拒絶《きょぜつ》された。

こうして熊楠は一族から見限《みかぎ》られ厄介者《やっかいもの》、無駄飯食《むだめしぐ》いの穀潰《ごくつぶ》し、疫病神扱《やくびょうがみあつか》いされて翌年《よくねん》とうとう家から追い出されたのである。追放先《ついほうさき》は南方酒造《みなかたしゅぞう》の那智勝浦《なちかつうら》支店である。仕事はない形だけの店員で、わずかな食《く》い扶持《ぶち》（生活費）が弟から与えられた。父の遺産《いさん》で郷里において存分《ぞんぶん》に学問を続けるつもりだったが、学問の世界とは無縁《むえん》の弟夫妻は、熊楠《くまぐす》がまさか日本一いや世界一の博識《はくしき》を蓄《たくわ》えたとてつもない大学者だとは夢にも思わないから（熊楠晩年《ばんねん》にようやく少しはわかるようになる）、那智に追い払いもう顔を合わせないですむと清々《せいせい》した気分《きぶん》でいたのである。

学問・思想を深化させた那智の三年
――生命の本源「大不思議」

都落《みやこお》ちならぬ和歌山落ちで失意《しつい》の勝浦行《かつうらゆ》きであった。勝浦（現《げん》那智勝浦町）は紀《き》伊《い》半島南岸の港町でその奥に熊野《くまの》の原生林《げんせいりん》が広がり、那智三山《なちさんざん》（熊野本宮大社《くまのほんぐうたいしゃ》・熊野速玉《はやたま》大社・熊野那智大社）がある。熊野那智大社の御神体《ごしんたい》が有名な那智の瀧《たき》である。熊野はわが国の代表的な聖地《せいち》、霊所《れいしょ》の一つであり、古来《こらい》より人々の信仰はすこぶる厚く、ことに平安朝《へいあんちょう》後期から鎌倉時代にかけて「熊野詣《もう》で」が隆盛《りゅうせい》を極《きわ》めた。追放《ついほう》された熊楠であったが、それでも熊野・那智の霊地《れいち》で生物・植物を採集《さいしゅう》、調査できることを楽しみにしてやってきたのである。かくして熊楠は那《な》智山《ちさん》、妙法山《みょうほうやま》を始めとする深山幽谷《しんざんゆうこく》に分《わ》け入《い》り、熊野の生物を調べ植物を採集《さいしゅう》する生活を約三年間続けた。こうのべている。

「その頃は熊野の天地は、日本の本州にありながら和歌山とは別天地《べってんち》で、蒙昧《もうまい》（未開《みかい》の意）といえば蒙昧、しかしその蒙昧なるがその地の科学上極《きわ》めて尊《とうと》かりし所以《ゆえん》で、小生《しょうせい》はそれより熊野に止《とど》まりおびただしく生物上の発見をなし申し候《そうろう》」

熊野・那智の地域は太古《たいこ》の姿を今日《こんにち》にとどめる人間の手のつかぬ、足の踏み入れぬ昼なお暗い原生林《げんせいりん》に覆《おお》われた生物・植物の宝庫《ほうこ》であり、粘菌《ねんきん》などの隠花《いんか》植物採集に最適《さいてき》の場所であった。熊楠はここで膨大《ぼうだい》な数の粘菌とそのほかの隠花植物を採集、これを宿に持ち帰り顕微鏡《けんびきょう》で観察《かんさつ》し標本《ひょうほん》にする日々を続けることになる。常楠《つねぐす》夫妻《ふさい》にダニのように毛嫌《けぎら》いされ辺鄙《へんぴ》な場所に追いやられた侘《わ》びしい生活であったが、しかしそれは熊楠の学問と思想をさらに一層深化《いっそうしんか》させ大成《たいせい》させることなるのである。人生なにが不幸となるか幸いとなるかはわからない。熊楠《くまぐす》の那智・熊野への追放は、人知《じんち》のさかしら（かしこぶること）を超《こ》えた神仏《しんぶつ》のはからい、天意《てんい》であったといえよう。元々《もともと》信仰心の深かった熊楠には神仏の冥々《めいめい》（高遠《こうえん》ではかり知り難《がた》いさま）の導きがあったのだ。

熊楠は原始《げんし》さながらの森林の中で自然に没入《ぼつにゅう》し一体《いったい》となって植物・動物を観《かん》察《さつ》し続けた。千古斧《せんこおの》を入《い》れぬ原生林である熊野・那智の自然を日本人は神聖視《しんせいし》して深い畏敬《いけい》の念《ねん》を抱《いだ》き熊野三山《くまのさんざん》を建立《こんりゅう》した。熊楠は熊野・那智山中《さんちゅう》の森において採集のかたわら、しばしば忘我《ぼうが》の境《きょう》に入《い》りじっと坐りこむことが多かった。そうして深く感じたことは、この世界は科学的探究《たんきゅう》だけでは解《と》きえない人知を超えた広大無辺《こうだいむへん》の宇宙の神秘《しんぴ》が厳然《げんぜん》として存在しているということだった。熊楠は年少時より両親の感化《かんか》で元々《もともと》信仰心厚く、目に見えぬ霊的《れいてき》なものに対する感受性《かんじゅせい》がひときわ強く豊かであった。博物学などの自然科学的知性《ちせい》は無論《むろん》高いが、神秘的宗教的なものに対して直観的《ちょっかんてき》に把握《はあく》する霊性《れいせい》はさらに高かったのである。熊野・那智の森は熊楠の心の奥底に横たわる霊的心性感情《れいてきしんせいかんじょう》を呼《よ》び醒《さ》まさずにおかなかったのである。かくして熊楠がこの霊地《れいち》の森の中でたどり着いた深い直観と洞察《どうさつ》(見通すこと、見抜くこと)は、宗教的悟《さと》りと言ってもよい。熊楠はそれを心友《しんゆう》土宜法龍《どぎほうりゅう》に語るのである。ここに二人の手紙のやりとりが復活《ふっかつ》した。

議論は「大日如来《だいにちにょらい》」と「大不思議《だいふしぎ》」についてである。ロンドン時代、熊楠は「大不可思議《だいふかしぎ》」とよんだがここでは「大不思議」と言い換《か》えた。同じ意味である。熊楠の最も重要な思想である「大日如来」つまり「大不思議」につき、彼の文章をあげて解説《かいせつ》を加えよう。

「万物《ばんぶつ》悉《ことごと》く大日《だいにち》(如来《にょらい》)より出《いで》、諸力《しょりょく》悉《ことごと》く大日より出《い》ず」

「万物みな大日に帰り得《う》る見込《みこ》みあり」

「大日如来の大不思議あり」

「大日、本体《ほんたい》の大不思議なり」

これが熊楠の「大日如来」「大不思議」について核心《かくしん》(根本《こんぽん》)の考えである。この短い四句にすべてが尽《つ》くされている。空海の物語(『日本の偉人物語8』)でのべたように、「大日如来」とは大宇宙の根源《こんげん》の大生命であり、天地自然《てんちしぜん》、万物一切《ばんぶついっさい》を生み出す本体《ほんたい》、生命そのものであり、人間を含めてあらゆる存在が大日如来から生まれ、そこに帰る本源である。熊楠《くまぐす》はこの大日如来《だいにちにょらい》を「大不思議《だいふしぎ》」と名づけたのである。大日如来の生命の働きは人知《じんち》では計《はか》り知れぬ神秘《しんぴ》に満《み》ち溢《あふ》れる不可《ふか》思議《しぎ》そのものの霊妙《れいみょう》さに充《み》ち満ちているから、熊楠は「大不思議」と讃嘆《さんたん》したのである。さらにこうのべている。

「吾《わ》れ吾れ大日《だいにち》の原子《げんし》は何《いず》れも大日の全体に則《のっと》りて(従うこと)、或《あるい》は大《だい》に或は小《しょう》に大日の形を成出《せいしゅつ》(生成《せいせい》すること)するを得《う》」

私たち人間を含《ふく》めあらゆる存在は大日如来という大生命から生まれ出た生命《せいめい》、分身《ぶんしん》、分《わ》けみ霊《たま》、大日如来の子供という意味である。熊楠研究家の唐澤太輔《からさわたいすけ》氏はこう解説《かいせつ》している。

「熊楠のいう『大日(如来)』あるいは『大不思議』こそ『生命そのもの』であり、『根源的《こんげんてき》な場《ば》』であった。そこは全《すべ》てを産《う》み出す要素《ようそ》が含まれている場である……。そこから『個』(万物)は発生《はっせい》する。そして再びそこに帰還《きかん》する」

「『大不思議』はいわば『一(いち・ひとつ)』であり『統一《とういつ》』であり、『自他《じた》が融合《ゆうごう》した場である』

「熊楠は、大日（大不思議）というわば『生命そのもの』は『個的生命』としての我々全《すべ》てに『含まれ』てもいるとしている」

「我々は『生命そのもの（生命それ自身）』を、根拠《こんきょ》・土台《どだい》として生きているのである」

「『大日（大不思議）』から分れ出て『個』として現われたものが、我々人間である」

「『大不思議』と我々『個人』とはつながっている。そうでなければ『個人』の『生』はありえない」

分《わか》りやすくよく理解できる説明である。すでにのべたように熊楠は真言宗《しんごんしゅう》の信徒《しんと》として堅固《けんご》な信仰を少年時から持っていた。そうして仏教の一切経《いっさいきょう》を読み続け、年少時にも壮年《そうねん》時にも筆写《ひっしゃ》に努めている。親友土宜法龍《どぎほうりゅう》に「幼年《ようねん》より真言宗に固着《こちゃく》（固《かた》く信仰すること）し、常に大日《だいにち》（如来《にょらい》）を念《ねん》じおり」と語ったように、宇宙、天地万物の生命の根源である大日如来への信仰は少年時からいささかも揺《ゆ》るがず、真言宗の開祖空海《かいそくうかい》の教えこそ仏教思想の真髄《しんずい》であり、あらゆる説法《せっぽう》は大日如来に帰着《きちゃく》するという不動《ふどう》の信念・信仰を持っていた。熊楠《くまぐす》の仏教理解は生半可《なまはんか》な付焼刃《つけやきば》ではなく実《じつ》に深い根底《こんてい》があった。それゆえにこそ土宜《どぎ》は熊楠を相手に真剣《しんけん》に論じ合い、多くの手紙を大切に保存《ほぞん》したのであった。「大日如来」を「大不思議」の名をもって論じたところに熊楠の思想の新しさと工夫《くふう》があったのである。

五つの不思議
――「物不思議」「心不思議」「事不思議」「理不思議」「大不思議」

熊楠は少年時より『和漢三才図会《わかんさんさいずえ》』などを通《とお》して宇宙、天地自然、森羅万象《しんらばんしょう》、人間と生物、この世《よ》とあの世《よ》の世界に無限の興味を抱《いだ》き、生涯《しょうがい》その探究《たんきゅう》にのめりこんだ。そうして熊楠は宇宙、天地自然、森羅万象の世界を「不思議《ふしぎ》」という言葉で表現し、それを「物《もの》不思議」「心《こころ》不思議」「事《こと》不思議」「理《り》不思議」「大《だい》不思議」の五つに分けた。

「物不思議」とは、物質、自然科学の世界。「心不思議」とは、人間の心、精神に関する世界。「事不思議」とは、心の世界と物の世界が交《まじ》わる世界であるとする。熊楠はこの世の事柄《ことがら》は心と物と事によって成り立つと見たが、そこに「不思議」を感じたのである。「理不思議」とは、「物」と「心」と「事」の不思議の上にあるかろうじて人知《じんち》によって知り得《う》ることが出来る予知《よち》、第六感等《だいろっかんなど》の世界のことである。「大不思議」については既述《きじゅつ》した。熊楠は土宜への手紙でこうのべている。

「ここに一言《いちごん》す。不思議ということあり。事不思議あり。物不思議あり。心不思議あり。理不思議あり。大日如来《だいにちにょらい》の大不思議あり。予《よ》(私)は、今日の科学は物不思議をばあらかた片付け、その順序だけざっと立てならべ得《え》たることと思う」

「大日不可思議《だいにちふかしぎ》(大日如来の大不思議という意味)本体中《ほんたいちゅう》、科学はわずかに物界《ぶっかい》、心《しん》界《かい》、事理界《じりかい》等の人間にようやく分《わか》りうるほどの外《そと》に一歩を出《いだ》す能《あた》わず」

「科学とは……真言曼荼羅《しんごんまんだら》(大日如来の大不思議の世界)のほんの一部……」

近代世界は科学全盛《ぜんせい》、科学万能《ばんのう》の時代であったが、熊楠はこの世界の諸不思議のうち、科学は物質の部分のみを扱い体系《たいけい》づけているに過ぎず、科学だけでこの広大無辺《こうだいむへん》の宇宙のすべてのことを説明し解決し得《え》ないと言うのである。熊楠は大日如来の「大不思議」という宇宙の全体像において物の世界を扱《あつか》う科学を「物不思議」と位置《いち》づけたのである。

熊楠《くまぐす》は年少より博物学を志《こころざ》し欧米《おうべい》に長らく滞在《たいざい》して自然科学を深く学んだから、自然科学の価値と重要性を熟知《じゅくち》(よく知ること)している。それゆえロンドン時代、土宜法龍《どぎほうりゅう》に仏教興隆《こうりゅう》(盛んにすること)の為にも西洋の科学をよく学び活用《かつよう》すべきことを力説《りきせつ》したほどである。しかし科学一辺倒《いっぺんとう》、科学至上主義《しじょうしゅぎ》(科学がすべてという考え)に陥《おちい》ることなく、科学の限界《げんかい》を知り、科学だけで全《すべ》てがわかるものではないことを指摘《してき》し、このような「不思議」論を展開《てんかい》したのであった。

「不思議」論を打ち立てた熊楠も思えばまた実《じつ》に不思議な学者であつた。熊楠は終生《しゅうせい》、博物学を研究した自然科学者である。しかしそれに劣らず民俗学《みんぞくがく》にも打ち込み数多くの論文を書いた。そうして帰国後、全《まった》く独自《どくじ》の「不思議」観を打ち出した。それは言うならば仏教的生命観・宇宙観の別種《べっしゅ》の新しい表現である。広《こう》大無辺《だいむへん》の宇宙とこの世界を神秘霊妙《しんぴれいみょう》な「不思議」の統合体《とうごうたい》として見、全《すべ》てを包《つつ》みこむ生命の根源《こんげん》である「大日如来《だいにちにょらい》」を「大不思議」として森羅万象《しんらばんしょう》(宇宙・世界のあらゆる存在・物事《ものごと》）の全体像《ぜんたいぞう》を捉《とら》えようとしたまことに壮大《そうだい》な独創的《どくそうてき》な一大《いちだい》見識《けんしき》であった。

ふつう学者は一方面、一部分を専門とするが、熊楠は型破《かたやぶ》りで自然科学と人文科学双方《そうほう》に関与《かんよ》するのみならず宗教的神秘的分野にまで分《わ》け入り、仏教的生命観・宇宙観の中に近代の科学的学問を包摂《ほうせつ》（包みこみとりいれること）して両者の融《ゆう》合《ごう》・統合《とうごう》（融《と》けあわせて一つにまとめること）にもとづく新しい世界観を呈示《ていじ》（さし出して見せること）したのである。それは前人未踏《ぜんじんみとう》（これまで誰もしなかったこと）の企《くわだ》てであり、当時熊楠の思想の卓絶《たくぜつ》（ずばぬけてすぐれていること）さ、偉大さに、誰一人として気づく者がいなかったのは無理もないことであった。その学問と思想があまりにも時代に先立《さきだ》ち超越《ちょうえつ》して高すぎ、深すぎ、大きすぎて当時の人々には分らなかったのである。熊楠は並ぶ者なき先駆者《せんくしゃ》、先覚者《せんかくしゃ》だったのだ。宇宙を見、天地自然を見、森羅万象《しんらばんしょう》を見て、誰よりもそこに言い知れぬ神秘、霊妙《れいみょう》なる「大不思議」すなわち「大日如来《だいにちにょらい》」「神」を感じた人物が熊楠であった。熊楠は言う。

「大日（如来）に帰《き》して無尽無究《むじんむきゅう》（尽きることなく究《きわ》めることができないこと）の大宇宙の大宇宙のまだ大宇宙を包蔵《ほうぞう》（中にたくわえること）する大宇宙を、たとえば顕微《けんび》鏡《きょう》一台買《こ》うてだに一生見て楽しむところ尽きず」

このあとにのべるが、熊楠《くまぐす》は生涯原始《げんし》的生物である粘菌《ねんきん》を顕微鏡で観察《かんさつ》し続けた。粘菌もまた大日如来の大不思議より生まれた生命であり、熊楠は粘菌の姿に「無尽無究《むじんむきゅう》の大宇宙」の縮図《しゅくず》（それは一個の小宇宙である）を見て、「楽しむところ尽きず」一生を終えたのである。

粘菌研究に生涯を捧げる
――生命の本質をたずね沈思《ちんし》した熊楠

粘菌《ねんきん》の研究は熊楠生涯《しょうがい》の研究であった。生物学では、生物を動物と植物に二分《にぶん》する。植物は顕花《けんか》植物と隠花《いんか》植物に分けられる。隠花植物は花をつけずに胞子《ほうし》（下等《かとう》生物において繁殖《はんしょく》のための無性的な細胞《さいぼう》）が繁殖する植物の総称《そうしょう》で、シダ類・

苔《こけ》類・キノコ・藻《そう》類・真菌《しんきん》類などがある。顕微鏡《けんびきょう》が発明されると隠花植物の研究がにわかに進んだ。それまでは一見《いっけん》して何《なん》の魅《み》力《りょく》もない地味《じみ》な隠花植物が繊細《せんさい》な形と鮮明《せんめい》な色彩《しきさい》を備《そな》えた「絶妙《ぜつみょう》な華麗《かれい》さ(きわめて不思議なはなやかさ、美しさ)をもつもの」として新たな装《よそお》いをもって登場《とうじょう》したのである。

粘菌《ねんきん》は苔《こけ》やキノコのような普通の菌類と異なっていた。粘菌はまず単細胞《たんさいぼう》のアメーバが現われる。それはねばねばして動いている。次にアメーバは寄り合って大きな「原形体《げんけいたい》(変形体《へんけいたい》ともいう)」を作りだす。この原形体は動物そっくりの行動を取り、活発《かっぱつ》に他の生命体をとりこんで食べる捕食《ほしょく》活動を行う。そうしてこの原形体が成長するとキノコ状の「子実体《しじつたい》」と呼ばれる胞子《ほうし》を作る。すなわち植物の菌類《きんるい》と化《か》する。この植物の子実体の姿を普通「粘菌」と呼

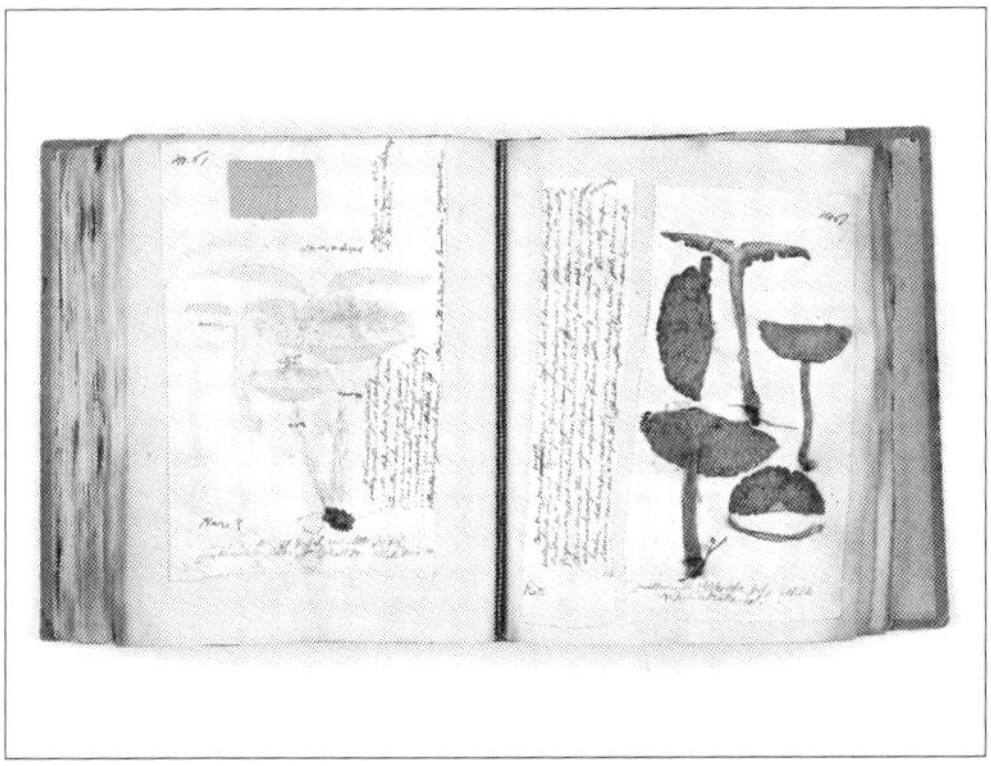

熊楠の植物標本　((公財)南方熊楠記念館提供)

んでいる。アメーバ→原形体→子実体（粘菌《ねんきん》）への変化はわずか十時間ほどで進行《しんこう》する。一夜《いちや》にして動物から植物に変身《へんしん》するのが粘菌であった。

つまり粘菌は動物と植物の両方の性質を持つ極めて特殊《とくしゅ》な菌類である。植物界・菌界《きんかい》・動物界の中で粘菌のような生物はほかになく、どこにも分類《ぶんるい》できないのである。熊楠《くまぐす》はこの植物でも動物でもないと思われた粘菌にすっかり心を奪われ魅了《みりょう》（人の心を強くひきつけること）されてしまい、生命の不思議さを感じて昼夜《ちゅうや》をおかず長年《ながねん》、倦《う》まず撓《たゆ》まず観察《かんさつ》し続けたのである。熊楠は「粘菌は原始動物の一部」と断言《だんげん》してこうのべている。

「このアメーバ状《じょう》に動くものが二つ以上寄《よ》り合《あ》い融和《ゆうわ》（融《と》けあってひとつになること）してだんだん大きくなり原形体《げんけいたい》を作るということは、原始《げんし》動物にはあれども植物界には全《まった》くなきこととなり。ゆえに粘菌は原始植物にあらず、全《まった》く植物外のものにて原始動物たり。粘菌の原形体は固形体《こけいたい》をとりこめて食い候《そうろう》。このこと原始動物にありて原始植物になきこととなれば、この一事《いちじ》また粘菌が全く動物たる証《あかし》に候」

熊楠は粘菌が原形体を作ることと他の生命体を捕食することの二つを行うことをもって、植物ではなく原始動物であると確信《かくしん》した。当時、世界の生物学界は粘菌の位置付《いちづ》けに迷っていた。わが国の生物学者もそうだったが、熊楠はすでに二十代の時から確信し、その信念は生涯揺《ゆ》らぐことはなかった。またこうのべている。「原形体は活動して物を食いありく（歩くの意）。人が見て原形体と言い、無形のつまらぬ痰様《たんよう》の半流動体《はんりゅうどうたい》と蔑視《べっし》さるるその原形体が活物《いきもの》で、後日蕃殖《ごじつはんしょく》（繁《しげ》りふえること）の胞子《ほうし》を護《まも》るだけの粘菌は実《じつ》は死物《しぶつ》なり。死物を見て粘菌が生《は》えたと言って活物《いきもの》と見、……原形体は死物同然《しぶつどうぜん》と思う人間の見解《けんかい》がまるで間違《まちが》いおる」

この世界の森羅万象《しんらばんしょう》に「不思議」を見た熊楠は、あらゆる存在の根源《こんげん》を「大不思議」すなわち「大日如来《だいにちにょらい》」であるとした。生命の本質、命の本体・源泉《げんせん》、いのちの全体像《ぜんたいぞう》を探究《たんきゅう》することが熊楠の学問の主要課題《しゅようかだい》であった。それゆえ植物と原始動物の性質を合わせ持つこの神秘的な微細《びさい》（きわめて小さいこと）な粘菌の世界に秘《ひ》められている生命の「大不思議」を探究して生涯倦《しょうがいう》むことを知らなかったのである。

わが国「民俗学の母」
――「日本人の可能性の極限」

熊楠《くまぐす》のもう一方の学問の柱《はしら》が民俗学《みんぞくがく》である。最初にのべたように、熊楠は少年時から並外《なみはず》れた知的好奇心《ちてきこうきしん》の塊《かたまり》であり、『和漢三才図会《わかんさんさいずえ》』『諸国名所図会《しょこくめいしょずえ》』などを夢中《むちゅう》で読み筆写《ひっしゃ》した。これらの書物は一面《いちめん》、民俗学《みんぞくがく》の教科書でもあった。熊楠ほど人間と人間社会全般《ぜんぱん》のあらゆる事柄《ことがら》に興味《きょうみ》を持った人物はいなかった。また熊楠はわが国の史書《ししょ》、古典《こてん》、古書《こしょ》、物語類を数限りなく読んでいる。これらもみな民俗学研究の貴重《きちょう》な材料を提供《ていきょう》した。その上にシナの文献《ぶんけん》の数々、仏教の一切経《いっさいきょう》まで読んでいる。加《くわ》えて在英《ざいえい》時代、民俗学や地誌《ちし》・旅行記等の書を数多く読んでいる。民俗学に関する知識は誰よりも抜きん出ていた。在英時、『ノーツ・アンド・クエリーズ』には民俗に関する論文を数多く寄稿《きこう》し、帰国してからはわが国の諸雑誌にも投稿《とうこう》し続けた。その代表作が『十二支考《しこう》』で、干支《えと》の動物に関する伝説、民俗を古今《ここん》東西の書物の知識を縦横《じゅうおう》に駆使《くし》して論じた書である。

「日本民俗学の父」と称《しょう》される柳田國男《やなぎたくにお》とも交流《こうりゅう》し長らく書簡《しょかん》を交換《こうかん》し合い、互《たが》いに学び合うところが大きかった。柳田は熊楠を深く畏敬《いけい》（深く尊敬すること）してこうのべている。

「我が南方《みなかた》先生ばかりは、どこの隅《すみ》を尋《たず》ねて見ても、是《これ》だけが世間並《せけんなみ》というものがちょっと捜《さが》し出《だ》せそうにもないのである。七十何年の一生の殆《ほとん》ど全部が普通の人の為《な》し得《え》ないことのみを以《もっ》て構成《こうせい》せられて居《お》る。私などは是《これ》を日本人の可能性の極限《きょくげん》かと思い、また時としては更《さら》にそれよりもなお一つ向《むこ》うかと思うことさえある」

「自分だけではなく、我々の仲間はみんな日本民俗学最大の恩人《おんじん》として尊敬している。自分が役人をやめて民俗学に専心《せんしん》するようになったのは、南方さんの影響であった」

柳田が「日本民俗学の父」であるなら、熊楠は「日本民俗学の母」であったのである。

4、古今独歩《ここんどっぽ》の大学者
——日本の至宝《しほう》の一人

神社合祀反対に立上がる

明治三十七年十月、三十八歳の熊楠《くまぐす》は那智《なち》での生活をきり上げて、和歌山市南《なん》方《ぽう》の田辺《たなべ》町（現《げん》田辺市）に転居《てんきょ》、ここが永住《えいじゅう》の地となった。この地において粘菌《ねんきん》などの採集《さいしゅう》・検鏡《けんきょう》（顕微鏡《けんびきょう》による観察）・標本作《ひょうほんづく》り、そして和漢洋《わかんよう》の読書と筆写《ひっしゃ》、内《ない》外《がい》の雑誌への寄稿《きこう》という生活を三十数年間倦《う》まず撓《たゆ》まず続けたのである。後世《こうせい》の人間がとりわけ熊楠から学ぶべきことは、その並外《なみはず》れた才能に慢心《まんしん》して安《やす》んずることなく生涯《しょうがい》、他人に倍《ばい》する努力をひたすら積《つ》み重《かさ》ねたことである。熊楠は大天才だったがそれ以上に大努力家であった。熊楠はこの三つのことを脇目《わきめ》もふらずやり抜いた。

しかし時には息抜《いきぬ》きが必要である。仕事が一段落《いちだんらく》つくといつも町中《まちなか》にぶらりと出て、好きな酒を浴《あ》びるように飲んだ。酒が唯一《ゆいいつ》の道楽《どうらく》（楽しみ）であった。また銭湯《せんとう》にも度々《たびたび》行き、長風呂《ながぶろ》して人々の色々な話（ことに民俗《みんぞく》的な話題）を聴《き》くことを好んだ。

四十歳のとき田辺町の闘鶏《とりあわせ》神社宮司《ぐうじ》田村宗造《たむらそうぞう》の四女松枝《まつえ》（二十八歳）と結婚し、男女各一人の子供を授かった。松枝は世間《せけん》から変人《へんじん》・奇人《きじん》と見られるこの在野《ざいや》の学者に最初面《めん》くらうことが多かったがよく尽《つ》くし、内助《ないじょ》の功《こう》は甚《はなは》だ大きかった。熊楠は松枝を親愛《しんあい》し家庭内のことはすべて任《まか》せ、妻の言うことには素直《すなお》に従い家庭は円満《えんまん》だった。

熊楠後半生《こうはんせい》における重大な出来事の一つが、政府が推《お》し進《すす》めた神社の合併《がっぺい》・合祀令《ごうしれい》に対する運動である。

明治三十九年、政府(西園寺公望内閣《さいおんじきんもちないかく》)は神社合祀令《ごうし》を出した。全国の多数の神社を合併・合祀して、一町村一社を標準《ひょうじゅん》とすべしという政令《せいれい》である。ただしこの標準は当初《とうしょ》さほど厳格《げんかく》なものではなく、特殊事情《とくしゅじじょう》を認め合併しないでよい例《れい》外社《がいしゃ》として、㈠古文献《こぶんけん》に所載《しょさい》の古い歴史のある神社、それに準《じゅん》ずる格式《かくしき》のある神社、㈡勅令《ちょくれい》(天皇のみことのり)によって祭《まつ》る神社、㈢皇室の崇敬《すうけい》を受けた神社、㈣武将《ぶしょう》・領主《りょうしゅ》・藩主《はんしゅ》の崇敬していた神社、㈤祭神《さいじん》がその地域に功績《こうせき》や縁故《えんこ》のある神社、などがあげられていた。

この合祀令の趣旨《しゅし》は、当時、神職《しんしょく》もいなく財産《ざいさん》、社地《しゃち》もない管理《かんり》、維持《いじ》が困《こん》難《なん》な小神社を合併・合祀して伝統の久《ひさ》しい格式ある神社を護持《ごじ》せしめようとする意図《いと》から発《はっ》したものであった。しかし西園寺内閣の後の桂《かつら》内閣において実施《じっし》の仕方《しかた》が改められ、合併の方法と処分《しょぶん》は府県知事《ふけんちじ》に一任《いちにん》された。知事はそれを郡《ぐん》長《ちょう》に任《まか》せた。地方の郡長は町村長らと協議《きょうぎ》して早急《さっきゅう》に一町村一社の制《せい》を実行して業績《ぎょうせき》を上げようとした。ここにおいて官権《かんけん》(政府、官庁の権力《けんりょく》・権限《けんげん》)の濫用《らんよう》(みだりに用《もち》いること)が頻発《ひんぱつ》(多発《たはつ》)し、非常識、不条理《ふじょうり》(道理にそむくこと)の合併・合祀がいたるところで強行《きょうこう》された。笠井清は『南方熊楠《みなかたくまぐす》』でこう記《しる》している。
「役人は合祀《ごうし》の中心となる神社の選定《せんてい》にも十分な考慮《こうりょ》を払《はら》わず、神社の歴史も地《ち》勢《せい》にも人民《じんみん》の信仰の度合《どあい》も顧《かえり》みずに、郡役所や村役場《やくば》に近距離《きんきょり》の社《やしろ》へ便宜上《べんぎじょう》から合祀せしめたり、森林の少ない神社に合祀したりするような理不尽《りふじん》な行為が多くなり、三重県や和歌山県のような森林の多い土地では廃社《はいしゃ》してその森林《しんりん》を伐採《ばっさい》し、俗吏《ぞくり》（善良《ぜんりょう》でない官吏《かんり》・役人《やくにん》）と神職《しんしょく》とが共謀《きょうぼう》して私利《しり》をむさぼるような悪質《あくしつ》の合併さえも行われるにいたった」

　政府の神社合祀令の意図《いと》は必ずしも不当《ふとう》ではなかったが、日本人の信仰、生き方、生活の根幹《こんかん》にかかわる神道《しんとう》と神社についての深い認識《にんしき》と配慮《はいりょ》と慎重《しんちょう》さが全《まった》く欠《か》けていた。このような重大事《じゅうだいじ》をたった一片《いっぺん》の政令《せいれい》で実行しようとしたことがそもそも誤りの元《もと》であった。歴史《れきし》と伝統《でんとう》への畏敬《いけい》の念《ねん》、国民の民族的信仰への尊重《そんちょう》を欠くいい加減《かげん》なお役所仕事の典型《てんけい》（見本）であった。目に見えぬ御霊《みたま》・御祭《ごさい》神《じん》を祭《まつ》る神社の合併・合祀は慎重《しんちょう》の上にも慎重さが要求《ようきゅう》されるが、まるで倒産《とうさん》しかけた企業《きぎょう》を統廃合《とうはいごう》するかのように役人と神職が「共謀」して推進《すいしん》したのである。本来《ほんらい》なら神職《しんしょく》こそこの問題を最も憂慮《ゆうりょ》し、政令の不条理《ふじょうり》に真先《まっさき》に異議《いぎ》を申し立てなければならないのに多くの神職は沈黙《ちんもく》し傍観《ぼうかん》するのみならず、役人に迎合《げい ごう》、「廃社《はいしゃ》して森林を伐採《ばっさい》し」私利《しり》をむさぼる神職が少なくなかったのである。

この政策《せいさく》は大正前半期《たいしょうぜんぱんき》まで続き、全国約二十万社のうち七万社が廃社《はいしゃ》となり合祀《ごうし》された。合祀令が最も激しく励行《れいこう》されたのは三重県と和歌山県で、大半《たいはん》の神社が整理統合《せいりとうごう》されるのである。熊楠《くまぐす》はこの神社合祀令が皇室及び神道・神社をもって成り立つ神国《しんこく》日本にあるまじき暴挙《ぼうきょ》として、憤然《ふんぜん》と反対運動に立ち上るのである。

神社合祀反対意見書
――神道・神社あっての日本・日本人、「国民の元気道義の根源たる神社」

熊楠は田辺《たなべ》とその近くにある多くの神社を自《みずか》ら訪《おとず》れて説得《せっとく》するのみならず、地元《じもと》や京阪《けいはん》（京都・大阪）の新聞に投書《とうしょ》して政府・県当局《とうきょく》の不当《ふとう》・非道《ひどう》の処置《しょち》につき強く抗議《こうぎ》し続けた。神社の合併《がっぺい》がいかに国民の精神に打撃《だげき》を与え、民心《みんしん》の元気《げんき》を喪失《そうしつ》(失うこと)せしめるのみならず、神社の森の伐採《ばっさい》が貴重《きちょう》な動植物を絶滅《ぜつめつ》させ、自然の生態系《せいたいけい》を破壊《はかい》するかを実例《じつれい》をもって示し、合祀《ごうし》の制止《せいし》に五、六年もの間あらん限りの努力を傾《かたむ》けた。

明治四十三年の出来事である。県主催《しゅさい》の林業《りんぎょう》を奨励《しょうれい》する為の講習会《こうしゅうかい》が、大家《たいか》である本多静六林学博士《ほんだせいろくりんがくはくし》らを講師として田辺町で開催《かいさい》された。県は一方《いっぽう》では神社の森林の乱伐《らんばつ》を阻止《そし》せず許可《きょか》しておきながら、一方では林業奨励《しょうれい》の講習会を恥《は》ずる気もなく平然《へいぜん》と行ったのである。

熊楠は県当局《とうきょく》のこの許し難い偽善《ぎぜん》(見せかけの善行《ぜんこう》)と無法《むほう》に怒髪天《どはつてん》を衝《つ》いた(怒りが絶頂《ぜっちょう》に達《たっ》すること)。講習会の最終日《さいしゅうび》、田辺中学で閉会式が行われたが、その最中《さいちゅう》、熊楠は猛然《もうぜん》と突入《とつにゅう》、大声で叫《さけ》びつつ県当局の不当非道《ふとうひどう》を糾弾《きゅうだん》(罪状《ざいじょう》を問いただし強く非難《ひなん》すること)した。会場は大騒ぎとなったが、熊楠は警官《けいかん》に組《く》み伏《ふ》せられ追い出されて、翌日逮捕《よくじつたいほ》され十八日間警察署にとじこめられた。

熊楠は数年来《すうねんらい》、合祀反対運動に尽力《じんりょく》し、県内の役人と神職《しんしょく》の乱行《らんぎょう》の実情《じつじょう》を暴《ばく》露《ろ》していたから、県当局や郡・町村の役人を恐れさせるとともに、けしからぬ奴《やつ》とにらまれていた。彼らは熊楠を警戒《けいかい》し、県内務《ないむ》部長や田辺町を含む西牟婁《にしむろ》郡《ぐん》の郡長《ぐんちょう》らは熊楠を憎悪《ぞうお》しいつか仕返《しかえ》ししてやろうとして、とうとうこんなひどい目に遭《あ》わされたのである。非《ひ》は全《まった》く県当局にあるのに、熊楠は犯罪人扱《あつか》いされたのであった。

熊楠逮捕《たいほ》の報《ほう》が伝わるや、田辺町の熊楠を知る人々、そして「子分《こぶん》」たちは激《げき》怒《ど》した。熊楠は日頃《ひごろ》、町の商人、職人《しょくにん》、漁民《ぎょみん》、農民《のうみん》たち――そのほとんどは無《む》学《がく》・無教養《むきょうよう》の邪気《じゃき》(悪意《あくい》)のない庶民《しょみん》たち――と親しくつき合い、自分の「子分」として可愛がっていた。「親分《おやぶん》」の一大事《いちだいじ》に子分たちは結束《けっそく》して警察署や郡長の邸宅《ていたく》に押しかけて「親分を直《ただ》ちに釈放《しゃくほう》せよ」と気勢《きせい》を上げて抗議《こうぎ》した。子分たちは無論《むろん》、熊楠が稀有《けう》の大学者であることはわかりようはない。しかし偉い人であることには間違いない。とても変っているが少しも偉《えら》ぶらず、誰にも分《わ》け隔《へだ》てなく接《せっ》してくれる親しみやすく面白い愛すべき誇るべき田辺町の名物男《めいぶつおとこ》であり、「親分」であったのである。

明治四十五年、熊楠は「神社合祀《じんじゃごうし》に関する意見」を発表した。長文《ちょうぶん》の意見書であり、南方熊楠という近代日本を代表する学問的思想的巨人《きょじん》のよって立つ精神・思想・信念信仰を表明《ひょうめい》した最も重要な文章の一つである。熊楠は合祀令の不可《ふか》なる理由として次の八項目をあげた。

第一、神社合祀は国民の敬神《けいしん》思想を薄《うす》くする。

第二、神社合祀は民の和融《わゆう》（融和《ゆうわ》・和睦《わぼく》）を妨《さまた》ぐ。

第三、神社合祀は地方を衰微《すいび》せしむ。

第四、神社合祀は国民の慰安《いあん》（慰め安らかな気持にさせること）を奪《うば》い、人情《にんじょう》を薄うし、風俗《ふうぞく》（世間のならわし、風習《ふうしゅう》、習慣《しゅうかん》）を害《がい》することおびただし。

第五、神社合祀は愛国心を損《そん》ずる（そこなうこと）ことおびただし。

第六、神社合祀は土地の治安《ちあん》（社会の安泰《あんたい》・秩序《ちつじょ》を保《たも》つこと）と利益《りえき》に大害《たいがい》あり。

第七、神社合祀は史蹟《しせき》と古伝《こでん》を滅却《めっきゃく》（滅ぼすこと）す。

第八、神社合祀は天然《てんねん》風景と天然《てんねん》記念物《きねんぶつ》を亡滅《ぼうめつ》（なくしほろぼすこと）す。

そうして各項《かくこう》ごとに詳《くわ》しく論《ろん》じたが、そのうち殊《こと》に重要な文章を挙《あ》げよう。

「神社の人民《じんみん》に及ぼす感化力《かんかりょく》は、これを述《の》べんとするに言語杜絶《げんごとぜつ》（絶えること）する。いわゆる『何事《なにごと》のおは《(わ)》しますかを知らねども有難《ありがた》さに涙こぼるる』（西行《さいぎょう》の「なにごとのおは《(わ)》しますかは知らねどもかたじけなさに涙こぼるる」の歌のこと）ものなり。似而非《えせ》神職《しんしょく》の説教《せっきょう》などに待《ま》つことにあらず。神道《しんとう》は宗教に違いなきも、言論理屈《りくつ》で人を説き伏《ふ》せる教えにあらず。本居宣長《もとおりのりなが》などは、仁義忠孝《じんぎちゅうこう》などとおのれが行わずに事々《ことごと》しく説《と》き勧《すす》めぬ（シナ人が儒教《じゅきょう》で仁義忠孝《じんぎちゅうこう》を説いたが、口先だけで実践《じっせん》しなかったことを宣長は強く批判《ひはん》した）が神道の特色《とくしょく》なり、と言えり。すなわち言語で言い顕《あらわ》し得《え》ぬ冥々《めいめい》（表《おもて》に明らかではない奥深いこと）の裡《うち》に、わが国万古不変《ばんこふへん》の国体《こくたい》を一時《ひととき》に頭の頂上《ちょうじょう》より足趾《あしゆび》の尖《さき》まで感激《かんげき》して忘るる能《あた》わざらしめ、皇室より下凡民《しもぼんみん》（全国民）に至《いた》るまで、いずれも日本国の天神地祇《てんしんちぎ》（天《あま》つ神《かみ》と八百万神《やおよろずのかみ》）の御裔《みすえ》（子孫《しそん》）なりという有難《ありがた》さを言わず説かずに悟《さと》らしむるの道なり。……何《なん》の説教講釈《せっきょうこうしゃく》を用《もち》いず、理論実験《りろんじっけん》を要《よう》せず（必要とせず）、ひとえに神社、神林《しんりん》その物の存立《そんりつ》ばかりがすでに世道人心《せどうじんしん》の化育《かいく》（国民の道義《どうぎ》・倫理道徳《りんりどうとく》を高めること、教《きょう》化《か》）に大益《たいえき》（おおきな利益）あるなり」

熊楠《くまぐす》の神道《しんとう》、神社についてのひときわ高い見識《けんしき》、深い認識《にんしき》がここに明示《めいじ》されている。一言《いちごん》をもってすると、天皇を戴《いただ》く神道《しんとう》・神社であり、神道・神社あっての日本・日本人であるということである。日本人の精神、信仰、生き方そのものが神道・神《かん》ながら（神そのまま）の道であり、それを全心身《ぜんしんしん》で感じる聖《せい》なる公共《こうきょう》の場所が森に囲まれた神社である。この文章を読むならば、熊楠がいかに真《しん》の日本精神、神道精神、大和魂《やまとだましい》を持つ憂国《ゆうこく》の愛国者であったことが痛感《つうかん》させられる。熊楠は弘法大師《こうぼうだいし》空海《くうかい》の大日如来《だいにちにょらい》の教えを信奉《しんぽう》する真言宗《しんごんしゅう》の信徒《しんと》であったが、何よりその前に天皇を戴《いただ》く皇国《こうこく》日本を愛してやまぬ真の日本人であった。熊楠は柳田《やなぎた》國男《くにお》に「小生《しょうせい》ほど愛国心の厚き者なからん」と語っている。先の文章と同様のことを熊楠はすでに明治三十年、英国科学奨励《しょうれい》会人類学部の学会において、「日本斎忌考《ものいみこう》」という研究発表を行い次のようにのべている。

「わが国には古来《こらい》、神社がいたるところにあり、神道《しんとう》の制《せい》として不成文《ふせいぶん》ながら斎《もの》忌《いみ》（物忌《ものいみ》とも書く。ある期間、飲食《いんしょく》・行為を慎《つつし》み、身心《しんしん》を清め不浄《ふじょう》を避《さ》けて家にこもること。つまり神を畏《かしこ》み敬《うやま》い、自己を省《かえり》み慎《つつし》むこと）が厳重《げんじゅう》であったため、幼少の頃から理屈抜《りくつぬ》きで敬神《けいしん》（神を敬うこと）の念《ねん》が養成《ようせい》され、それがおのずから謹慎《きんしん》にして優雅《ゆうが》（上品《じょうひん》でみやびやかなこと）な良俗美風《りょうぞくびふう》（善良《ぜんりょう》で美しい人々の風俗習慣《ふうぞくしゅうかん》）を生《しょう》じ、いかめしい道義《どうぎ》を説くことなくして、畏《おそ》るべきものを畏れ、慎《つつし》むべきものを慎み、あえて不義非道《ふぎひどう》を行わなかった」

意見書はまたこうのべている。

「大和《やまと》の三輪明神《みわみょうじん》（大神神社《おおみわじんじゃ》）始め熊野辺《くまのへん》に、古来老樹大木《こらいろうじゅたいぼく》のみありて社殿《しゃでん》なき古《こ》社《しゃ》多かりし。これ上古《じょうこ》の正式《せいしき》なり。『万葉集』には社《やしろ》の字《じ》をモリと訓《よ》めり。後世《こうせい》、社木の二字を合わせて、木ヘンに土（杜《もり》の字《じ》）を、神林《しんりん》すなわち森としたり。とにかく神林《しんりん》ありての神社なり」

本来、神社は杜（もり）であり森であり、「神林ありての神社」であったのである。さらに意見書はこうのべている。

「わが国の神林には、その地固有《こゆう》の天然林《てんねんりん》を千年数百年来残存《らいざんぞん》せるもの多《おお》し。これに加うるに、その地に珍《めずら》しき諸植物は毎度《まいど》毎度神に献《けん》ずるとて植《う》え加《くわ》えられたれば、珍草木《ちんそうもく》を存《そん》すること多く、偉大の老樹《ろうじゅ》や土地に特有《とくゆう》の珍生物《ちんせいぶつ》は必ず多く神林神池《しんち》に存《そん》するなり」
熊楠《くまぐす》は神道と神社が日本人固有《こゆう》の信仰、精神の母胎《ぼたい》(生み出す元)であり、日常生活に必須不可欠《ひっすふかけつ》のものであり、森林、鎮守《ちんじゅ》の杜《もり》は人間が日々《ひび》生きる上になくてはならぬ根源《こんげん》の場《ば》であることを訴《うった》えたのである。そしてこの森には種々《しゅじゅ》の樹木《じゅもく》と植物があり、多くの生物がすむ。また熊楠が生涯《しょうがい》、採集《さいしゅう》し続け観察《かんさつ》した粘菌《ねんきん》始め隠花《いんか》植物の宝庫《ほうこ》でもあった。「熊」と「楠」をわが名とする熊楠にとり、森は他者《たしゃ》ではなく自己と一体化《いったいか》した存在であり、その森が役人と神職の利己的欲心《よくしん》の為に容赦《ようしゃ》なく伐《き》り払《はら》われることに全《まった》く堪《た》え難《がた》かったのである。そうしてこう結論《けつろん》した。

「わが国の神社、神林《しんりん》、池泉《ちせん》は人民《じんみん》の心を清澄《せいちょう》(清らかに澄ますこと)にし、国恩《こくおん》のありがたきと、日本人は終始《しゅうし》日本人として楽しんで世界に立つべき由来《ゆらい》(物事《ものごと》のいわれ、由緒《ゆいしょ》、来歴《らいれき》)あるを、いかなる無学無筆《むがくむひつ》の輩《はい》にまでも円悟徹底《えんごてってい》(心の底から悟《さと》ること)せしむる結構至極《けっこうしごく》の秘密儀軌《ひみつぎき》(真言宗《しんごんしゅう》で仏《ほとけ》や菩薩《ぼさつ》を念誦《ねんしょう》し供養《くよう》する儀式軌則《ぎしききそく》。またこれらの儀式軌則を記《しる》した経典《きょうてん》。つまり神社は文字には記すことは出来ないが、人々を教化《きょうか》する最高の教えを示す根源《こんげん》の場《ば》という意味）たるにあらずや。加《しかのみならず》之、人民を融和《ゆうわ》（とけ合って一つになること）せしめ、社交《しゃこう》（世間のつきあい）を助け、勝景《しょうけい》（すぐれた景色）を保存《ほぞん》し、史蹟《しせき》を重《おも》んぜしめ、天然記念物《てんねんきねんぶつ》を保護《ほご》する等《など》、無類無数《むるいむすう》の大功《たいこう》あり」

本来《ほんらい》ならば神社界の人々、神職者《しんしょくしゃ》、神道家《しんとうか》が言わねばならぬことを、熊楠《くまぐす》一人敢然《ひとりかんぜん》（勇気をふるうこと）正論《せいろん》をのべたのである。明治時代の文明開化《ぶんめいかいか》・西洋《せいよう》化路線《かろせん》の中で、日本人は否応《いやおう》なしに西洋文明を摂取《せっしゅ》せざるを得《え》なかった。熊楠もまた十四年間も英米《えいべい》で学んだ。しかし熊楠は日本人として最も大切な「国民元気《げんき》道義《どうぎ》の根源《こんげん》たる神社」を忘れることはなかったのである。「日本民俗学《みんぞくがく》の母」といわれた民俗学者としての面目《めんぼく》がここに躍如《やくじょ》（生き生きしていること）としており、この「神社合祀に関する意見」は愛国の至情《しじょう》（最も深い感情）がほとばしる熊楠の一世一代《いっせいいちだい》の正論《せいろん》・卓論《たくろん》（すぐれた意見）にほかならなかったのである。

熊楠の懸命《けんめい》の努力は無駄《むだ》ではなかった。柳田國男などの有識者《ゆうしきしゃ》を動かし、その結果、大正七年、神社合祀令は遂《つい》に廃止《はいし》になった。しかし傷跡《きずあと》は深く、おびただしい神社がなくなり鎮守の森《ちんじゅのもり》が破壊《はかい》された。今日《こんにち》、森が人間社会にとり必須不可欠《ひっすふかけつ》の存在であり、環境《かんきょう》と生物の密接《みっせつ》な相互関係《そうごかんけい》を研究する生態学《せいたいがく》(エコロジー)の重要性が世界的に論じられているが、その先駆者《せんくしゃ》、先覚者《せんかくしゃ》こそ森の中で植物・生物と一体《いったい》となって森羅万象《しんらばんしょう》の「大不思議《だいふしぎ》」を生涯《しょうがい》、観察《かんさつ》、探究《たんきゅう》し続けた南方熊楠《みなかたくまぐす》であったのである。

昭和天皇へ御進講
――生涯の感激と悦び

生涯《しょうがい》、辺地《へんち》に埋《うず》もれて博物学に打ち込み粘菌《ねんきん》を採集《さいしゅう》、観察《かんさつ》し続けてきた熊楠《くまぐす》にとり、まるで夢のような出来事が出現《しゅつげん》した。それが昭和天皇への御進講《ごしんこう》である。帝国《ていこく》大学教授でも博士でもない全《まった》く無名《むめい》の在野《ざいや》(民間《みんかん》)の一研究者が天皇陛下に御進講を行うことは現在でもないし、まして当時《とうじ》では絶対にあり得ぬことであった。

しかし生物学を自ら研究される昭和天皇は、熊楠《くまぐす》の粘菌《ねんきん》研究を既《すで》に知っておられ、熊楠が博物学者・粘菌学者としてわが国稀有《けう》の世界的存在であることをご存《ぞん》知《ち》であり、その経歴《けいれき》も熟知《じゅくち》されていたのである。国内で熊楠の博物学者としての価値《かち》を知らず認める者がほとんどいない中にあって、昭和天皇だけが熊楠を高く評価《ひょうか》していたのだから、全《まった》く驚くべきことであった。御進講が決定したきっかけは、熊楠の粘菌学の弟子の一人、小畔四郎《こあぜしろう》が熊楠の採集《さいしゅう》した粘菌の標本《ひょうほん》を昭和天皇の皇太子時代に進献《しんけん》(献上《けんじょう》すること)したことにあった。皇太子殿下はかねて粘菌に関心《かんしん》を持たれていたが、この進献により、わが国に世界一の粘菌学者が存在していたことに驚嘆《きょうたん》されたのであった。親族《しんぞく》に見限《みかぎ》られ、子分《こぶん》たち以外の見知らぬ者からは大酒飲みの変人《へんじん》・奇人《きじん》扱《あつか》いされ、専門学者からも無視されていた熊楠を、昭和天皇だけがその真価《しんか》を見抜かれたのである。御進講が確定《かくてい》したとき、熊楠の感激《かんげき》と悦びは名状《めいじょう》に尽《つく》しがたかった。熊楠は親しい知人にこうのべている。

「長生《ながい》きはすべきものなり。小生《しょうせい》のごとき薄運《はくうん》(運にめぐまれないこと・不運《ふうん》)のものすら長生きすれば、また天日《てんじつ》（太陽、天皇）を仰《あお》ぐ日《ひ》もあるなり。我が一門《いちもん》の光栄《こうえい》これに過ぎず。殊《こと》に直々《じきじき》の御説明《ごせつめい》を申し上ぐるは無上《むじょう》の面目《めんもく》たり。よって小生はひたすら謹慎罷《きんしんまか》り在《あ》り候《そうろう》（つつしみかしこまっております）」

ちょうどそのころ　樗《あふち（おうち）》　の花が咲いていたが、熊楠はこう吟《ぎん》じた。

ありがたき　御代《みよ》の　樗《あふ（う）ち》　の　花ざかり
（樗のあうと会うを掛けている）

進講後に妻（松枝）と記念撮影
（南方熊楠顕彰館（田辺市）所蔵）

昭和四年六月一日、熊楠六十二歳の時、昭和天皇はお召《め》し艦《かん》・戦艦長門《せんかんながと》により田辺湾《たなべわん》に到着《とうちゃく》され、午後神島《かしま》に渡られた。神島は面積わずか三町の小島だが、原始《げんし》の森に覆《おお》われた植物の宝庫《ほうこ》であり、熊楠の尽力《じんりょく》により乱伐《らんばつ》から守られ、保《ほ》安林《あんりん》・植物保護林《ほごりん》とされていた。熊楠《くまぐす》はこの神島《かしま》で陛下をお迎えし、そのあと長門において御進講の栄誉《えいよ》に浴《よく》した。

午後五時半から開始された。陛下のかたわらには文武《ぶんぶ》の高官《こうかん》が居並《いなら》んだ。熊楠が足が悪いのをご存知《ぞんじ》の陛下は、はじめに「おかけなさい」とお言葉をかけられたが、熊楠は御前《ごぜん》少し前のところに終始起立《しゅうしきりつ》し、多種多様《たしゅたよう》の標本《ひょうほん》を次々《つぎつぎ》に御覧《ごらん》に入れた。海蛇《うみへび》や海にすむ珍しい蜘蛛《くも》とその巣《す》などもあった。最後に日本産粘菌《ねんきん》各十種入りの箱十一個、一一〇種を献上《けんじょう》した。陛下は熊楠の説明に時にお笑いになり心からご満足のご様子《ようす》でお聴《き》きになられた。予定の二十五分で終わったが、陛下は「もう少し続けなさい」とうながされた。この間、ご下問《かもん》がいくつかなされた。こうして御進講はつつがなく終了《しゅうりょう》した。熊楠生涯《しょうがい》の光栄《こうえい》であった。陪席《ばいせき》(目上の人と同席《どうせき》すること)していた加藤寛治《ひろはる》海軍軍令部長(海軍大将)はロンドン以来《いらい》の再会《さいかい》だったがこの後《あと》手紙を寄こして、「往日《おうじつ》は久方《ひさかた》ぶりの拝姿《はいし》、相変《あいかわ》らず神気《しんき》(すぐれた精神、気力《きりょく》のこと)満身之御風格《まんしんのごふうかく》」と称《たた》えた。加藤の見る通り熊楠は「神気満身」の真《しん》の日本人であった。熊楠はこの日の言い知れぬ感激を次の歌に詠《よ》んだ。

一枝《ひとえだ》も　こころして吹《ふ》け　沖《おき》つ風《かぜ》
　わが天皇《すめらぎ》の　めでましし森ぞ

沖つ風＝沖の風　めでましし＝ほめたたえられること　森＝神島

この歌は石に刻《きざ》まれ、今日《こんにち》、行幸記念碑《ぎょうこうきねんひ》として田辺市にある。

昭和天皇はそれまで全く無名《むめい》だった在野《ざいや》の一学者を深く心にとどめられその後、宮中《きゅうちゅう》では熊楠についてしばしば話題《わだい》にされた。熊楠が亡くなった時、その死を悼《いた》み「南方《みなかた》は惜《お》しいことをした」と言われた。昭和三十七年五月、天皇陛下・皇后陛下は南紀《なんき》（和歌山県南部）に行幸啓《ぎょうこうけい》

記念館庭園に立つ昭和天皇御製の歌碑
（（公財）南方熊楠記念館提供）

された。天皇陛下は熊楠《くまぐす》を追懐《ついかい》（思い出してしのぶこと）されてこう詠《えい》じられた。

雨にけぶる　神島《かしま》を見て　紀《き》伊の国《くに》の
　生《う》みし南方《みなかた》熊楠を思ふ（う）

昭和天皇は三十数年前に一度だけ会った熊楠を忘れられることがなかったのである。それほど深い印象《いんしょう》を受けられたのである。昭和天皇がこのように人の姓《せい》名《めい》をお歌に入れられた例はほとんどあるまい。昭和天皇お一人だけが熊楠が世界一の粘菌《ねんきん》学者であり、稀有《けう》の世界的博物学者であることを早くより認められ、かくも親愛《しんあい》あふれる御製《ぎょせい》を詠《よ》まれたのである。熊楠はあの世で感泣《かんきゅう》にむせんだことであろう。

深い宗教性・霊性《れいせい》の上に立つ学問・思想

昭和天皇がその人物と学問をかくも深く認《みと》められた熊楠が、いかに名状《めいじょう》に尽《つ》くしがたい類稀《たぐいまれ》な世界的学者であったか終りにのべよう。

南方熊楠は世界的な博物学者にして世界一の粘菌学者であった。大正十三年の時、熊楠はこうのべている。

「最も専門的なるは『日本菌譜《きんふ》』で、これは極彩色《ごくさいしょく》の図《ず》に細字英文《さいじえいぶん》で記載《きさい》をそえ、たしかに出来た分《ぶん》、三千五百図これ有り。実《じつ》に日本の国宝《こくほう》なり」

昭和四年にはこうのべている。

「小生《しょうせい》は久《ひさ》しく菌学《きんがく》を修《おさ》め、只今凡《ただいまおよ》そ七千種の日本産を集めあり。内四千種は極彩色《ごくさいしょく》にて図画《ずが》し、記載《きさい》（細字英文）を致《いた》しあり。実《じつ》に東洋第一の菌類の大集彙《だいしゅうい》（収集《しゅうしゅう》）に候《そうろう》」

結局《けっきょく》、熊楠が採集した隠花植物は、乾燥標本《かんそうひょうほん》が、粘菌類《ねんきんるい》六〇〇一点、真菌類《しんきんるい》（キノコ等）六五八八点、地衣類《ちいるい》（菌類《きんるい》と藻類《そうるい》の共生体）二〇六点、藻類《そうるい》三二一〇点、蘚《せん》苔類《たいるい》（コケ類）三四五点、プレパラート標本《ひょうほん》が真菌類、藻類その他四六八二点、以上合計一八、一三二点である。実に膨大《ぼうだい》な標本だが、一生のうち万単位の標本を採集した学者・研究者は他にもあるが、熊楠《くまぐす》ほど多くの図と記載文《きさいぶん》(全《すべ》て英文)を残した研究者はほかにいない。熊楠が一人で描いた菌類についての細字《さいじ》の英文つきの彩色図《さいしょくず》の写真版を見る時、その飽《あ》くことなき観察《かんさつ》と精魂込《せいこんこ》めた努力に唯々《ただただ》圧倒《あっとう》され頭が下《さ》がる。日本は世界一の粘菌国であり、世界の半分二四〇種ほどあるが、熊楠は、「小生殆《ほとん》ど一人の力で世界で日本は一等国の列に入《はい》りおり申し候《そうろう》」とのべている。全《まった》く熊楠は世界一の粘菌学者であったのである。

民俗学《みんぞくがく》における業績《ぎょうせき》と活躍《かつやく》は既述《きじゅつ》した通り、その功績《こうせき》は柳田國男《やなぎたくにお》と並ぶ。

また森の大切《たいせつ》さと自然の保護《ほご》の重要さをいち早く唱えた生態学《せいたいがく》の草分《くさわけ》であった。和漢洋《わかんよう》の学問と思想の広大さと深さは誰一人として追随《ついずい》する者はなかった。今日、南方邸《みなかたてい》に残されている洋書は一七六二冊である。英米時代に読んだ洋書を加えると生涯《しょうがい》読んだ洋書は数知れない。和漢の書はそれを遙《はる》かに上回《うわまわ》る。田辺時代の読書も猛烈《もうれつ》で、仏教の大蔵経《だいぞうきょう》(一切経《いっさいきょう》ともいう)の筆写《ひっしゃ》をしているが二十冊のノートに細字《さいじ》でびっしり書きこまれており四千頁を超える膨大《ぼうだい》な量である。熊楠は並びなき天才に違いないが、他人に数倍する不断《ふだん》の努力を生涯にわたり積《つ》み重《かさ》ねた人物であった。

そうして西洋の自然科学や人文科学という枠組《わくぐみ》を超越《ちょうえつ》した別種《べっしゅ》の学問と論理《ろんり》、「不思議」「大不思議」の真理を探究《たんきゅう》した。言葉を換《か》えて言うと生命の根源《こんげん》を尋《たず》ねる宇宙・天地自然・森羅万象《しんらばんしょう》を対象《たいしょう》とする学問、いのちの神秘《しんぴ》といのちの全《ぜん》体像《たいぞう》を探究する壮大《そうだい》な学問であった。熊楠は深く信仰し崇敬《すうけい》する真言宗《しんごんしゅう》開祖《かいそ》弘《こう》法大師《ぼうだいし》空海《くうかい》と実《じつ》に似通《にかよ》っている。空海は入唐《にゅうとう》して二年後密教《みっきょう》第八祖《そ》として帰朝《きちょう》したが、二十年間の留学期限《りゅうがくきげん》を破ったとして三年間入京《にゅうきょう》を禁ぜられた。仏教の真髄《しんずい》を極《きわ》めた空海の超絶《ちょうぜつ》（誰よりも抜きんでていること）した偉さを正しく評価できる人物は当時の日本に絶無《ぜつむ》であったからである。熊楠は和漢洋の学問を極《きわ》めた世界一の学者だったが、国内に誰一人それを認める者なく、家族から疫病神《やくびょうがみ》扱《あつか》いされ辺地《へんち》に追い払《はら》われた。熊楠は尊敬する空海と同じく古今稀《ここんまれ》に見る人物の一人であった。空海が後世《こうせい》に遺《のこ》した最大の弟子が二宮尊徳《にのみやそんとく》とともに南方熊楠であった。全《まった》く既成《きせい》の学問《がくもん》の枠《わく》に収《おさ》まらない型破《かたやぶ》り、桁外《けたはず》れの古今独歩《ここんどっぽ》の大学者、日本民族の生んだ一大天才であったのである。

熊楠は頭脳《ずのう》において特別に傑出《けっしゅつ》していただけではなかった。深い宗教心と高い霊性《れいせい》こそその本領《ほんりょう》（主要《しゅよう》な特色《とくしょく》）であった。だからこそ「大日如来《だいにちにょらい》」の「大不思議《だいふしぎ》」を直観《ちょっかん》しえたのである。紀州《きしゅう》徳川家の当主《とうしゅ》、侯爵徳川頼倫《こうしゃくとくがわよりみち》は稀《まれ》に見る人格者として人々から仰《あお》がれたが、かねて熊楠を敬愛《けいあい》することが殊《こと》のほか深かった。大正十年わざわざ田辺の熊楠邸までやって来て歓談《かんだん》したが、辞去《じきょ》するとき熊楠の人物・人格に改めて深く打たれて「いかにも高い」と嘆美《たんび》、絶賛《ぜっさん》してやまなかった。わが国の近現代、学問・思想の世界に南方熊楠《みなかたくまぐす》という至宝《しほう》（この上なき宝物）を持《も》ち得《え》たことは、日本民族の誇りであり悦びであると言わなければならない。

参考文献

『南方熊楠全集』全12巻　平凡社　昭和46〜50年
『南方熊楠日記』全4巻　八坂書房　昭和62〜64年
『南方熊楠コレクション』全5巻　中沢新一解題　河出文庫　平成3〜4年
『十二支考』上・下　南方熊楠　岩波文庫　平成6年
『高山寺蔵南方熊楠書簡―土宜法龍宛一八九三―一九二二』藤原書店　平成22年
『柳田國男南方熊楠往復書簡』平凡社　昭和51年
『南方熊楠　珍事評論』長谷川興蔵・武内善信校訂　平凡社　平成7年
『南方熊楠英文論考〔ネイチャー〕誌篇』集英社　平成17年
『南方熊楠英文論考〔ノーツアンドクエリーズ〕誌篇』集英社　平成26年
『南方熊楠大事典』松居竜五・田村義也編　勉誠出版　平成24年
『森のバロック』中沢新一　講談社学術文庫　平成18年
『熊楠の星の時間』中沢新一　講談社　平成26年
『南方熊楠』唐澤太輔　中公新書　平成25年

『南方熊楠の見た夢　パサージュに立つ者』唐澤太輔　勉誠出版　平成24年
『南方熊楠一切智の夢』松居竜五　朝日選書　平成3年
『南方熊楠　複眼の学問構想』松居竜五　慶應義塾大学出版会　平成26年
『熊楠さん、世界を歩く』松居竜五　岩波書店　令和6年
『南方熊楠と「事の学」』橋爪博幸　鳥影社　平成17年
『南方熊楠と宮沢賢治』鎌田東二　平凡社新書　令和2年
『南方熊楠』笹井清　吉川弘文館　昭和42年
『南方熊楠―人と学問』笠井清　吉川弘文館　昭和55年
『南方熊楠―親しき人々』笠井清　吉川弘文館　昭和56年
『縛られた巨人南方熊楠の生涯』神坂次郎　新潮文庫　平成3年
『南方熊楠』鶴見和子　講談社学術文庫　昭和56年
『南方熊楠・萃点の思想』鶴見和子　藤原書店　平成13年
『岳父・南方熊楠』岡本清造　平凡社　平成7年
『大博物学者 南方熊楠の生涯』平野威馬雄　株式会社リブロポート　平成3年
『くまくす外伝』平野威馬雄　濤書房　昭和47年

第二話　南方熊楠——「大不思議」を探究した「日本人の可能性の極限」

『巨人伝』上・下　津本陽　文春文庫　平成４年
『南方熊楠』飯倉照平　ミネルヴァ書房　平成18年
『覚書南方熊楠』中瀬喜陽　八坂書房　平成５年
『南方熊楠百話』八坂書房　平成３年
『闘う南方熊楠—「エコロジー」の先駆者』武内善信　勉誠出版　平成24年
『熊楠—生命と霊性』安藤礼二　河出書房新社　令和２年
『別冊太陽 南方熊楠 森羅万象に挑んだ巨人』平凡社　平成14年
『未完の天才南方熊楠』志村真幸　講談社現代新書　令和５年
『南方熊楠 人と思想』飯倉照平編　平凡社　昭和49年
『南方熊楠』保永貞夫　講談社火の鳥伝記文庫　平成５年
『南方熊楠の世界』徳間書店　平成14年
『南方熊楠　開かれる巨人』河出書房新社　平成19年
『南方熊楠アルバム』八坂書房　平成２年

ほか

第三話

牛島　満

――皇国を救った沖縄玉砕戦《ぎょくさいせん》

牛島　満

明治20年(1887)～昭和20年(1945)　鹿児島市出身。陸軍軍人。陸軍大将。昭和19年(1944)、戦況悪化の中で第32軍司令官に着任し、沖縄戦を指揮。昭和20年6月23日、司令部壕で割腹自決した。

1、偉大《いだい》なるかな人格の力
――部下が悦服《えっぷく》した名将《めいしょう》

日米最大の激戦・沖縄戦の主将《しゅしょう》

大東亜戦争《だいとうあせんそう》における日米最大の激戦《げきせん》は沖縄戦《おきなわせん》であった。昭和二十年三月から六月まで約三ヵ月間の戦いは、アメリカ軍に甚大《じんだい》(とても大きいこと)な打撃《だげき》を与えた。全滅《ぜんめつ》したとは言え牛島満《うしじまみつる》陸軍中将《ちゅうじょう》(死後大将《たいしょう》)の率《ひき》いる日本軍の壮絶《そうぜつ》(きわめて雄大《ゆうだい》なこと)極《きわま》りない三ヵ月の奮戦《ふんせん》は、結局《けっきょく》日本を亡国《ぼうこく》より救う戦いとなった。

『日本の偉人物語6』の昭和天皇の項《こう》でのべた通り、アメリカは当初《とうしょ》わが国に対して天皇の廃絶《はいぜつ》（廃止《はいし》・絶滅《ぜつめつ》）をはかる無条件降伏《むじょうけんこうふく》を要求《ようきゅう》していたが、ペリリュー島の戦い（昭和十九年九～十一月）、硫黄島《いおうとう》の戦い（昭和二十年二～三月）並びに沖縄戦に代表される玉砕戦《ぎょくさいせん》（全滅戦《ぜんめつせん》）と神風《かみかぜ》及び回天特攻《かいてんとっこう》（航空機及び特殊潜航艇《とくしゅせんこうてい》による特別攻撃）戦の死戦死闘《しせんしとう》によってもたらされたこの上ない物理的心理的打撃に耐《た》え兼《か》ねて、ついに無条件降伏要求を取り下げ、皇室《こうしつ》の存続《そんぞく》を容認《ようにん》する有条件降伏《ゆうじょうけんこうふく》（すなわちポツダム宣言十三カ条）に変更《へんこう》せざるを得《え》なかったのである。

太古《たいこ》（大昔《おおむかし》）の神話《しんわ》の時代から皇統《こうとう》（皇室《こうしつ》の血統《けっとう》）が断絶《だんぜつ》することなく連綿《れんめん》（長く続いて絶えないこと）として続く世界に比類《ひるい》なき万世一系《ばんせいいっけい》の天皇を戴《いただ》く最古最長《さいこさいちょう》の歴史を有する王朝《おうちょう》たる皇国日本《こうこくにっぽん》を、牛島大将《うしじまたいしょう》を始めとする先人達《せんじんたち》が命を捧《ささ》げて護《まも》り抜《ぬ》いた歴史を子孫《しそん》である私たちは知る義務《ぎむ》がある。

ことに沖縄戦において日本軍は圧倒的《あっとうてき》な戦力差《せんりょくさ》にもかかわらず僅少《きんしょう》（わずか）な戦力を以《もっ》て、アメリカ軍の予想《よそう》を遙《はる》かに上回《うわまわ》る長期間の抗戦《こうせん》を行った。その人《にん》間業《げんわざ》とは思われぬ戦いぶりは米軍《べいぐん》を震撼《しんかん》（ふるえおののくこと）せしめ将兵《しょうへい》を恐怖《きょうふ》のどん底《ぞこ》に陥《おとしい》れ、米軍に二万六千名もの精神障害者《しょうがいしゃ》（日本軍と戦うことを恐《おそ》れて精神に異常《いじょう》をきたし戦場に出られなくなる米兵《べいへい》）を出した。こうした日本軍の言語《げんご》に絶《ぜっ》する勇戦《ゆうせん》死闘を可能ならしめたのは、ひとえに卓越《たくえつ》（はるかにすぐれていること）した統率力《とうそつりょく》（人々をひきいる能力）と人間性を有《ゆう》した第三十二軍司令官牛島満《うしじまみつる》が存在したからである。

　阿南惟幾《あなみこれちか》、今村均《いまむらひとし》両陸軍大将と並ぶ大東亜戦争の代表的将帥《しょうすい》（軍隊の指揮者・統率者）牛島満大将はいかなる人物であったろうか。牛島の率《ひき》いる日本軍がいかに戦い皇国《こうこく》日本を救い上げたかについて、後世《こうせい》の日本人は正しく知らねばならない。護国《ごこく》の忠霊《ちゅうれい》・靖国《やすくに》の英霊《えいれい》が皇国日本を護持《ごじ》せんとして身命《しんめい》を献《ささ》げた尊い血《けつ》涙《るい》の歴史に対して深厚《しんこう》なる尊敬と感謝の誠の心を以て謙虚《けんきょ》に学ぶことこそ、日本人の自覚《じかく》と誇りの根源《こんげん》（根本《こんぽん》）となるからである。

思いやりの深い薩摩隼人《さつまはやと》

牛島満《うしじまみつる》は明治二十年七月三十一日、東京に生まれた。父は陸軍中尉《ちゅうい》牛島実満《さねみつ》、母は竹子《たけこ》、父は牛島が生まれた翌年正月急逝《きゅうせい》（急死すること）した。兄が二人、姉が一人いた。牛島家は薩摩藩士《さつまはんし》の出《で》である。竹子は満誕生後、鹿児島に戻《もど》った。

竹子は薩摩藩士の娘で典型的《てんけいてき》（模範的《もはんてき》）な薩摩女性の品格《ひんかく》を備えた美しい長身の人だった。子供の教育に尽《つく》し武士道を躾《しつけ》ることに心を砕《くだ》いた。薩摩中興《ちゅうこう》（一度衰えたものを中頃で再び盛んにすること）の英主《えいしゅ》（すぐれた君主）島津《しまづ》忠良《ただよし》の「日新公《にっしんこう》いろは歌《うた》」四十七首を子守歌《こもりうた》として聞かせた。薩摩武士は三百年間これを暗誦《あんしょう》（暗記）して武士の生き方の手本《てほん》として学んだが、明治期もこの教育は引き継がれた。

末っ子の満は母、兄姉から温く見守られ心身《しんしん》ともに健《すこ》やかに成長した。母に似《に》て長身で体格すぐれた美丈夫《びじょうぶ》であり、正直《しょうじき》、誠実《せいじつ》、温良《おんりょう》（おだやかで素直《すなお》なこと）で思いやり深く同情心が極《きわ》めて厚かった。口数は少い方で外見《がいけん》はおっとりとした悠《ゆう》揚迫《ようせま》らざる（ゆったりしてこせこせしないこと）薩摩隼人《はやと》（薩摩人の別称《べっしょう》）の一典型《いちてんけい》（手本）であった。何より人柄《ひとがら》が良くすぐれた人間性の持主であったのである。

七歳のとき小学校に入ったが成績は抜群《ばつぐん》（とび抜けていること）だった。十一歳からは学校のほかに、高見学舎《たかみがくしゃ》という私塾《しじゅく》で国史国文《こくしこくぶん》や論語《ろんご》などの漢学《かんがく》を別に学んだ。この塾では心身《しんしん》の鍛練《たんれん》を重んじ、子供たちに勇壮《ゆうそう》（勇ましく盛《さか》んなこと）な荒っぽい競技《きょうぎ》を行わせた。戦国時代以来の「郷中教育《ごじゅうきょういく》」の伝統《でんとう》が尚脈々《なおみゃくみゃく》（絶えず続くこと）と生きていた。

明治三十三年、第一鹿児島中学校に入学した。ここでも優秀だった牛島は翌年十四歳のとき、熊本陸軍地方幼年《ようねん》学校に入学した。幼年学校は熊本のほか陸軍の師団所在地《しだんしょざいち》（東京・仙台・名古屋・大阪・広島）におかれた。幼年学校のあと陸軍士《し》官《かん》学校に進み将校《しょうこう》（少尉《しょうい》以上の武官《ぶかん》）となる。父が軍人だったから牛島は迷うことなくこの道を選んだ。

牛島は三年間一心《いっしん》に学んだ。誠実《せいじつ》、善良《ぜんりょう》で思いやりある人柄《ひとがら》は誰からも親しまれた。明治三十七年、東京にある陸軍中央幼年学校に進んだ。各地の幼年学校卒業者がさらに一年ここで学びそのあと陸軍士官《しかん》学校へ進むのである。

そのころの逸話《いつわ》(世に知られていない話)がある。同期生《どうきせい》の一人が馬術《ばじゅつ》練習のとき馬に蹴《け》られ足に重傷《じゅうしょう》を負《お》った。年末年始《ねんまつねんし》の休みが近づいたが、歩けず外出《がいしゅつ》が出来ない。休みに入った当日《とうじつ》、牛島は「おい鷹森《たかもり》、外出したいだろうな」というと、「無論《むろん》のことさ」と答えた。すると牛島はこう言った。「ようし、俺がおぶっていってやる。その代《かわ》り、外出中は俺のいうことに絶対服従《ふくじゅう》だぞ。これはね、軍《ぐん》医《い》さんの許可《きょか》ずみだから安心《あんしん》しろよ」

それから一週間、牛島は毎日鷹森を帯でくくりつけて背負《せお》い東京市内をあちこち歩いた。鷹森は牛島の友情に泣いた。ひときわ体力のある大男の牛島は鷹森を軽々《かるがる》と背負って、にこにこ顔でむしろそうすることを喜んでいた。こうした思いやり、同情心の深さが牛島の天性《てんせい》であり、部下が心から悦服《えっぷく》(悦《よろこ》び服従《ふくじゅう》すること)した人並《ひとなみ》すぐれた人間性であった。


大楠公・西郷・乃木・東郷を軍人の鑑《かがみ》と仰ぐ

明治三十九年、陸軍士官《しかん》学校第二十期生として入学した。人柄《ひとがら》・頭脳《ずのう》ともにすぐれていた牛島の成績は抜群《ばつぐん》であり、ことに戦術学《せんじゅつがく》は一番であった。剣道始め武道《ぶどう》においても傑出《けっしゅつ》（とび抜けてすぐれていること）、ことに器械体操《きかいたいそう》は得意中《とくいちゅう》の得意だった。酒は弱くあまり飲めなかったが、食欲は人一倍旺盛《おうせい》（盛んなこと）で、仲間からは「牛」という渾名《あだな》（本名《ほんみょう》とは別にその人の特徴《とくちょう》をとらえてつける名前）をつけられた。何かご馳走《ちそう》がある時など、「ぐずぐずしているとみんな牛に喰《く》われてしまうぞ」と冗談《じょうだん》を言われた。明治四十一年に卒業、最優秀者の一人として「恩賜《おんし》（天皇陛下から賜《たまわ》ること）の銀《ぎん》時計《どけい》」を戴《いただ》く光栄《こうえい》に浴《よく》した。時に二十一歳。

　そのあと歩兵少尉《ほへいしょうい》として近衛《このえ》歩兵第四連隊《れんたい》に配属《はいぞく》（部署《ぶしょ》に割《わ》り当《あ》てられて付属《ふぞく》すること）されて軍務《ぐんむ》に精励《せいれい》（心をこめてつとめること）した。

陸軍士官学校を卒業した少尉時代（明治42年）（『沖縄軍司令官 牛島 満伝』より）

牛島が日本人の模範《もはん》、軍人《ぐんじん》の鑑《かがみ》（手本《てほん》）として生涯《しょうがい》仰《あお》いだ人物は、楠木正成《くすのきまさしげ》・西郷隆盛《さいごうたかもり》・乃木希典《のぎまれすけ》・東郷平八郎《とうごうへいはちろう》である。牛島の人柄・風格《ふうかく》（品位《ひんい》、品格《ひんかく》、持ち味《もちあじ》）はこの四偉人《いじん》によく似《に》ていた。大正二年、牛島中尉《ちゅうい》は陸軍大学校に進み三年間学んだ。陸軍大学校は極《きわ》めて優秀な青年将校《しょうこう》が厳選《げんせん》（厳重に選ぶこと）されて入《はい》るが、この出身者が将来《しょうらい》、師団長《しだんちょう》や軍司令官《ぐんしれいかん》などになる。同校での成績は中ぐらいだった。

大正十年、結婚して君子夫人《きみこふじん》との間に五男一女（長男は夭逝《ようせい》）を授かった。大学校卒業後、陸軍歩兵《ほへい》学校教官《きょうかん》、シベリア派遣軍参謀《はけんぐんさんぼう》、歩兵第四十三連隊第一大隊《だいたい》長《ちょう》を歴任《れきにん》したあと、大正十四年、第一鹿児島中学校の配属将校《はいぞくしょうこう》になった。この年から現役《げんえき》将校を大学予科《よか》、高等学校、師範《しはん》学校、中学校に配属する制度が敷《し》かれた。第一次世界大戦後の軍縮《ぐんしゅく》によりわが国では四個師団《よんこしだん》が廃止《はいし》されて多くの将校が予備役《よびえき》に編入《へんにゅう》されたが、それでもなお余《あま》る将校のためにこうした制度が設《もう》けられたのである。

このとき牛島少佐《しょうさ》は中学校への配属将校を率先《そっせん》（先に立つこと）して志願《しがん》したの

である。それは陸軍大学校出《で》の優秀な将校のすることではなかった。軍縮の結果、多くの少壮《しょうそう》・青年将校が陸軍を去ることを余儀《よぎ》なく（ほかにすべき方法がないこと）されたが、その中には牛島の同期生《どうきせい》、先輩後輩《せんぱいこうはい》が少なからずいた。牛島は彼らを辛《つら》い気持で見送った。牛島は大学校出だから予備役編入《よびえきへんにゅう》はありえない。大学校出身者が中学校の配属将校になったのは牛島ただ一人だった。陸軍を去った仲間のことを思って、晴《は》れがましい要職《ようしょく》につくことを求めずこの地味《ぢみ》な道を選んだところに、誰にも真似《まね》できない牛島の香《かお》り高い人間性があった。

鹿児島一中の校長、教師、生徒、父兄《ふけい》たちは陸大出《りくだいで》の牛島がやって来たことを大歓迎《だいかんげい》した。また牛島が同校《どうこう》出身者であることが喜びを倍加《ばいか》させた。牛島が自《みずか》ら志願《しがん》したことを知った教師と生徒の感激《かんげき》は大きかった。牛島は三年間、真心《まごころ》と慈《じ》愛《あい》をもって生徒に接《せっ》した。授業時間だけではなく放課後《ほうかご》も彼らと行動をともにすることを楽しみとした。褌《ふんどし》ひとつになって相撲《すもう》もとった。相撲部の二十九人を投げ倒《たお》し、三十人目の主将《しゅしょう》に倒されたこともあった。まったく垣根《かきね》のない裸のつき合いであった。牛島は全生徒から親愛《しんあい》され畏敬《いけい》されて慈父《じふ》のごとく仰慕《ぎょうぼ》されるのである。

雌伏時《しふくじ》の修養練磨

昭和二年、牛島は中佐《ちゅうさ》に進み翌年、都城《みやこのじょう》（宮崎県）の歩兵《ほへい》第二十三連隊《れんたい》の連隊付《つき》中佐として大佐《たいさ》の連隊長を補佐《ほさ》した。牛島の仕事ぶりはここでも立派で非《ひ》の打《うち》所《どころ》はなかった。ところが同連隊が所属《しょぞく》する熊本第六師団《しだん》の福田雅太郎《ふくだまさたろう》師団長《しだんちょう》がどういうわけか牛島を毛嫌《けぎら》いし、「牛島は虫が好かん。牛島はくびだ」と回《まわ》りに言い放《はな》った。牛島のような誰からも敬愛された人格者に対しても、このように思う人もあったのだ。あやうく首になるところだったが、福田はまもなく転任《てんにん》したため、馘首《かくしゅ》（首になること）を免《まぬが》れた。

昭和四年、牛島は下関要塞司令部《しものせきようさいしれいぶ》参謀《さんぼう》に転《てん》じた。司令部参謀は牛島一人で部隊将兵《しょうへい》はごく少数だった。要塞司令部はいくつかあったが閑職《かんしょく》（仕事がひまな役職）中《ちゅう》の閑職扱《あつか》いされ、その司令官や参謀は決して優秀な将校の望む軍職《ぐんしょく》ではなかった。東京湾要塞司令官《ようさいしれいかん》は「東京湾用無《ような》い司令官」などと陰口《かげぐち》をたたかれ、同司令官は陸軍三大閑職の一つといわれたりした。

昭和六年、大佐《たいさ》に進み、陸軍戸山《とやま》学校教育部長になった。同校は射撃《しゃげき》、剣術《けんじゅつ》、体操等《たいそうとう》につき下士官《かしかん》(少尉《しょうい》より下、兵より上の軍人の階級)の中堅幹部《ちゅうけんかんぶ》を養成《ようせい》する学校である。牛島はここでも率先垂範《そっせんすいはん》(手本を示すこと)、身《み》を以《もっ》て部下を指導した。得意の剣術や体操で学生とともに汗を流した。運動は何《なん》でもやり、走《はし》り幅《はば》とびは五・三メートル跳《と》び、下士官達《かしかんたち》も顔色《がんしょく》がなかった(圧倒《あっとう》されて顔が青くなること)。腕相撲《うでずもう》は誰一人かなう者はなかった。体力抜群《ばつぐん》だった牛島は何より健康につとめた。常に健康に留意《りゅうい》して身体《しんたい》を鍛《きた》え抜《ぬ》いてこそ、いざというとき軍人はお役に立てるとの信念《しんねん》に基《もと》づき、誰よりも心身《しんしん》の練磨《れんま》に励んだのである。

牛島は剣道の達人《たつじん》でもあった。そのころ陸軍中央幼年《ようねん》学校校長(この役職も陸軍三大閑職の一つといわれた)が阿南惟幾《あなみこれちか》少将《しょうしょう》だが、阿南も達人といわれ、阿南と牛島が陸軍剣道家の双璧《そうへき》(二つの宝・両雄)であった。二人は風格《ふうかく》(人柄・品格・持ち味)がよく似ていた。年齢は同じである。ともに陸軍大学校出だが最優秀者ではなかった。天才・秀才型ではなく地道《じみち》な努力型であった。陸軍省《りくぐんしょう》や参謀本部《さんぼうほんぶ》勤《づと》めより戦闘部隊の指揮官《しきかん》が向いており、戦いのないときは部下の教育に精《せい》を出すのが性《しょう》に合《あ》っていた。ともに雌伏《しふく》の時代が長く将来《しょうらい》をあまり期待されなかったが、この似通《にかよ》った二人は肝胆相照《かんたんあいて》らす莫逆《ばくぎゃく》の友《とも》(親友)として、終戦時《しゅうせんじ》もっとも重要《じゅうよう》な役割《やくわり》を果《は》たすのである(阿南は陸軍大臣をつとめて割腹自決《かっぷくじけつ》)。

配属将校《はいぞくしょうこう》から歩兵《ほへい》第一連隊長になる三十八歳から四十八歳までの約十年間は、牛島にとり自己《じこ》を鍛《きた》え磨《みが》き上《あ》げる貴重《きちょう》な試練《しれん》の時代であった。牛島が陸軍の代表的将帥《しょうすい》として祖国《そこく》の運命を担《にな》う人物となると思った者はいなかったが、牛島はいかなる立場においても誠意《せいい》を尽くし、逆境《ぎゃっきょう》の中にあって修養《しゅうよう》(品性を高くするために努力すること)を積《つ》み重《かさ》ねることを片時《かたとき》も忘れなかった。

歩兵第一連隊長

その後牛島は陸軍省高級副官《りくぐんしょうこうきゅうふくかん》を勤《つと》めた。それまで陸軍省や参謀本部《さんぼうほんぶ》という陸軍中央に勤めたことがなかった牛島は最初困惑《こんわく》(こまること)したが、ここでも四年間、誠実《せいじつ》に勤め上げた。

昭和十一年、牛島は歩兵《ほへい》第一連隊長《れんたいちょう》に任命《にんめい》された。軍人が将校《しょうこう》になって最も憧《あこが》れ名誉《めいよ》とすることは、天皇陛下より下賜《かし》された軍旗《ぐんき》を奉《ほう》ずる連隊長になることであった。歩兵第一連隊は「頭号連隊《とうごうれんたい》」とよばれ、第一連隊長は近衛《このえ》連隊長とともに大佐《たいさ》階級の最も名誉ある軍職《ぐんしょく》であった。牛島が軍人の鑑《かがみ》として仰《あお》いだ乃木《のぎ》希典《まれすけ》も第一連隊長をつとめた。長年《ながねん》の雌伏《しふく》(浮かびあがらないこと)の間《あいだ》ひたすら修《しゅう》養練磨《ようれんま》に励《はげ》んだ牛島の人物は周囲の認めるところとなり、俄然《がぜん》(にわかに)光を放《はな》つ時がやってきたのである。このとき四十八歳の牛島にとり、連隊長に任命され部下と苦楽《くらく》をともにすることこそかねての本懐《ほんかい》(本望《ほんもう》)であった。

同年五月、第一師団は満洲《まんしゅう》に派遣《はけん》された。昭和六年、満洲事変《まんしゅうじへん》が起き翌年、満洲国《まんしゅうこく》が建《た》てられた。その結果、満洲国の国防《こくぼう》・治安《ちあん》は日本軍が担《にな》うことになり各師団《かくしだん》が交代《こうたい》で派遣されるのである。歩兵第一連隊は第一師団の先発隊《せんぱつたい》として出発した。実《じつ》に日露戦争以来《いらい》三十年ぶりの出陣《しゅつじん》である。沿道《えんどう》に立ち並ぶ兵士の親兄弟たちの見送りを受けて、天皇陛下御下賜《ごかし》の風雨《ふうう》にさらされ破《やぶ》れ破れになった連隊旗《れんたいき》を先頭《せんとう》に銃《じゅう》を担《にな》って歩武堂々《ほぶどうどう》（勇ましいあしどり）、粛然《しゅくぜん》（おごそかなさま）と行進する連隊兵士《へいし》の出陣時《しゅつじんじ》の光景《こうけい》ほど神聖《しんせい》さに満ちた感激の深いものはない。それはその場に居合《いあ》わせその光景を見た者でしかわからないと言う。

満洲についた歩兵第一連隊の任務は警備《けいび》と治安《ちあん》である。牛島は部下をいかに指導したか。連隊全将兵《ぜんしょうへい》に対する訓示《くんじ》はこうであった。

一、任務《にんむ》を忘れるな
一、火事《かじ》を出すな
一、風邪《かぜ》をひくな
一、生水《なまみず》を飲むな

これを二回、大声で繰り返しただけである。簡潔明瞭《かんけつめいりょう》、大事なことだけのべて、だらだらと長い話はしない。大体《だいたい》、薩摩出身《さつましゅっしん》の軍将《ぐんしょう》は西郷隆盛《さいごうたかもり》・東郷平八《とうごうへいはち》郎《ろう》始めこういう人が多い。部下を真《しん》に思いやり苦楽《くらく》をともにする牛島の人柄は兵士たちにすぐに伝わり、兵士は牛島を「おやじ」と敬慕《けいぼ》した。各地の部隊を視察《しさつ》するとき、訓示の終りには必ずこうのべた。

「手や足を不潔《ふけつ》にしたり手入《てい》れを怠《おこた》ったりすると凍傷《とうしょう》になりやすいから注意するんだ。さ、君たちの手を見せてみよ」

二十歳、二十一歳の新兵《しんぺい》たちの手を前にさし出させ、一人《ひとり》一人丁寧《ていねい》に見てまわって言った。

「おう、みんなきれいにしている。よしよし。折《おり》を見てまた会いに来る。その時まで元気で頑張《がんば》るんだぞ」

居並《いなら》ぶ兵士たちの胸はジーンと来る。まるで親が子にさとすがごとき牛島に、連隊の全将兵《ぜんしょうへい》が心服《しんぷく》し悦服《えっぷく》した。冬季《とうき》は零下《れいか》二十度三十度になる満洲において、凍傷はおろかひびわれ、あかぎれのできた兵士は一人もいなかった。

牛島は昭和十二年三月、陸軍少将《しょうしょう》に進《すす》み、歩兵第三十六旅団長《りょだんちょう》に任命されて満洲を去った。時に四十九歳、わずか一年足らずだったが将兵たちは心から別れを惜《お》しんだ。朝夕《あさゆう》、牛島に接《せっ》した連隊旗手《きしゅ》伊藤常男少尉《つねおしょうい》は後年《こうねん》、敬慕《けいぼ》してやまなかった牛島についてこうのべている。

「連隊長《れんたいちょう》は職務《しょくむ》に対して至誠《しせい》(きわめて誠実なこと)謙虚《けんきょ》であった。また『大佐《たいさ》に進級《しんきゅう》し連隊長にしていただいたことは軍人として最大《さいだい》の名誉《めいよ》である』と言われ、心から至誠《しせい》の奉公《ほうこう》(天皇、国家、公《おおやけ》の為に身をささげること)をなされた。この至誠が部下に反映《はんえい》してか、全力を尽《つ》くして奉公しなければすまないような不思議な気《き》分《ぶん》が全連隊《ぜんれんたい》に漲《みなぎ》った。これが人徳《じんとく》(その人に備わっている徳)かと痛感《つうかん》させられた」

また伊藤少尉は当時の日記にこう記している。

昭和十一年十二月二十三日

連隊長の言動《げんどう》無慾《むよく》、学ぶべし。

昭和十二年一月二十二日

西堀《にしぼり》自動車中隊《ちゅうたい》配属《はいぞく》せられて寛甸《かんでん》に到着《とうちゃく》。当部隊に配属せらるることを喜ばれおられたり。連隊長の徳《とく》(人徳《じんとく》のこと)か。

同年二月十二日

連隊長殿《れんたいちょうどの》、帰還《きかん》せらる。親父《おやじ》の帰りたる感《かん》あり。

同年二月二十五日
連隊長殿、少将《しょうしょう》に進級《しんきゅう》せられ、歩兵《ほへい》第三十六旅団長《りょだんちょう》に御栄転《ごえいてん》の内命《ないめい》あり。祝詞《しゅくし》を申上げる気もしない（牛島との訣別《けつべつ》がつらいから）。
同年三月七日
寛甸《かんでん》旅館にて連隊長殿、柳沢《やなぎさわ》少佐《しょうさ》殿《どの》の送別会を実施《じっし》す。別るるに当《あた》り骨肉《こつにく》の情《じょう》（親・家族の情愛《じょうあい》）今更《いまさら》に新《あら》たなり。
同年三月八日
連隊長殿、告別《こくべつ》の辞《じ》あり。一同《いちどう》、感激裡《かんげきり》に別離《べつり》を惜《お》しむ。偉大《いだい》なる哉《かな》、人格の力。教訓《きょうくん》「悪かったら、悪くありましたと言え。良くて叱《しか》られたら黙《だま》っておれ。怒《おこ》ったら敗《ま》けだぞ」
同年三月十二日
牛島閣下《かっか》を見送りに安東《あんどう》に出張《しゅっちょう》。閣下の偉大なる人格に接するも今日限《きょうかぎ》りか。不言《ふげん》の中《うち》に輝《かがや》く人格の力。ただ今までの恩遇《おんぐう》（なさけ深い待遇《たいぐう》）を感謝《かんしゃ》するのみ。この精神を幾分《いくぶん》なりとも真似《まね》て御恩《ごおん》に報《むく》いよう。

同年三月三十一日

午後六時三十分安東発、牛島閣下転任《てんにん》の途《と》につかれる。何《なん》だか行《い》かれたような気持はせぬ。今もすぐ近くに居《お》られるような気持だ。考えると淋《さび》しい。

部下からこれほどの敬服《けいふく》を受けた将帥《しょうすい》はそう多くない。この牛島の稀有《けう》の「偉大なる人格の力」が、遂《つい》に皇国《こうこく》日本を護持《ごじ》しえた奇蹟《きせき》というしかない沖縄玉砕《おきなわぎょくさい》戦《せん》をやりとげることを可能にしたのである。

精強随一《せいきょうずいいち》の牛島旅団

――軍将《ぐんしょう》としての声価《せいか》いよいよ高まる

第一線の部隊長としてすぐれた統率力《とうそつりょく》を発揮《はっき》した牛島は、熊本第六師団歩兵《しだんほへい》第三十六旅団長《りょだんちょう》として鹿児島に赴任《ふにん》した。郷里《きょうり》に錦《にしき》を飾《かざ》ったことに、鹿児島一中の教師生徒始め県民たちがどんなに歓喜《かんき》したことか。陸軍最強の師団と謳《うた》われた第六師団は歩兵第十一旅団（熊本）と歩兵第三十六旅団からなり、同旅団は歩兵第二十三連隊（都城《みやこのじょう》）と歩兵第四十五連隊（鹿児島）からなる。

昭和十二年七月、盧溝橋事件《ろこうきょうじけん》が起《お》こりここから支那事変《シナじへん》が始まった。蔣介石《しょうかいせき》を頭首《とうしゅ》とする中華民国《ちゅうかみんこく》がアメリカ・イギリス・ソ連の強大な力を借りて日本と戦うことを決意して挑戦《ちょうせん》したのが、日本とシナとの戦いであり、わが国はこれを支那事《シナじ》変《へん》とよんだ。わが国は中華民国と戦う意志《いし》は少しもなかった。日本陸軍の主敵《しゅてき》はかつてはロシア、そのあとはソ連であり、海軍が戦う可能性があるとしたのはアメリカであり、決して中華民国ではなかった。

しかし中華民国《ちゅうかみんこく》はその前の清《しん》の時代から、強大な欧米諸国に対して屈従《くつじゅう》し依存《いぞん》

歩兵第 36 旅団長時代（前列中央・牛島）（昭和 12 年）
（前掲書より）

する体質《たいしつ》が骨《ほね》がらみの業病《ごうびょう》（悪いことをした報《むく》いでかかる難病《なんびょう》）となり、ついに米英ソ連を後楯《うしろだて》としてその虎《とら》の威《い》を借《か》りて対日《たいにち》戦争というこの上ない暴挙《ぼうきょ》（不法なふるまい）に出たのである。それが結局《けっきょく》、自国の破滅《はめつ》をもたらすことを洞察《どうさつ》（見通すこと）できなかった愚者《ぐしゃ》が蔣介石《しょうかいせき》であった。わが国はシナとの戦いを何《なん》としてでも回避《かいひ》せんと務《つと》めたが、蔣《しょう》介石の意志《いし》は不動《ふどう》で戦火《せんか》の拡大《かくだい》をはかり挑戦《ちょうせん》し続けたので、わが国はやむなく応戦《おうせん》せざるを得《え》なかったのである。

同年七月、第六師団に出動《しゅつどう》命令が下《くだ》り、歩兵第三十六旅団《りょだん》は八月、北京南方《ぺきんなんぽう》に配備《はいび》されて以後シナ軍と戦いを交《まじ》えたが、各地の戦闘にことごとく勝利した。牛島旅団はシナ軍に最も恐れられて、敵軍は第三十六旅団ときくだけで怖《お》じ気《け》を震《ふる》った。

あくまで日本との戦いに執念《しゅうねん》を燃やす蔣《しょう》介石は戦線《せんせん》を上海《しゃんはい》に拡大《かくだい》した。第六師団は十一月上旬、杭州湾《こうしゅうわん》に上陸、他の師団とともに南京《なんきん》に向って進撃《しんげき》した。十二月上旬《じょうじゅん》から中旬《ちゅうじゅん》にかけて行われたのが南京戦《なんきんせん》である。中支那《なかシナ》方面軍司令官《しれいかん》松井石根《まついいわね》大将《たいしょう》のもと六個師団が南京を包囲《ほうい》した。蔣介石は十二月八日、「南京を死守《ししゅ》すべし」とシナ軍に命ずるや、部下を見捨てて逃亡《とうぼう》した。戦いが不利とみるや、国家の最高指導者が真先《まっさき》に逃げるのがシナという国である。

十二月九日、松井軍司令官は多くの民間人《みんかんじん》が城内にいることを慮《おもんぱか》り、城内での戦闘を回避《かいひ》するためシナ軍に降伏《こうふく》を勧告《かんこく》（わけを説き勧《すす》めること）して南京の無血《むけつ》開城《かいじょう》を求めた。シナ軍に勝目《かちめ》は全《まった》くなかった。シナ民間人が戦火《せんか》の犠牲《ぎせい》になることを避《さ》ける為の松井大将の厚い人道的配慮《じんどうてきはいりょ》であり、全《まった》く適切至当《てきせつしとう》な措置《そち》であった。

ところが南京防衛軍司令官唐生智《ぼうえいぐんしれいかんとうせいち》はこれを拒絶《きょぜつ》、十日、猛烈《もうれつ》な砲撃《ほうげき》を以《もっ》て応《こた》えたのである。かくして十二月十二日、日本軍は総攻撃を開始した。牛島の率《ひき》いる歩兵第三十六旅団は同日夕方から夜にかけて西南方面から南京城に突入《とつにゅう》した。各師団いずれ劣らぬ勇戦《ゆうせん》を行い、翌十三日、南京は陥落《かんらく》した。十万の南京防衛軍はわずか一、二日で壊滅《かいめつ》（全滅すること）した。司令官の唐生智は部下を捨てて真先に逃亡《とうぼう》した。これがシナ軍の実体《じったい》であり昔変らぬ伝統《でんとう》であった。将も兵士もまともな人物はほとんどなく、士気《しき》低く、軍規《ぐんき》乱れ、戦えば必ず敗《ま》け、主将《しゅしょう》が逃げる最悪《さいあく》の軍隊《ぐんたい》がシナ軍であった。蔣介石《しょうかいせき》がこのようなシナ軍を率《ひき》いてあろうことかがむしゃらに日本に挑戦《ちょうせん》したのは、シナの背後《はいご》にアメリカ・イギリス・ソ連という強大国《きょうだいこく》が立ち、シナに強力な政治的軍事的経済的支援《しえん》をしていたからである。日本とシナとの戦い・支那《シナ》事変の本質《ほんしつ》は、日本対米・英・ソ連の戦いであり、それは大東亜《だいとうあ》戦争の事実上の前半戦《ぜんぱんせん》であったのである。

このあと牛島は翌十三年十二月まで各地を転戦《てんせん》(あちこちと場所を変えて戦うこと)、漢口《かんこう》にまで進撃《しんげき》した。いずれの戦闘においても牛島旅団《りょだん》の奮戦《ふんせん》目覚《めざ》ましく、野戦《やせん》で一番強いのは第三十六旅団との評価《ひょうか》が定《さだ》まり、牛島は陸軍指折《ゆびお》りの野戦の勇将《ゆうしょう》・名将《めいしょう》としての真価《しんか》を存分《ぞんぶん》に発揮《はっき》したのである。

2、日本の運命を担《にな》った沖縄戦

沖縄戦の主将（第三十二軍司令官）

牛島は昭和十四年、陸軍中将《ちゅうじょう》に進むとともに陸軍予科士官《よかしかん》学校長兼《けん》陸軍戸山《とやま》学校長になり、同年秋、第十一師団長《しだんちょう》（師団所在地《しょざいち》は香川県善通寺《ぜんつうじ》）に任命《にんめい》された。同師団の初代《しょだい》師団長が乃木希典《のぎまれすけ》である。第十一師団は日露戦争の旅順攻囲戦《りょじゅんこういせん》において奮戦《ふんせん》の限りを尽くした精強《せいきょう》（すぐれて強いこと）師団である。軍人の模範《もはん》と仰《あお》ぐ乃木の務《つと》めた歩兵第一連隊長のみならず第十一師団長まで拝命《はいめい》（官職《かんしょく》に任命

家族写真（陸軍予科士官学校長時代）（前掲書より）

されること）した牛島の感激はことのほか深かった。歩兵第一連隊と第十一師団、この「一」の重《かさ》なりは、日露戦争の勝敗を決する上に最も重要《じゅうよう》な働きをした乃木の運命《うんめい》と牛島の運命との深い重なりを感じさせる。つまり旅順戦が日本の命運《めいうん》（運命）を決する戦いとなったように、沖縄における牛島第三十二軍の三ヵ月間の死闘《しとう》は、皇国《こうこく》日本を亡国《ぼうこく》から救う最も重要な戦いになったのである。

この時、第十一師団は満洲国に派遣《はけん》されていたので、牛島は再び満洲において約二年間勤務した。その当時、ソ連軍は日本軍に対して無法《むほう》な挑発行動《ちょうはつこうどう》を繰《く》り返《かえ》し、昭和十三年に張鼓峰《ちょうこほう》事件《じけん》、昭和十四年にノモンハン事件を起こしていた。共産主《きょうさんしゅ》義国家《ぎこっか》ソ連はロシア帝国の侵略的本性《しんりゃくてきほんせい》を引《ひ》き継《つ》ぎ、明《あか》らさまに日本への敵対的《てきたいてき》姿勢《しせい》を示し満洲国への侵略行為《しんりゃくこうい》を続けていた。牛島はノモンハン事件を教訓《きょうくん》（教え）として二年間、実戦《じっせん》さながらの猛訓練《もうくんれん》と部下の教育に明《あ》け暮《く》れた。当時の牛島につき部下の一参謀《いちさんぼう》はこうのべている。

「牛島将軍《しょうぐん》（陸軍の大将・中将・少将に対して使われる。海軍は「提督《ていとく》」という）のおられるところは常《つね》に春風駘蕩《しゅんぷうたいとう》（春風が快《こころよ》く吹《ふ》くさま）として、自《おのずか》ら親近感《しんきんかん》を抱《いだ》かせるような言葉には言い表せない仁徳《じんとく》（仁愛《じんあい》の徳《とく》）があった。難局《なんきょく》（困難《こんなん》な局面《きょくめん》）に臨《のぞ》んで動《どう》ぜず、己《おの》れの信念《しんねん》に従《したが》い誠実《せいじつ》にしかも豪快《ごうかい》（雄大《ゆうだい》で見ていて気持のよいこと）に処理《しょり》（とりはからい始末《しまつ》をつけること）する風格《ふうかく》（人柄《ひとがら》、持《も》ち味《あじ》、品格《ひんかく》）には、〝頼《たよ》りになる親父《おやじ》〟といった深《ふか》い敬仰《けいぎょう》（敬《うやま》い仰《あお》ぐこと）を覚《おぼ》えさせられた。ある日の部《ぶ》隊長会合《たいちょうかいごう》の時、某連隊長《ぼうれんたいちょう》が〝牛島師団長《しだんちょう》の下《もと》で実戦《じっせん》に臨《のぞ》み、思い切りやってみたい〟と話しているのを耳にして、これがまことの統御《とうぎょ》（統《す》べおさめること・統率《とうそつ》）というものであろうと感銘《かんめい》（心に深く感じて忘れないこと）したことがある」

部下にこのように思わせることこそ統率者《とうそつしゃ》としての最も大切《たいせつ》な将徳《しょうとく》（軍将《ぐんしょう》が持つべき徳・徳性《とくせい》）である。牛島の気高《けだか》い人格に基《もと》づく卓越《たくえつ》（ずば抜けてすぐれていること）した統率力《とうそつりょく》は陸軍将帥《しょうすい》（指揮者・統率者）中一、二であったろう。それゆえにこそ彼我《ひが》の戦力《せんりょく》が全《まった》く懸絶《けんぜつ》（かけ離《はな》れていること）する沖縄戦において、アメリカ軍に日本軍を上回る大損害《だいそんがい》を与え、米軍将兵《べいぐんしょうへい》を震《ふる》え上《あ》がらせて恐怖《きょうふ》のどん底に陥《おとし》いれる戦いを行いえたのである。

その後、牛島は昭和十六年、満洲の公主嶺《こうしゅれい》学校長、翌年、陸軍士官《しかん》学校長を歴《れき》任《にん》した。陸軍予科《よか》士官学校長、陸軍戸山《とやま》学校長と合わせて四校の校長を勤《つと》めたのは牛島だけである。牛島は誰にも劣らぬ実戦《じっせん》の雄《ゆう》であり第一線の指揮官《しきかん》として最も精彩《せいさい》（物事《ものごと》のすぐれてうるわしいこと。光彩《こうさい》）を放《はな》ったが、教育者としても高い評《ひょう》価《か》を受けたのである。

かくして昭和十九年八月、牛島は沖縄を守備《しゅび》する第三十二軍司令官《ぐんしれいかん》に任命《にんめい》された。時に五十七歳。日米最後の最大の激戦《げきせん》である沖縄戦の主将《しゅしょう》に牛島が任命されたことは最適《さいてき》の人選《じんせん》であった。結局《けっきょく》、この戦いによりわが国を亡国《ぼうこく》から救うことになった牛島は、日本の運命《うんめい》を担《にな》うこの上ない重要《じゅうよう》な役割《やくわり》を神より授けられたのであった。

アメリカ軍の侵攻《しんこう》
——陸海兵力五十四万の来襲《らいしゅう》

昭和十九年から二十年にかけて、マリアナ諸島《しょとう》（サイパン島・テニアン島・グァム島）、パラオ諸島（ペリリュー島・アンガウル島）、ビアク島、硫黄島《いおうとう》などを攻《せ》め落《お》としたアメリカ軍は、次に沖縄に狙《ねら》いを定《さだ》めた。硫黄島の戦い（昭和二十年二～三月）において当初《とうしょ》数日間で占領《せんりょう》する予定だったが、三十六日間もの難戦《なんせん》（困難《こんなん》な戦《たたか》い）を強《し》いられて日本軍を上回《うわまわ》る大損害《だいそんがい》を蒙《こうむ》ったアメリカ軍は、二度と同じ轍《てつ》を踏《ふ》むまい（同じ誤りをしないこと）として大兵力《だいへいりょく》をもって押《お》し寄《よ》せた。

アメリカ第五艦隊司令長官スプルーアンス大将《たいしょう》の指揮《しき》する沖縄侵攻軍《しんこうぐん》は、艦《かん》船《せん》千三百余隻《よせき》、航空機千七百余機、陸海兵力五十四万名（その後、十数万名の兵員を補充《ほじゅう》〈補《おぎな》い充《み》たすこと〉という大部隊《だいぶたい》である。そのうち第十軍司令官バックナー陸軍中将《ちゅうじょう》の率《ひき》いる上陸部隊は七個師団《ななこしだん》十八万余名である。

対する日本軍は第二十四師団（師団長雨宮巽中将《あまみやたつみちゅうじょう》）、第六十二師団（師団長藤岡《ふじおか》武雄《たけお》中将）、独立混成《こんせい》第四十四旅団《りょだん》（旅団長鈴木繁二少将《すずきしげじしょうしょう》）、第五砲兵部《ほうへいぶ》（司令官和田《わだ》孝助《こうすけ》中将）を基幹《きかん》（もと、根幹《こんかん》）とする約七万名。これに海軍の沖縄方面根拠地《こんきょち》隊（司令官大田實《おおたみのる》少将）約一万名。合わせて約八万名だが、兵力の不足を補《おぎな》うため沖縄県民（十七歳から四十五歳男子）約二万五千名が加えられたので合計十万五千名である。

アメリカ軍は沖縄という一局地戦《いちきょくちせん》（限られた一部分の戦い）に、陸軍・海《かい》兵隊《へいたい》（「空軍《くうぐん》」は当時なく、「陸軍航空隊《りくぐんこうくうたい》」とよばれた）協同《きょうどう》の大戦力《だいせんりょく》をもって臨《のぞ》んだのに対して、日本軍はわずか二個師団半《はん》（独立混成旅団の兵力は師団の約半分）の戦《せん》力《りょく》しかなかった。砲兵部隊の火砲数《かほうすう》も砲弾量《ほうだんりょう》も不十分《ふじゅうぶん》で、戦闘一ヵ月後には不足をきたした。

アメリカ軍は戦闘でいくら損害が出ても兵力の補充《ほじゅう》が出来たし、火砲《かほう》・砲弾《ほうだん》・戦車《せんしゃ》などとうてい日本軍とは比較《ひかく》にならぬほど豊富《ほうふ》であり、海上に浮かぶ輸送艦《ゆそうかん》からいくらでも補給《ほきゅう》できた。日本軍は制海権《せいかいけん》（海上の支配権《しはいけん》）が奪われていたから、兵員・武器・弾薬《だんやく》の補給が閉《と》ざされた中で悪戦苦闘《あくせんくとう》を強《し》いられたのである。従《したが》って日米両軍の戦力差は比較を絶《ぜっ》するほど大きく、本来《ほんらい》ならとても勝負にならぬ戦いであった。アメリカ軍は硫黄島《いおうとう》の戦いで日本軍を甘く見た結果、「勝者《しょうしゃ》なき死《し》闘《とう》（アメリカ側の言葉）」に陥《おちい》ったことを反省、沖縄戦ではこのような大戦力を以《もっ》て臨《のぞ》み、いかに長引いても三週間ないし一ヵ月以内で終了《しゅうりょう》する肚《はら》づもりでいたのである。

アメリカ軍は上陸《じょうりく》に先立《さきだ》ち、昭和二十年三月二十三日から猛烈《もうれつ》な空爆《くうばく》と艦砲《かんぽう》射撃《しゃげき》を行った。米軍《べいぐん》はどの戦いでも上陸前に必ずこれを実施《じっし》するが、日本軍の洞《どう》窟陣地《くつじんち》はよく耐《た》え抜《ぬ》き将兵《しょうへい》の損害はほとんどなかった。なお沖縄戦においては海軍、陸軍ともに航空機による特別攻撃が並行《へいこう》して行われた。

四月一日早朝、アメリカ軍は沖縄の西方《せいほう》、嘉手納海岸《かでなかいがん》に向って、まず戦艦《せんかん》十隻を始め百数十隻の軍艦による艦砲射撃《かんぽうしゃげき》と多数《たすう》の航空機《こうくうき》（航空母艦《こうくうぼかん》より発進《はっしん》）による爆撃《ばくげき》を繰り返した。海岸は火山の爆発のごとき光景《こうけい》と化《か》した。打ちこまれた砲弾六万七千発、ロケット弾三万発というすさまじさである。

そのあと八時半、まず三個師団《こしだん》が次々に上陸した。その日上陸したのは六万名、米軍は夕方までに正面十四キロ、奥行《おくゆき》五キロの橋頭堡《きょうとうほ》（敵陣《てきじん》に進撃《しんげき》する上《うえ》での拠点《きょてん》）を確保《かくほ》した。日本軍は兵力寡少《かしょう》（少ないこと）の為、敵上陸時における水際撃《みずぎわげき》退作戦《たいさくせん》はとらなかった。アメリカ軍はこのあと三個師団が上陸、計六個師団（あと一個師団は陽動《ようどう》〈おとり〉作戦に使われて上陸しなかった）が万全《ばんぜん》な補給体制《ほきゅうたいせい》のもとに日本軍と戦ったのである。

第六十二師団の奮戦《ふんせん》とアメリカ軍の難戦苦戦《なんせんくせん》

日本軍は沖縄南部の首里地域《しゅりちいき》に中核《ちゅうかく》（中心・核心《かくしん》）陣地《じんち》（軍隊が戦闘《せんとう》のために作った強力なとりで）を構築《こうちく》（つくり築くこと）するとともに、その前方《ぜんぽう》（北側）に数線《すうせん》の陣《じん》地《ち》を置《お》きアメリカ軍を迎《むか》え撃《う》った。最初《さいしょ》、アメリカ軍は二個師団をもって南下《なんか》した。これに対する日本軍は第六十二師団だけである。アメリカ軍は別に一個師団をもって南岸《なんがん》から上陸せんとする陽動作戦《ようどうさくせん》をとったので、第二十四師団はそれに備《そな》えて動かすことが出来ず、一個師団しかあてられなかったのである。しかしながら第六十二師団は艦砲射撃《かんぽうしゃげき》と空爆《くうばく》という強力《きょうりょく》な支援《しえん》と兵力・火力ともに圧倒《あっとう》する米軍二個師団と激闘《げきとう》を重《かさ》ね無類《むるい》の強さを発揮《はっき》して陣地《じんち》を固《かた》く守り、アメリカ軍に多大《ただい》な損害を与え続けた。

四月中旬までの戦局《せんきょく》（戦いのなりゆき、戦況《せんきょう》）を概括《がいかつ》（おおまかにまとめること）して言えば、圧倒的《あっとうてき》な陸上・海上・航空戦力を持つアメリカ軍の猛攻《もうこう》（猛烈《もうれつ》な攻撃《こうげき》）に対して、遙《はる》かに戦力の劣る日本軍が驚嘆《きょうたん》のほかはない善戦健闘《ぜんせんけんとう》を行ったと言えよう。アメリカ軍は日本軍の強靱《きょうじん》（強く折《お》れ砕《くだ》けないこと）な陣地に進撃《しんげき》を阻止《そし》（はばむこと）され、全戦線《ぜんせんせん》において難戦《なんせん》（困難《こんなん》な戦《たたか》い）苦戦《くせん》に陥《おちい》り死傷者《ししょうしゃ》が続出《ぞくしゅつ》、勝利への見通《みとお》しはまったく立たず、心理的《しんりてき》にも苦境《くきょう》に立たされるのである。

日本軍の激烈《げきれつ》（ひどくはげしいこと）極《きわ》まる反撃《はんげき》に手を焼いたアメリカ軍は、二個師団において失った兵力の補充《ほじゅう》（補《おぎな》いみたすこと）と武器《ぶき》・弾薬《だんやく》の補給《ほきゅう》を行うとともに新たに一個師団を投入《とうにゅう》（加えること）、四月十八・十九日、最初の総攻撃《そうこうげき》を実施《じっし》した。迎《むか》え撃《う》つは第六十二師団ただひとつである。日本軍陣地に対して米軍機六百五十機が爆撃《ばくげき》し、戦艦《せんかん》始め十八隻が艦砲射撃《かんぽうしゃげき》を行い、かつ地上軍が三百数十門の大砲《たいほう》を以て攻めつけた。大東亜戦争において一戦場ではかつてない大量《たいりょう》の集中砲火《しゅうちゅうほうか》が空と海と陸から行われたのであった。今度こそ日本軍陣地は完全に崩壊《ほうかい》したに違いないと彼らは思った。だが日本軍の洞窟陣地《どうくつじんち》はまたもや持ちこたえて死傷者《ししょうしゃ》はほとんどなかった。この集中砲撃後、三個師団は一斉《いっせい》に前進を開始した。しかし日本軍の猛反撃《もうはんげき》をくらい、三個師団みな大損害を出して総攻撃は失敗した。米軍戦史《べいぐんせんし》はこう記している。

「四月十九日の大攻撃は失敗した。突破《とっぱ》した地点《ちてん》はなかった。至《いた》る所で日本軍は防衛《ぼうえい》し、アメリカ軍の攻撃を後退《こうたい》させた」

想像を超《こ》える日本軍の戦いぶりにアメリカ軍はきりきり舞《ま》いとなり、攻撃は頓挫《とんざ》（途中でくじけること）に次《つ》ぐ頓挫、死傷者はうなぎのぼりとなり、戦場は修羅場《しゅらば》（血なまぐさい最もはげしい戦場）と化《か》し生《い》き地獄《じごく》（生きたままで受ける地獄のような苦しみ）の様相《ようそう》（ありさま、状態）を呈《てい》する（あらわす）のである。どんなに長くても一ヵ月で片付くと思ったのは全《まった》く甘い錯覚《さっかく》（思い違《ちが》い）でしかなかったことを思い知らされるのである。牛島中将の率《ひき》いる日本軍は数量《すうりょう》においては全《まった》く比較《ひかく》にならぬ弱小《じゃくしょう》な戦力《せんりょく》であるにもかかわらず、その士気《しき》と戦闘力《せんとうりょく》においてアメリカ軍を遙《はる》かに圧倒《あっとう》していたのである。

小戦力で戦い抜いた日本軍の奇蹟的勇戦《きせきてきゆうせん》

日本軍の戦いはアメリカ軍に大打撃《だいだげき》を与えたものの、沖縄戦において牛島を最も苦しめたのは、日本軍の兵力・戦力の絶対的不足であった。話にならぬほど少なすぎたのである。第三十二軍は発足当初《ほっそくとうしょ》、沖縄本島に三個師団を備《そな》えていた。ところが大本営《だいほんえい》（日本軍全体の作戦《さくせん》・統帥《とうすい》〈軍隊をすべ率《ひき》いること〉の本部）は全体の作戦の都合上《つごうじょう》、一個師団を引き抜いた。それは沖縄軍がアメリカ軍を迎《むか》え撃《う》つ上《うえ》に、致命傷《ちめいしょう》（命取《いのちと》りとなる傷）ともいうべき兵力の削減《さくげん》（削《けず》りとること）であった。陸・海・空の大戦力をもって押し寄せるアメリカ軍に対して二個師団（それに一個独立混成旅団《どくりつこんせいりょだん》）ではあまりにも少ない。最低でも三個ないし四個師団を必要とした。アメリカ軍は最初六個師団だったが途中《とちゅう》で兵力を大幅《おおはば》に補充《ほじゅう》したので実質的《じっしつてき》には十二個師団をもって戦った。十二対二である。しかしそれでも日本軍は実《じつ》に驚異的《きょういてき》な戦いぶりを見せたのである。もし三個ないし四個師団で戦った場合（大本営の決断一つでそれは可能だった）、アメリカ軍の損害はさらに増大《ぞうだい》するのみならず、沖縄侵攻《しんこう》戦は挫折《ざせつ》・失敗の憂目《うきめ》を見た可能性が少なくない。戦い方次第《しだい》では敗れぬ道もあったのだ。

アメリカ軍三個師団に対して日本軍は一個師団で相対《あいたい》して来たが、反撃《はんげき》は限《げん》界《かい》に達《たっ》しつつあつた。兵力・火力の差は歴然《れきぜん》（はっきりしていること）としていたから、第六十二師団の戦力は次第《しだい》に損耗《そんもう》（減らすこと）、半分以下に減少《げんしょう》していた。第六十二師団はまったく驚嘆《きょうたん》のほかはない頑強《がんきょう》（頑固《がんこ》で強いこと）さを発揮《はっき》して約一ヵ月間アメリカ軍をさんざん苦しませる大奮戦《だいふんせん》を行ったのである。

ここにおいて牛島軍司令官は南部島尻地区《しまじりちく》にある軍主力《ぐんしゅりょく》を従来通《じゅうらいどお》りの配置《はいち》とするか、または北上《ほくじょう》させて第六十二師団とともに戦わせるかの決断《けつだん》を迫《せま》られたのである。アメリカ軍は四月一日の嘉手納《かでな》上陸の際《さい》、南部の湊川《みなとか》上陸の陽動作戦《ようどうさくせん》

（みせかけの作戦）を行った。その後も二度、陽動作戦を行使《こうし》して、日本軍主力を南部に釘付《くぎづ》けにしてきたのである。アメリカ軍は日本軍の想定外《そうていがい》の反撃《はんげき》に手を焼き、ここで改めて南部上陸作戦を真剣《しんけん》に検討《けんとう》した。しかし上陸軍（第十軍）司令官バックナー中将はこれを取りやめた。その理由は三個師団による攻撃が苦戦《くせん》に陥《おちい》り莫大《ばくだい》な犠牲《ぎせい》を強《し》いられている現状《げんじょう》において、戦力を二分《にぶん》して戦った場合、アメリカ軍はさらに苦境《くきょう》（苦しい状況）に立たされることを懸念《けねん》（心配すること）した為である。

　このように日本軍は常にアメリカ軍の南部上陸という脅威《きょうい》（おびやかしおどすこと）にさらされながら戦わなければならず、そのためこれまで第二十四師団と独立混成《こんせい》第四十四旅団《りょだん》を南部から動かすことができず、第六十二師団だけで首里《しゅり》北方戦線を防御《ぼうぎょ》するしかなかったのである。沖縄軍に二個師団しか与えられなかったことが、牛島らにとりいかに苦痛《くつう》だっかがわかるであろう。この戦力で三ヵ月間戦い抜いたことはまったく人間業《にんげんわざ》を超えていたのである。

　しかしこのままでは第六十二師団が全滅《ぜんめつ》してしまうのは時間の問題である。牛島はアメリカ軍が南部上陸作戦を放棄《ほうき》したことを知る由《よし》もなかったが、四月下旬、第二十四師団と独立混成第四十四旅団の北上《ほくじょう》を決断《けつだん》した。

一方、アメリカ軍は戦力が著《いちじる》しく低下《ていか》した師団を新手《あらて》(まだ戦っていない元気な部隊)に代《か》えた。五月上旬、アメリカ軍は西から東へ第六海兵《かいへい》師団・第一海兵師団・第七十七師団・第九十六師団を配置《はいち》し、以後、四個師団その後五個師団をもって進撃《しんげき》してきた。このようにアメリカ軍は戦力が弱体化《じゃくたいか》した師団を交代《こうたい》して新鋭《しんえい》(新しく勢《いきお》いの鋭《するど》いこと)師団の投入《とうにゅう》が可能であった。加《くわ》えて武器《ぶき》・弾薬《だんやく》はふんだんに補給《ほきゅう》できた。それにもかかわらず、兵力・火力が遙《はる》かに劣る日本軍の筆舌《ひつぜつ》に尽くし難い反撃《はんげき》に苦しみ抜き、やがて精神的に耐《た》え難《がた》い極限状況《きょくげんじょうきょう》(かぎり・はて)にまで追いこまれるのである。

前田高地の激闘
——米一個師団、壊滅的打撃を受ける

新鋭《しんえい》の第二十四師団の戦いぶりも決して第六十二師団に遜色《そんしょく》(劣ること)なかった。同師団は四月二十六・二十七日、米第七師団を敗退《はいたい》させた。続いて二十八日から五月三日までの戦いにおいても奮戦《ふんせん》著《いちじる》しく、アメリカ軍の進撃《しんげき》を固《かた》く阻止《そし》した。

首里北方戦線《しゅりほっぽうせんせん》の最大の激闘《げきとう》の一つが、四月二十六日から五月十日頃までの前田高地の戦闘であった。米第九十六師団に対して第六十二師団の三個大隊《だいたい》と第二十四師団の一個大隊計二千七百名の戦いである。兵力・戦力はアメリカ軍が圧倒《あっとう》していた。アメリカ軍は戦車のほか火炎放射装甲車《かえんほうしゃそうこうしゃ》をもって攻撃《こうげき》してきた。しかし日本軍は兵力寡少《かしょう》にもかかわらず強く反撃、連日《れんじつ》、両軍の死闘《しとう》が続いた。第九十六師団の損害はおびただしかった。死傷者以外の将兵も心身両面《しんしんりょうめん》の疲労《ひろう》で士気《しき》はほとんど消滅《しょうめつ》、同師団は壊滅《かいめつ》(戦闘能力が消滅すること)的打撃を受けた。その為、四月末、第七十七師団が代《かわ》って戦いを続けた。この前田高地の戦いにつき、米軍戦史はこう記している。

「数えきれないほどの攻撃と反撃、手榴弾戦《しゅりゅうだんせん》、横穴《よこあな》と洞窟《どうくつ》での梱包爆弾《こんぽうばくだん》(大砲から発する爆弾ではなく袋などに包まれた爆弾）戦《せん》があり……。大型破壊爆弾とナパーム弾を使用した空からの攻撃が前田断崖《だんがい》に対して連日《れんじつ》行われた。戦車と火炎放射装甲車が南東側斜面《しゃめん》を攻撃した。また断崖の上は、そこで戦った戦士の言葉によれば『あらゆる生き地獄が一つになった』ままだった。……第七十七師団第三〇七連隊で八人もの中隊長が三十六時間内に負傷した。四月二十九日に約八百人の兵力で断崖に登ったが、五月七日に降りてきたのは三二四人であった」

小戦力の日本軍は約二週間必死に戦い続けたが、五月に入ると機関銃《きかんじゅう》や火砲《かほう》の銃砲弾《じゅうほうだん》が尽《つ》きた。これが日本軍の辛《つら》さである。士気《しき》は十分だが肝腎《かんじん》の砲弾の不足に悩まされ続けたのである。そこで残存将兵《ざんぞんしょうへい》は手榴弾《しゅりゅうだん》をもって戦った。第二十四師団第三十二連隊第二大隊長《だいたいちょう》志村常雄《しむらつねお》大尉《たいい》はこうのべている。

「このような激戦《げきせん》、接戦《せっせん》（接近戦《せっきんせん》）になったら恐《こわ》いというような気持など微塵《みじん》（わずか）もない。また大隊の統一戦闘《とういつせんとう》などできるものではない。大隊長以下一人一人がみな手榴弾を持って正面《しょうめん》の敵歩兵《てきほへい》との各個《かっこ》の戦いであり、いかにして敵を倒《たお》すか、いかにして敵にやられないか、それしか念頭《ねんとう》（心）になかった。真《しん》に壮烈《そうれつ》

（勇ましく激しいこと）というか、惨烈《さんれつ》（きわめてむごたらしいこと）な死闘《しとう》の繰《く》り返《かえ》しであった。手榴弾はないか、手榴弾が欲《ほ》しい。これが全員の悲痛《ひつう》な叫《さけ》びであった。戦死した者、倒《たお》れた者から手榴弾を取り、敵の戦死者からも取り、あるいは敵の投げた手榴弾をすぐ取り上げては投げ返す。全員が必死《ひっし》の気持で戦闘を続けた。……敵は撃退《げきたい》されても次々と部隊《ぶたい》を投入《とうにゅう》して攻撃してきた。戦場至《せんじょういた》る所《ところ》に彼我《ひが》の死体が横たわり、砲爆撃《ほうばくげき》のたびに友軍《ゆうぐん》（日本軍）の死体が、敵の死体がバラバラになって空に吹き上げられていたが真《しん》に惨烈《さんれつ》の極《きわ》みであった。……そのころは本当に飲まず食わずの連続であつた。第一に食べる物がなかった。夜になって水を求めて飲むのがやっとであった。しかも下の部落に水を汲《く》みに降りるのであったが、敵はマイク（送話器《そうわき》）を設置《せっち》しているらしく、下に行くと砲撃を受けて倒される者が毎晩《まいばん》のように続出《ぞくしゅつ》した。全《まった》く命がけの水汲《みずく》みであった」

機関銃《きかんじゅう》や火砲《かほう》の銃砲弾《じゅうほうだん》なく手にもつ小銃の弾丸《だんがん》もほとんど撃《う》ち尽《つ》くし、わずかな手榴弾をもって戦った沖縄軍将兵たちのすさまじい戦いぶりの記録である。食べ物もなくなり水しかなかったが、その水汲みが命がけの仕事であった。こうして五月十日ごろ日本軍の戦力尽きて、前田高地はほぼアメリカ軍に占領されたが、彼が払った損害も甚大《じんだい》（はなはだ大きいこと）であった。

ここで一息《ひといき》ついて日米の戦いにつき考えてみよう。日本軍の兵士たちはどうしてこれほどまで激しく戦い抜いたのであろうか。それはただ一つ、祖国日本を守る為であった。そもそも日本とアメリカとの戦い、大東亜戦争《だいとうあせんそう》はなぜ起きたのか。日本が好んで始めた戦いであったか。まったく違う。わが国は対米戦争を何《なん》としても回避《かいひ》（避けること）せんとして最後まで真剣《しんけん》な努力を傾《かたむ》けた。しかしルーズベルト大統領の対日戦争断行《だんこう》の決意《けつい》は不動《ふどう》であり、日米の戦いはアメリカが仕《し》掛《か》けた戦いであった。これまで『日本の偉人物語6・7・8』でのべてきたように、日米戦争・大東亜戦争はまぎれもないアメリカの日本に対する侵略《しんりゃく》戦争であり、侵略国は日本ではなくアメリカである。わが国が敗れたがゆえに、逆にアメリカに侵略国の烙印《らくいん》（焼《や》き印《いん》）を押《お》されたのである（消すことのできない汚名《おめい》、傷を受けること）。

このアメリカの日本に対する侵略戦争は、世界に比類《ひるい》なき「万世一系《ばんせいいっけい》の天皇」

を戴《いただ》く皇国《こうこく》日本を抹殺《まっさつ》（消滅《しょうめつ》・廃絶《はいぜつ》すること）することを目的とした非道無法不正《ひどうむほうふせい》そのものの戦いにほかならなかった。その何《なに》よりの証拠《しょうこ》こそ広島・長崎への原爆《げんばく》投下《とうか》であり、日本全土における一般国民に対する情容赦《なさけようしゃ》なき（慈悲心《じひしん》がないこと）無差別爆撃《むさべつばくげき》であった。それは日本人を「人間以下」の動物視するアメリカ人・白人の人種偏見《じんしゅへんけん》・人種差別意識《さべついしき》によるものである。原爆と無差別爆撃による死者は約百万人に達《たっ》する。人類史上最大の戦争犯罪である。アメリカは出来ることなら日本と日本人をこの地上から葬《ほうむ》り去《さ》りたかったのである。それほどの日本人に対する憎悪《ぞうお》の念《ねん》、敵意《てきい》、殺意《さつい》なくして、原爆を投下したり住民を焼き殺すことは出来ないからである。

かくのごときアメリカの筆舌《ひつぜつ》に絶《ぜっ》する天人《てんにん》ともに許さざる侵略《しんりゃく》に対して、私たちの父祖《ふそ》は祖国を護るために敢然《かんぜん》（思い切って事を行うこと）と立ち上がったのである。将兵たちが真《しん》に国を想い愛してやまなかった気高《けだか》く尊《とうと》い心根《こころね》と命を捧《ささ》げて戦い抜いた行為に、後世《こうせい》の人々がこの上ない尊敬と感謝の思いを献《ささ》げることこそ、人間として日本国民として最も大切《たいせつ》なことである。先人《せんじん》たちの祖国と家族を守る為に身命《しんめい》を捧《ささ》げて戦った血と涙の歴史を振り返り謙虚《けんきょ》に学ぶ義務《ぎむ》を放棄《ほうき》して、ただ「戦争はむごたらしい、戦争はいやだ、戦争反対」と叫ぶことは、護国《ごこく》の忠霊《ちゅうれい》、靖国《やすくに》の英霊《えいれい》に対する冒瀆《ぼうとく》(犯《おか》し汚《けが》すこと)行為そのものであることを知らなければならない。

本来《ほんらい》、戦争のない平和が世界人類のあるべき姿である。日本建国の理想こそ人類の真の平和を願う「八紘一宇《はっこういちう》」(全世界が一つの家の中の家族のように睦《むつ》み合うこと)の世界の実現《じつげん》である。世界の国家民族中、日本人ほど「和《わ》の心」を尊ぶ民族はない。『日本の偉人物語9』でのべたように聖徳太子《しょうとくたいし》の「和《わ》を以《もっ》て貴《とうと》しと為《な》す」が日本人の根本《こんぽん》精神である。わが国の昔の国号に「大和《やまと》」「大和国《やまとのくに》」があるが、それほどの平和愛好国である。

しかしいかに和を尊ぶにしても、非道無法なる国家がわが国を圧迫《あっぱく》し続け無理《むり》難題《なんだい》を言い募《つの》り、最後《さいご》に挑戦《ちょうせん》し侵略《しんりゃく》戦争を仕掛《しか》けてきたならばどうするのか。アメリカは日露戦争以後、アジア・太平洋支配を目指《めざ》し、日本を最大の障害物《しょうがいぶつ》、邪魔者《じゃまもの》として近い将来《しょうらい》来必ず打倒《だとう》すべき敵として抑圧《よくあつ》に次ぐ抑圧を加え続け、遂《つい》に日本を真珠湾《しんじゅわん》におびきよせて対日《たいにち》戦争に及《およ》んだのである。

このアメリカの挑戦《ちょうせん》と侵略に対して、私は戦争はいやですと白旗《しらはた》をあげて降《こう》伏《ふく》し、国家の独立を放棄《ほうき》してアメリカの隷属国《れいぞくこく》となり、動物園の動物のようにただ餌《えさ》を与えられて生きる奴隷《どれい》となってよいのか。愛する両親、妻子《さいし》、兄弟姉妹、家族、同胞《どうほう》たちが悲惨《ひさん》な目に遭《あ》うことを黙視《もくし》、傍観《ぼうかん》してよいのか。もしそうならばそのような人は、人間の良心《りょうしん》、正しい心、真《しん》の人間性を失った悲しむべき人《にん》非人《ぴにん》（人でなし）と言わねばならない。人間として生まれ、この日本の国に生《せい》を享《う》けた者は、どこまでも自国を敬愛《けいあい》し神国《しんこく》日本・皇国《こうこく》日本の気高《けだか》く尊く美しい立派な歴史・伝統・文化を身命《しんめい》を捧《ささ》げて護《まも》り抜《ぬ》かなければならない。それを示したのが牛島満中将を先頭《せんとう》とする沖縄の戦いであった。

3、精神の戦いに打ち勝った日本
――人間業《にんげんわざ》を超えた日本軍の大勇戦

アメリカ軍の第二次総攻撃
――独立混成第四十四旅団の奮戦

日本軍を圧倒《あっとう》する戦力《せんりょく》を以《もっ》て四月、総攻撃《そうこうげき》を行って失敗したアメリカ軍は態勢《たいせい》を立て直し、五月十一日より五個師団《しだん》をもって第二次総攻撃を開始、首里《しゅり》の日本軍中核陣地《ちゅうかくじんち》を攻めた。一ヵ月を過ぎて沖縄戦はここに大詰《おおづめ》(物事《ものごと》の重要な段階《だんかい》)

を迎えた。

アメリカ軍は首里正面に第一海兵師団《かいへいしだん》・第七十七師団、西側に第六海兵師団、東側に第九十六師団・第七師団を配置《はいち》した。兵力約十二万である。対する日本軍は第二十四師団・第六十二師団・独立混成《こんせい》四十四旅団《りょだん》である。兵力はこれまでの戦闘で著《いちじる》しく低下《ていか》していたから三つ合わせて二万数千名しかなかった。敵兵力は日本軍の約四倍、しかもほかに一個師団が予備《よび》として控《ひか》えていた。また兵力の損耗《そんもう》はいくらでも補充《ほじゅう》できた。沖縄戦においてアメリカ軍は六個師団を補充によって兵士《へいし》の大半《たいはん》を入れかえたから、実質的《じっしつてき》には十二個師団であった。さらに肝《かん》腎《じん》の火砲《かほう》・砲弾量《ほうだんりょう》・戦車《せんしゃ》などは全《まった》く比較にならなかった。バックナー地上軍司令官は五月十日こう言って部下を励ましている。

「我々は豊富《ほうふ》な火力を持っている。それに常に一個師団を休ませることができるほど、はつらつとした部隊《ぶたい》を有《ゆう》している」

損害《そんがい》著《いちじる》しい部隊を休ませかつ補充《ほじゅう》が可能なゆとりある兵力及び巨大な火力を有するアメリカ軍と、補充・補給《ほきゅう》を全《まった》く断《た》たれたあまりにも貧弱《ひんじゃく》な兵力と火力しかない日本軍によるこの沖縄戦が日米最後の決戦であった。数字上の戦力だけ見るならば相撲《すもう》に例《たと》えてみると、横綱と十両《じゅうりょう》の取組《とりく》みであったが、牛島中将率《ひき》いる日本軍が終始《しゅうし》互角《ごかく》（優《まさ》り劣《おと》りがないこと、対等《たいとう》）以上の戦いをやり通し、米軍《べいぐん》将兵《しょうへい》の心胆《しんたん》（心、きもたま）を寒からしめ彼らを恐怖《きょうふ》のどん底にたたきこむこの上なき死戦死闘《しせんしとう》を約三ヵ月にわたり貫《つらぬ》いたことは、世界戦史上の奇蹟《きせき》以外の何物《なにもの》でもなかった。

アメリカ軍の第二次総攻撃において、まず大激戦《だいげきせん》が展開されたのが首里西方《しゅりせいほう》の五二高地《こうち》の戦いである。ここを攻撃したのが第六海兵師団《かいへいしだん》である。アメリカ軍においては陸軍・海軍・海兵隊の三軍中、海兵隊は兵力数こそ少ないが最精強部《さいせいきょうぶ》隊《たい》とされ、太平洋諸島の日本軍を攻めたのは主《しゅ》として強襲上陸部隊《きょうしゅうじょうりくぶたい》（強力な襲《しゅう》撃《げき》を行《おこな》う上陸部隊）である海兵師団であった。六個の海兵師団はいずれ劣らぬ精強さを誇ったが、第六海兵師団は「突進《とっしん》・第六師団」の異名《いみょう》（別名《べつめい》）をとった。

五二高地を守ったのは独立混成《こんせい》第四十四旅団を中心とする約六千名のいまだ無《む》傷《きず》の新鋭部隊《しんえいぶたい》である。

第六海兵師団（兵力約二万四千名）は五月十一日、空爆《くうばく》と艦砲射撃《かんぽうしゃげき》の支援《しえん》の下《もと》に五二高地に殺到《さっとう》したが、独立混成第四十四旅団は力強く反撃《はんげき》した。以後約一週間、アメリカ軍が「シュガーローフの戦い」と名づける沖縄戦における最も激しい戦闘の一つが繰《く》り広《ひろ》げられるのである。アメリカ側の記録はこう記している。「地形《ちけい》は防御側《ぼうぎょがわ》にきわめて有利《ゆうり》であった。海兵隊員がどれか一つの丘を攻撃しても、他の二つの丘（五二高地は三つの丘より成る）から丸見《まるみ》えで遮蔽物《しゃへいぶつ》（さえぎるもの）もなかった。またこの地帯全体《ちたいぜんたい》はシュガーローフの東から北東に位置する首《しゅ》里高地一帯《りこうちいったい》からの機関銃《きかんじゅう》、迫撃砲《はくげきほう》、野砲《やほう》による攻撃《こうげき》を受けた。……海兵隊員には日本軍の砲弾が降《ふ》り注《そそ》いだ。のちに編纂《へんさん》された師団史では、『敵の砲撃はこれまでの太平洋戦線《せんせん》で出会《であ》ったことがないほど優《すぐ》れた統制《とうせい》と正確さの下《もと》で実施《じっし》されていた』と分析《ぶんせき》した」

日本軍砲兵部隊《ほうへいぶたい》は砲弾不足《ぶそく》に苦しみながらもアメリカ軍に多大《ただい》な損害を与え、歩兵部隊《ほへいぶたい》を強く支《ささ》え続けた。少数の日本軍の頑強《がんきょう》な反撃《はんげき》に第六海兵師団の損害《そんがい》は日毎《ひごと》に増大《ぞうだい》、同師団に敗色《はいしょく》が濃《こ》くなって行った。

心身ともに打ちのめされた海兵隊
――日本軍の不屈の戦い

アメリカ側の記録はこうのべている。

「第六海兵師団第二二連隊（兵力三千四百名、海兵師団は三個海兵連隊より成る）は事実《じじつ》上《じょう》、無力化《むりょくか》してしまった。十五日（五月）の朝には文字通り消耗《しょうもう》しきっており、丘にとり残された小銃小隊《しょうじゅうしょうたい》の生存者《せいぞんしゃ》を収容《しゅうよう》（とりおさめること）しようと苦戦していた」

「第六海兵師団は直面《ちょくめん》する多くの問題に対し、混乱《こんらん》したまま建て直し不能《ふのう》な状態《じょうたい》におちいった」

「海兵隊のシュガーローフ最前線《さいぜんせん》の兵士《へいし》たちは、何度《なんど》も何度も際限《さいげん》なく（はてしなく）繰《く》り返《かえ》される死《し》の恐怖《きょうふ》の渦《うず》に飲《の》み込《こ》まれていた。消耗《しょうもう》しきった兵士たちはまるでロボットのようだった。……戦闘が長びくなかで形成《けいせい》されたこうした無力感《むりょくかん》は戦後も長い間、兵士たちを苦しめた」

「彼らの進む先には以前《いぜん》の攻撃で戦死したたくさんの戦友《せんゆう》たちの死体が転《ころ》がって

いた。『まるで地獄《じごく》を目《ま》のあたりにしているようだった』と生存者《せいぞんしゃ》は語った」

「シュガーローフでの前線勤務《ぜんせんきんむ》をすると、『死』は生きることよりも普通《ふつう》になっていった」

「蛸壺《たこつぼ》（兵士が身《み》をかくすため地中《ちちゅう》に掘《ほ》った小さな穴《あな》ぐら）を共にしてきた戦友が死ぬと、途方《とほう》もない（どうしてよいかわからなくなるの意）喪失感《そうしつかん》（大切なものを失ったという感情）が自分をおおった。もう世界最後の一人になった気分《きぶん》だった」

「精神の緊張状態《きんちょうじょうたい》は多くの兵士にとって耐《た》えられないものだった」

「日本軍の砲撃《ほうげき》は海兵隊員たちに無差別《むさべつ》におとずれる死《し》の恐怖《きょうふ》を与えていた。日本軍の狙撃兵《そげきへい》は極《きわ》めて忍耐強《にんたいづよ》く、神業《かみわざ》としか思えない選択眼《せんたくがん》で将校《しょうこう》（少尉《しょうい》以上の軍人）を見きわめていた。……『もし将校で四五口径《こうけい》の拳銃《けんじゅう》ストラップを肩からかけていたら、瞬時《しゅんじ》に射殺《しゃさつ》される』とビル・ピアース一等兵は語った」

「やつらは必ず眉間《みけん》か胸のど真《ま》ん中《なか》を狙《ねら》ってくる。一発で即死《そくし》だよ。おまけに絶対はずさない。この部分を撃《う》たれた死体があまりに多いから誰もが衝撃《しょうげき》をうけたよ」

「ある若い小隊長《しょうたいちょう》はあまりにも多くの戦友《せんゆう》を失ったので精神的《せいしんてき》に憔悴《しょうすい》（疲れきること）しきっており、戦線《せんせん》に到着《とうちゃく》したばかりの補充兵《ほじゅうへい》たちにレクチャー（説明）を行う際《さい》は、日本兵に対する畏敬《いけい》（おそれうやまうこと）の念《ねん》を隠《かく》そうとせず、拳銃《けんじゅう》を振《ふ》り回《まわ》しながら困惑《こんわく》（こまってしまうこと）する兵士たちに向って、『いいかよく聞け。もしお前らの誰《だれ》かが、日本兵なんてたいしたことないなんてぬかしたら撃《う》ち殺《ころ》してやる。もしお前らの誰かが、日本兵の弾《たま》なんてまっすぐ飛ばないなんて大《おお》口《ぐち》たたきやがったら、やつらの代《かわ》りに俺がお前らの眉間《みけん》に弾《たま》を撃《う》ち込《こ》んでやる』」

「多くの海兵隊員《かいへいたいいん》たちは日本兵の姿を見ることなく死んでいった。日本兵はひたすら蛸壺《たこつぼ》や洞窟《どうくつ》、銃眼《じゅうがん》（銃撃《じゅうげき》するために壁などにあけた穴）の中で忍耐《にんたい》強く待《ま》っており、米兵《べいへい》が彼らの射界《しゃかい》（弾丸《だんがん》のとどく範囲《はんい》）に入ってきたときだけ射撃《しゃげき》した」

アメリカ側の文章を多く紹介《しょうかい》したのは、日本側の記録だけでは沖縄戦の真《しん》の姿《すがた》が見えてこないからである。こうした相手側の記録を読むと最終的《さいしゅうてき》には勝利したのにもかかわらず、アメリカ軍将兵がいかに苦しみ抜いたかがわかる。彼らの心理《しんり》はまるで敗者《はいしゃ》のようである。「公論《こうろん》は敵《てき》より出《い》ずる」（真《しん》に公正《こうせい》な意見は味方《みかた》よりも戦った相手から出てくるという意味）と言われる。沖縄で三ヵ月間、死闘《しとう》した牛島中将率《ひき》いる日本軍の強さを知る者は、ここで戦ったアメリカ軍兵士である。

彼我《ひが》の懸絶《けんぜつ》（まったくかけ離《はな》れていること）する戦力差《せんりょくさ》にもかかわらず日本軍の士気《しき》と戦闘力《せんとうりょく》は世界無比《むひ》であったことを海兵隊員が証言《しょうげん》しているのである。沖縄戦はアメリカ軍にとり、「あらゆる生き地獄が一つになった」ような戦いであり、それは「まったくの地獄絵だった」のである。

第六海兵師団長はほぼ壊滅《かいめつ》（全滅）状態《じょうたい》になった第二二海兵連隊長を指揮能力《しきのうりょく》不足《ふそく》として更迭《こうてつ》（代えること）した。戦力が遥《はる》かに劣る独立混成《こんせい》第四十四旅団《りょだん》はかくも第六海兵師団に痛打《つうだ》（大きな打撃）を与えたのである。その頃の全般状況《ぜんぱんじょうきょう》につき、アメリカ側の記録はこうのべている。

「地上では八原参謀《やはらさんぼう》（博通大佐《ひろみちたいさ》・第三十二軍作戦主任参謀《しゅにんさんぼう》）の防御戦術《ぼうぎょせんじゅつ》が陸軍の兵士や海兵隊員たちに膨大《ぼうだい》な出血《しゅっけつ》を強《し》いていた。陸軍の兵士たちも海兵隊員たちも状況は似通《にかよ》っており、進撃《しんげき》は常《つね》にヤード（〇・九メートル）単位《たんい》であった。第一海兵師団は首里《しゅり》高地への攻撃でずたずたにされていた。第六海兵師団もシュガーローフの前面《ぜんめん》で消耗《しょうもう》していた。第二四軍団《ぐんだん》（陸軍第七・第七十七・第九十六の三個師団）はこれよりもっと状況《じょうきょう》が悪かった（陸軍の師団は海兵師団よりも明らかに精強《せいきょう》さが劣るから、損害は海兵師団よりも多い）。日本軍もまた苦しんでいた。彼らの戦力は米軍の猛撃《もうげき》の前に着実《ちゃくじつ》に消耗《しょうもう》していた」

一週間以上の激戦・苦戦の末、アメリカ軍はようやく五二高地を占領《せんりょう》したが、第六海兵師団の払《はら》った犠牲《ぎせい》は甚大《じんだい》（とても大きいこと）であり、同師団の海兵三個連隊中、二個連隊は約六割の死傷者《ししょうしゃ》及び精神障害者《しょうがいしゃ》（日本軍との戦闘《せんとう》において精神に異常《いじょう》をもちきたらした者）を出した。アメリカ軍では部隊の損害が六割にも達すると残り四割の士気《しき》・戦闘力はほとんど消滅《しょうめつ》するのが常である。つまり二個連隊は全滅同然《ぜんめつどうぜん》だったから、第六海兵師団は壊滅的打撃《かいめつてきだげき》を受け勝利感はほとんどなかったのである。五二高地の戦いにつき、アメリカ側はこう記している。

「ついに第六海兵師団はシュガーローフの占拠《せんきょ》（占領）を確《かく》たるものにした。しかし祝賀《しゅくが》ムードはほとんどなかった。埋葬《まいそう》しなければならない海兵隊員の死体があまりにも多かったからである」

独立混成《こんせい》第四十四旅団《りょだん》は五二高地を敵に委《ゆだ》ねた（占領されること）が寡少《かしょう》なる戦力で、精強《せいきょう》を誇るアメリカ海兵隊を相手にこれほどの戦いをやり遂《と》げたのである。

首里戦線の死闘
――第一海兵師団兵士の証言

五月十一日から始められたアメリカ軍の第二次総攻撃《そうこうげき》における最大の激戦《げきせん》は、首里高地《しゅりこうち》の最重要陣地《じんち》である沢祇高地《たくしこうち》、大名《おおな》高地で行われた。この方面を攻撃したのが第一海兵《かいへい》師団であり、守ったのは第六十二師団である。第一海兵師団は六個の海兵師団中随一《ずいいち》の精強《せいきょう》さを誇った。つまり陸軍の全師団を含《ふく》めてアメリカ軍の最強《さいきょう》師団とされた。迎《むか》え撃《う》つ第六十二師団は首里北方の前半戦《ぜんぱんせん》で約一ヵ月間、三個師団を相手に善戦健闘《ぜんせんけんとう》の限りを尽くしてきたから、将兵の大半が死傷《ししょう》し戦力は激減《げきげん》していた。そこで軍司令部は後方支《こうほうし》援部隊《えんぶたい》その他より兵力の補強《ほきょう》（補《おぎな》い強くすること）につとめたが、かつての戦力には到底《とうてい》及ばなかった。にもかかわらず同師団はまたもや驚《きょう》異的《いてき》な粘《ねば》り強さを発揮《はっき》して、五月末まで第一海

沖縄首里・軍司令部にて（昭和20年）（前掲書より）

兵師団をさんざん苦しめる戦いをやり抜くのである。首里《しゅり》正面におけるアメリカ軍の戦いは「シュガーローフの戦い」以上の難戦《なんせん》（困難な戦い）となり、沖縄の雨《う》期《き》と相俟《あいま》って（たがいに作用《さよう》し合っての意）文字通り泥沼《どろぬま》の戦いに陥《おちい》るのである。

最重要の首里戦線《せんせん》における戦いがアメリカ軍にとりいかに言語《げんご》に絶《ぜっ》する難戦・苦《く》戦《せん》の連続《れんぞく》であったかは、五二高地（シュガーローフ）の戦い同様《どうよう》、日本側の記録を見るだけでは十分に分《わか》らない。アメリカ側の記録を見る必要がある。勝者であるにもかかわらず、第一海兵師団がいかに多大《ただい》な犠牲《ぎせい》を払い、アメリカ軍将兵が名状《めいじょう》に尽くし難い困難《こんなん》な状況《じょうきょう》に追いこまれていかに苦しみ悶《もだ》えたかは、彼ら自《じ》身《しん》の記録を読んで見ない限り到底《とうてい》理解しがたい。この戦いに参加して生き残った第一海兵師団の一兵士ユージン・スレッジの貴重《きちょう》な記録『ペリリュー・沖縄戦《せん》記《き》』は、最終的に勝利し得《え》たとはいえ、アメリカ軍将兵にとり沖縄戦は彼らの心《しん》身《しん》をずたずたに切《き》り刻《きざ》み、正気《しょうき》と狂気《きょうき》の間《あいだ》をさまよったぎりぎりの極限《きょくげん》（かぎり、はて）の戦いであり、このような戦いを再び行うことは不可能と思い知らされた戦闘であったことを裏《うら》づけてあまりあると言えよう。

二十代前半《ぜんぱん》のスレッジは第一海兵師団の一兵士として先にペリリュー島の戦いに参加し、辛酸《しんさん》(つらいめにあうこと)を嘗《な》めていた。第二次総攻撃を控《ひか》えた五月一日のことを彼はこうのべている。

「まもなく道の反対側の隊列《たいれつ》が近づいてきた。陸軍第二十七師団の第一〇六連隊――我々と交替《こうたい》することになっている部隊である。その惨憺《さんたん》(みじめで痛《いた》ましいさま)たる様子《ようす》は彼らがどこにいたかを物語っていた。疲《つか》れ果《は》て、泥《どろ》にまみれ、薄気味悪《うすきみわる》く目は窪《くぼ》み、顔がこわばっている。こんな顔はペリリュー島以来《いらい》見たことがなかった。すれ違いざまに目が合ったひょろりと背《せ》の高いのが、疲《つか》れた声で言った。『あっちは地獄《じごく》だぞ、海兵隊《かいへいたい》』。相手は私を新入《しんい》りと間違《まちが》っているのではないかと、いささかむっとして言った。『ああ、わかっている。ペリリュー島で経験《けいけん》ずみだ』」

昭和十九年九月より十一月まで続いたペリリュー島(フィリピン東南方の海域《かいいき》にあるパラオ諸島の一つ)の戦いは、太平洋諸島の戦いにおける最激戦《さいげきせん》の一つであり、アメリカ軍にとって思い出すのもいやな悪夢《あくむ》とも言うべき戦いであった。中《なか》川州男《かわくにお》陸軍大佐《たいさ》（死後中将《ちゅうじょう》）率《ひき》いる一万余名の日本軍は約五万名のアメリカ軍と七十三日間戦い抜き玉砕《ぎょくさい》（全滅）した。このとき上陸して最初に戦ったのが第一海兵師団だが、同師団は日本軍との死闘《しとう》において壊滅的打撃《かいめつてきだげき》を受けた。この戦いに運良《うんよ》く生き残りさらに沖縄戦を経験《けいけん》したこの歴戦《れきせん》の一勇者《いちゆうしゃ》の回想録《かいそうろく》は、沖縄戦が決して日本軍のみじめな敗北《はいぼく》ではなく、その後の日本の運命《うんめい》を左右《さゆう》する上《うえ》に決定《けってい》的意義《てきいぎ》を有《ゆう》した戦いであったことを私たちに教えている。

喘《あえ》ぎ苦しむアメリカ軍

第一海兵師団は五月十一日の総攻撃の開始まで連日戦闘を続けたが、五月上《じょう》旬《じゅん》だけでも多くの損害を出した。スレッジはペリリュー島でこれ以上はないと思われる経験をしたが、沖縄戦は遙《はる》かその上を行く「背筋《せすじ》も凍《こお》る混沌《こんとん》（大混乱した状態）の世界だった」と回顧《かいこ》（かえりみて思うこと）している。

「執行猶予《しっこうゆうよ》（戦闘に参加していないこと）の四月を快適《かいてき》（心地よいこと）に過《す》ごしたあ

と、五月に入《はい》っていきなりこの衝撃的《しょうげきてき》(恐怖《きょうふ》などにより精神的打撃《だげき》を受けること)な戦闘に我々はすっかり動揺《どうよう》していた」

「ペリリュー島と違って沖縄では、長い戦闘の間に何度《なんど》も士官《しかん》(少尉《しょうい》以上の軍人)が交代《こうたい》した。あまりたびたび負傷《ふしょう》したり死んだりするので、我々はほとんど中尉《ちゅうい》や少尉のコード名(番号)しか知らず、元気な姿を見るのは一度か二度しかなかった。士官たちがあまりにもたびたび、それもあっという間に銃弾《じゅうだん》に倒《たお》れるので、ライフル中隊(小銃中隊)の少尉という階級は近代戦争によって絶滅種《ぜつめつしゅ》にされてしまったのではないかとさえ思うほどだった」

兵士たちが少尉や中尉の名前を覚えるいとまがないほど、次々に倒れて交代したのであった。それほどの激戦《げきせん》だった。五月八日、ドイツが降伏した時のことをこう記している。

「五月八日にはナチス・ドイツが無条件降伏した。そんな重大なニュースを聞かされても、考えるのはわが身《み》に差《さ》し迫《せま》る危険《きけん》と悲惨《ひさん》さ(悲しむべきこと、みじめなこと)ばかりで、誰もたいした関心《かんしん》を払わなかった。『だからどうした』というのが周囲《しゅうい》の大方《おおかた》の反応《はんのう》だった。我々は観念《かんねん》(覚悟《かくご》すること。あきらめること)していた。日本軍は今までもそうだったように沖縄でも全滅《ぜんめつ》するまで戦うだろうし、本土《ほんど》に攻めこまれても不気味《ぶきみ》(気味が悪いこと、気持ち悪いこと)な戦術を変えることはないに違いない。ナチス・ドイツなど月よりも遠い話だった」

普通だったら強敵《きょうてき》ドイツが降伏《こうふく》したのだから、残るは日本のみと元気が出るところだが、全《まった》くそうならなかったのである。スレッジが「日本軍は今までもそうだったように沖縄でも全滅するまで戦うだろう……」と言っているのは重要《じゅうよう》な指摘《してき》(さし示すこと)である。日本軍は全滅するまで戦い抜く民族との思いは、アメリカ軍全将兵《ぜんしょうへい》の心底《しんてい》に刻印《こくいん》(刻《きざ》みつけること)されていた。日本には無条件降伏はありえない。そのような不屈《ふくつ》の日本軍と戦い続けることにアメリカ軍将兵は到底耐《とうていた》え難《がた》かったことが、結局《けっきょく》アメリカ軍が日本本土侵攻作戦《ほんどしんこうさくせん》を断念《だんねん》(あきらめること)した根本的理由であることを知る必要がある。米軍兵士が日本軍の名状《めいじょう》に尽くし難い剛強《ごうきょう》(とても強いこと)さ、日本軍将兵の比類《ひるい》なき士気《しき》、闘志《とうし》、戦闘能力《せんとうのうりょく》の高さにいかに骨身《ほねみ》に染《し》み透《とお》る思いを抱《いだ》いたことであろうか。

「『すげえな、あのニップ（日本人のこと）。こんなにうまい射撃《しゃげき》は聞いたことないぜ』。仲間が言った。我々は息を切らせながら耳を澄《す》ませ、日本兵の射撃の腕に半《なか》ば恐怖し半ば感嘆《かんたん》した」

「日本軍は縦深防御《じゅうしんぼうぎょ》（縦《たて》に奥深《おくふか》く数線《すうせん》にわたる陣地《じんち》を築《きず》いて敵の攻撃《こうげき》を防ぐこと）という精巧《せいこう》（くわしくたくみなこと）なシステム（組織）をつくって守りを固めていた。右翼の第六海浜師団の前にも左翼の陸軍歩兵師団の前にも同じような強力な防御陣《ぼうぎょじん》が立ちはだかっていた。日本軍は一歩も譲《ゆず》らぬ構《かま》えで果敢《かかん》（おもいきって行うこと）に反撃《はんげき》を繰《く》り返《かえ》し、アメリカ軍に最大の損害《そんがい》を与えようと力をしぼった。この戦術の結果、沖縄は殺戮《さつりく》（むごたらしく殺すこと）の島と化《か》したのである」

縦深防御戦術はペリリュー島において中川州男大佐《なかがわくにおたいさ》が始めた戦法《せんぽう》だったが、スレッジのいた第一海兵師団はこの戦術のため壊滅《かいめつ》、敗退《はいたい》したのであった。それが硫黄島《いおうとう》において栗林忠道中将《くりばやしただみちちゅうじょう》（死後大将）により受け継がれ、さらに沖縄戦で大々的に展開《てんかい》されたのである。スレッジはこの縦深防御戦術をペリリュー島において死ぬような思いで体験《たいけん》し、いま再びそれを沖縄でたっぷり味わったのである。強力無比《きょうりょくむひ》というしかない日本軍との戦いが、米軍兵士にとりいかに耐《た》え難《がた》い恐怖《きょうふ》であったかにつき、スレッジはこうのべている。

「交戦《こうせん》（戦いを交《まじ》えること）のたびに無傷《むきず》で這《は》い上《あ》がれる確率《かくりつ》がどんどん低くなる深い谷底《たにぞこ》のような世界だった。ネコにいたぶられるネズミのように恐怖に痛めつけられる忌《い》まわしい（忌《い》むべきこと。憎むべきこと。不吉《ふきつ》なこと）場所から、遠く戦いの音が聞こえてくる。その音の方へ一歩《いっぽ》踏《ふ》み出《だ》すごとに恐怖が膨《ふく》れ上《あ》がる」

スレッジはアメリカ兵を「ネコにいたぶられるネズミ」とたとえるが、本来《ほんらい》、日本兵こそ五十数万名の大兵力をもって攻め寄せたアメリカ兵というネコにいたぶられるネズミであった。圧倒的優勢《あっとうてきゆうせい》に立って戦いを進めているのにもかかわらず、アメリカ軍にはその実感《じっかん》がまるでなかったのである。

「前線《ぜんせん》に戻《もど》ることへの恐怖はますます強くなり、そのことが頭を離《はな》れないようになった。そしてその後の長い年月、私につきまとうことになる不気味《ぶきみ》な戦争の悪夢《あくむ》のなかでも、最もしつこくたちの悪いのがこの恐怖にまつわるものだった。いつも同じ、五月の沖縄の泥《どろ》と血の前線に帰って行く夢である」

「大砲《たいほう》や迫撃砲《はくげきほう》による砲撃《ほうげき》、艦砲射撃《かんぽうしゃげき》、空爆《くうばく》……目の前の大名渓谷《おおなけいこく》と左手の大名《おおな》高地《こうち》を標的《ひょうてき》にした我々の猛攻《もうこう》は続いた。日本軍の抵抗《ていこう》もすさまじく、戦場のあらゆる人間、あらゆるものに攻撃を加えた。攻勢《こうせい》に出る戦車＝歩兵部隊は残らず砲火《ほうか》にさらされた。それでも火炎放射戦車《かえんほうしゃせんしゃ》を含む合計三〇輌《りょう》の戦車から放たれた砲弾が谷間《たにま》に炸裂《さくれつ》（砲弾が破裂《はれつ》すること）し大地を焦《こ》がした。それから再び敵陣めがけて陸海空《りくかいくう》の総力を結集《けっしゅう》した砲撃《ほうげき》・爆撃《ばくげき》が仕掛《しか》けられ、その轟音《ごうおん》（とどろき渡る音）と衝撃《しょうげき》（轟音から受ける耳や体の震《ふる》えるような感じ）たるや、静寂《せいじゃく》という言葉の存在すら忘れてしまうほどだった」

「我々はペリリュー島でも相当《そうとう》の修羅場《しゅらば》（はげしい戦闘が行われる血なまぐさい場所）をくぐり抜けてきたが、大名《おおな》での激闘《げきとう》はその規模《きぼ》と言い、継続日数《けいぞくにっすう》と言いまったく別次元《べつじげん》（別世界）と言ってよかった。耳を聾《ろう》する（耳が聞こえなくなること）わが軍の攻撃は何時間も何日間もいつ果《は》てることなく続いた。日本軍の反撃もやむことはなかった。……日本兵はこんな猛攻《もうこう》に一体《いったい》どうやって耐《た》えていたのだろう。彼らはじっと洞窟《どうくつ》の奥《おく》に立てこもり、こちらの攻撃が小休止《しょうきゅうし》するとうじゃうじゃ出てきて、すかさず反撃《はんげき》に転《てん》じる。ペリリューの時と同じだった」

こうしてスレッジの第一海兵師団は、ペリリュー島の戦いとは比較《ひかく》にならぬ地獄というしかない苦しみを味わうのである。

生き地獄の中の十日間

第一海兵《かいへい》師団は五月十一日以後、一進一退《いっしんいったい》を繰《く》り返《かえ》した。やがて二十日ごろから沖縄は梅雨《つゆ》に入り大雨が月末まで続く。戦場一帯は水と泥に蔽《おお》われて、戦車もトラックも泥水《どろみず》に落ちこみ移動不可能《いどうふかのう》の状態《じょうたい》になる。従って食糧の補給《ほきゅう》、物資《ぶっし》の運搬《うんぱん》もままならなかった。前線の兵士は蛸壺《たこつぼ》の中でずぶ濡《ぬ》れとなり空腹《くうふく》をかかえ睡眠《すいみん》もほとんど取れず疲労《ひろう》が蓄積《ちくせき》した。こうして大名《おおな》高地への攻撃は全《まった》く行《ゆき》詰《づま》ってしまうのである。スレッジはこうのべている。

「五月二十一日から小やみなく降《ふ》り続《つづ》いた豪雨《ごうう》は、大名渓谷《けいこく》を泥沼《どろぬま》にも似《に》た濁《だく》流《りゅう》の海に変えた。戦車《せんしゃ》はぬかるみにはまり、水陸両用《すいりくりょうよう》のアムトラックさえ泥沼を乗りきることはできなかった。前線《ぜんせん》の環境《かんきょう》は痛《いた》ましいほど劣悪《れつあく》（ひどく悪いこと）だった。物資《ぶっし》の補給《ほきゅう》と死傷者《ししょうしゃ》の後送《こうそう》が深刻《しんこく》な問題になった。食糧《しょくりょう》、水、弾《だん》薬《やく》も底をついてきた。蛸壺《たこつぼ》はたびたび水をかき出さなくてはならなかった。兵士の服も靴《くつ》も足も体も常にずぶ濡《ぬ》れだった。睡眠《すいみん》をとることも不可能に近く、心身《しんしん》両面《りょうめん》の疲労困憊《ひろうこんぱい》（苦しみつかれること）が海兵隊員をむしばみ始めていた。

耐《た》え難《がた》い状況《じょうきょう》をさらに悪化《あっか》させていたのが、壕《ごう》（ほり）のすぐ外《そと》に転《ころ》がる海兵隊員と日本兵の死体だった。K中隊（スレッジの所属中隊）がハーフムーン・ヒルに到着《とうちゃく》する前の五日間にもわたる激闘《げきとう》で倒《たお》れた兵士たちがそのまま放置《ほうち》されていたのだ。毎日戦闘が続くうちに一つまた一つと死体の数が増えてゆく。ハエがうようよとたかり、アメーバ赤痢《せきり》にかかる者も出始めた。K中隊の面々《めんめん》は第一海兵師団の仲間とともに、そんな生き地獄《じごく》の中で十日間も戦い続けることになる」

「私は一瞬《いっしゅん》一瞬をしのいで生き延《い》《の》びた。死んだほうがましだったと思うことさえあった。我々は底知れぬ深淵《しんえん》に——戦争という究極《きゅうきょく》の恐怖《きょうふ》の真《ま》っ只中《ただなか》にいた」

「私の知る最も屈強《くっきょう》なつわものでさえ、悲鳴《ひめい》をあげる瀬戸際《せとぎわ》まで追《お》い込《こ》まれていた。身《み》の毛《け》もよだつ（おそろしさのため身の毛が立つこと）戦場に生きて昼も夜もなく延々《えんえん》と戦い続け、しかも正気《しょうき》でいられるなどということは、自分の目で見ない限り想像もつかないだろう。だが私はそれを沖縄でいやというほど見てきた。私にとってあの戦争は狂気《きょうき》そのものだった」

「戦争神経症《しんけいしょう》には多くの仲間が苦しんだ。症状《しょうじょう》は様々《さまざま》で周囲の状況《じょうきょう》を認識《にんしき》できずに放心《ほうしん》したままの者から、ただすすり泣く者、さらに極端《きょくたん》な場合《ばあい》は大声《おおごえ》でわめき叫《さけ》ぶ者まで実《じつ》に幅広《はばひろ》かった。膠着《こうちゃく》（ぺったりはりついて動かないこと）して長びく首里戦線《しゅりせんせん》で延々《えんえん》と砲撃を受け続けることは、人間が耐《た》え得《う》る重圧《じゅうあつ》（重い圧力）の限界《げんかい》を超《こ》えていたのではないだろうか。実際《じっさい》、いつもなら何物《なにもの》にも動じない歴《れき》戦《せん》（いくつもの戦いを経験すること）のつわものが次々に精神的また肉体的につぶされていった」

まことにこの上ない貴重《きちょう》な証言《しょうげん》である。ここにあるのは勝者《しょうしゃ》の言葉ではなく、心身《しんしん》ともに打ちのめされた敗者《はいしゃ》の嘆《なげ》きである。比較《ひかく》を絶する戦力を誇るアメリカ軍、しかも米軍最強を誇る第一海兵師団の将兵《しょうへい》、勇者《ゆうしゃ》たちがかくも心身《しんしん》ともに苦悩《くのう》のどん底に陥《おちい》り、次々に「戦争神経症《しんけいしょう》」という精神障害に追いこまれていったのである。

この記録を残したユージン・スレッジの所属した第五海兵連隊第三大隊K中隊は総員《そういん》二三五名で上陸したが、一度ほとんど全滅《ぜんめつ》したため二五〇名の補充兵《ほじゅうへい》が加えられた。沖縄戦終了時に残ったのは五〇名である。四月一日以来《いらい》の兵士はスレッジを含めてわずか二十六人であった。他の中隊の状況もほぼ同様《どうよう》だから、第一海兵師団は結局二度、全滅に近い壊滅的打撃《かいめつてきだげき》を受けたのであった。

牛島中将の統率《とうそつ》した日本軍の強さとその戦闘《せんとう》ぶりは世界に比類なく、まったく想像を絶する人間業《にんげんわざ》を超えた神業《かみわざ》であったことが、この海兵隊兵士の証言《しょうげん》・記《き》録《ろく》によっても明らかに証明されるのである。沖縄戦は形においては敗れ、日本軍は全滅・玉砕《ぎょくさい》した。しかし死をもって皇国《こうこく》日本を護り抜いた祖国への忠誠《ちゅうせい》並びに士気《しき》と闘志《とうし》において、すなわち精神の戦いにおいて牛島大将始め日本軍将兵はアメリカ軍将兵に打ち勝ったのである。これこそ後世《こうせい》の日本国民が日米最後の決戦たる沖縄戦から学ぶべき最も重要な教訓《きょうくん》である。

4、日本を亡国から救った死戦死闘
——大楠公《だいなんこう》に導かれた祖国防衛戦

第二十四師団の奮戦

日本軍の首里中核陣地《しゅりちゅうかくじんち》において西側を攻めたのが海兵《かいへい》二個師団（第一・第六）、東側を攻めたのが陸軍三個師団（第七・第七十七・第九十六）である。この三個師団を迎《むか》え撃《う》ったのが、第二十四師団である。同師団もまた第六十二師団に劣らず五月末まで驚異的《きょういてき》な粘《ねば》り強さを発揮《はっき》して米軍《べいぐん》に甚大《じんだい》な打撃を与えた。石嶺高地《いしみねこうち》・

一三〇高地・一四〇高地・一五〇高地・弁ケ嶽《べんがだけ》および運玉森《うんたまむい》の各陣地において第二十四師団は防御戦闘《ぼうぎょせんとう》の見本《みほん》というべき勇戦《ゆうせん》を行いアメリカ軍の進撃《しんげき》を阻止《そし》し続けた。

第七十七師団は五月十一日から月末まで石嶺陣地に攻撃を繰り返したが、第二十四師団の一部隊により反撃を受けて損害続出、同陣地を奪取《だっしゅ》できなかった。石嶺高地に連《つら》なるのが一三〇高地・一四〇高地・一五〇高地（それぞれ一三〇メートル・一四〇メートル・一五〇メートルの小山）である。第七十七師団は五月十一日、一三〇高地を攻撃したが、第二十四師団の一部隊により撃退《げきたい》された。以後十日間、激戦《げきせん》が続いた。途中《とちゅう》第七十七師団第三〇六連隊は壊滅的打撃《かいめつてきだげき》を受けて第三〇七連隊と交代《こうたい》した。五月二十日、アメリカ軍はようやく一三〇高地を占領《せんりょう》した。

アメリカ軍は師団の三個の歩兵《ほへい》連隊のうち一個連隊の損害が大きくなると新手《あらて》の連隊と交代《こうたい》させて戦うことが出来た。壊滅的打撃を受けた連隊はしばらく休息《きゅうそく》が与えられてその間に欠員《けついん》が補充《ほじゅう》される。苦戦《くせん》・難戦《なんせん》ではあったがこのゆとりがあった。それに対して日本軍は相対《あいたい》する米軍の三分の一以下のしかも補充《ほじゅう》のない兵力で休みなく戦わねばならないから、いかに善戦《ぜんせん》しても戦力は枯渇《こかつ》(かれっきること)の一途《いっと》を辿《たど》り最後は敗退《はいたい》せざるを得ないのである。

一四〇高地と一五〇高地に対しては、第七十七・第九十六の両師団が揃《そろ》って攻撃した。ここでも連日激闘《れんじつげきとう》が続いた。一四〇・一五〇の二高地を守ったのが第二十四師団歩兵第二十二連隊と一個独立大隊である。このわずかな戦力で二個師団を相手に十日間健闘して米軍に多大な損害を与えたが、二十日アメリカ軍は一四〇・一五〇の両高地を占領《せんりょう》した。

アメリカ軍は苦戦《くせん》の末《すえ》、石嶺《いしみね》・一三〇・一四〇・一五〇の各高地を占領し包囲網《ほういもう》をせばめた。しかし五月二十日以降《いこう》、月末まで進撃を阻《はば》まれ足踏《あしぶ》み状態《じょうたい》が続いた。第二十四師団はこれらの陣地から後退《こうたい》したが、首里東側の弁ヶ嶽《べんがだけ》を要《かなめ》とする最後の一線を死守《ししゅ》した。米軍戦史はこう記している。

「その後、第七十七師団は首里前線《しゅりぜんせん》の正面で戦線部分《せんせんぶぶん》をほとんど確保《かくほ》できなかった。ここでは日本軍はできる限り他のどこよりも頑強《がんきょう》に抵抗《ていこう》し、泥だらけの小山と斜面《しゃめん》を丸ごと大胆《だいたん》に守った」

アメリカ軍を苦しめたのは日本軍の猛反撃に加えて梅雨期《つゆき》の豪雨《ごうう》と泥沼《どろぬま》と化《か》した大地《だいち》であった。米軍戦史は語る。

「弾薬《だんやく》・水・食糧が一キロ離れた後方《こうほう》から素手《すで》で運ばれた。死傷者は担架《たんか》を持った八人の兵士たちが膝《ひざ》まで泥だらけになりながらも滑《すべ》りながら後方《こうほう》に運んだ。……こうした条件下《じょうけんか》では攻撃することはできなかった。兵士たちは生きることがすべてであった。……五月最後の十日間の激しい戦いは、すでに消耗《しょうもう》しきった兵士たちにとって不可能であった。

日本軍は首里《しゅり》の真東《まひがし》に位置しているトムヒル（弁ヶ嶽）からこの地域を完全に観《かん》測《そく》し活発《かっぱつ》に迫撃砲《はくげきほう》と機関銃《きかんじゅう》を発射《はっしゃ》した。……ここでは泥・物資不足・戦意《せんい》の低《てい》下《か》が満ちていた」

弁ヶ嶽陣地《じんち》を攻めたのは第七十七師団と第九十六師団だが、ことに第九十六師団の蒙《こうむ》った打撃は甚大《じんだい》であった。

首里陣地東部の重要拠点の一つが運玉森《うんたまむい》という一六一メートルの高地でここを

守ったのは第二十四師団歩兵第八十九連隊を始めとする諸部隊《しょぶたい》であり、攻撃したのは第九十六師団並びに第七師団である。第七師団は壊滅的打撃《かいめつてきだげき》を受けて五月九日戦線《せんせん》を離脱《りだつ》したが、多くの補充兵《ほじゅうへい》により戦力を回復、強化《きょうか》して復帰《ふっき》した。しかし第九十六・第七の両師団はわが第二十四師団の頑強《がんきょう》な抵抗《ていこう》に遭《あ》い損害続出《ぞくしゅつ》して五月末まで運玉森《うんたまむい》の占領は出来なかった。三個師団を相手とする第二十四師団の勇戦《ゆうせん》・奮戦《ふんせん》ぶりは全《まった》く見事《みごと》の一言《ひとこと》に尽《つ》きた。日本軍のこうした不屈《ふくつ》の戦いぶりを見るにつけても、大本営《だいほんえい》が沖縄軍に二個師団しか与えなかった過失《かしつ》が悔《く》やまれてならない。もし三ないし四個師団をもって戦ったならば、アメリカ軍が首里《しゅり》戦線で壊滅《かいめつ》、敗退《はいたい》の憂《う》き目《め》を見たのは必至《ひっし》であったであろう。

精神病患者続出の米軍

アメリカ軍は日本軍の中核《ちゅうかく》たる首里陣地《じんち》を五個師団をもって約二十日間、莫《ばく》大《だい》な犠牲《ぎせい》を払いつつ攻め続けた。これに対して日本軍が補充《ほじゅう》・補給《ほきゅう》なしの弱小《じゃくしょう》戦力をもって忍耐《にんたい》強く激烈極《げきれつきわ》まる反撃《はんげき》を続けたことがアメリカ軍将兵に与えた影響は、計《はか》り知れないものがあった。米軍戦史はこう記している。

「五月も終りだというのに、戦闘は二ヵ月近く首里戦線で荒《あ》れ狂《くる》っていた。アメリカ兵の多くは首里は占領《せんりょう》できるだろうか、生きてその占領を見ることができるだろうか、あれこれ思いを巡《めぐ》らせていた。五月二十一日、コニカルヒル(運玉《うんたま》森高地《むいこうち》)の東側斜面《しゃめん》は確保《かくほ》したが、首里高地一帯でのさらなる一週間以上の戦闘のあとも、琉球《りゅうきゅう》の昔の首都周辺《しゅとしゅうへん》一帯《いったい》はすべて固く守られていた」

空爆《くうばく》と艦砲射撃《かんぽうしゃげき》を伴《ともな》う圧倒的戦力《あっとうてきせんりょく》を以《もっ》て戦い、日本軍の第一線・第二線陣地を抜き、首里中核陣地を包囲《ほうい》しているのだから、客観的《きゃっかんてき》に見るなら最終的《さいしゅうてき》勝利まであと数歩《すうほ》というところまで来ているのにもかかわらず、アメリカ軍将兵の心《しん》理《り》はかくのごとく勝利感《しょうりかん》とはほど遠い辛苦《しんく》に満ちたものであった。米軍戦史は五月末のアメリカ軍の状況をこう記している。

「戦闘によるもの以外の被害者《ひがいしゃ》は多かった。大きな比率《ひりつ》を占《し》めたのは、精神病《せいしんびょう》患者《かんじゃ》か『戦闘疲労者《せんとうひろうしゃ》』だった。五月末までに二個の海兵師団で六、三一五人、四個の陸軍師団では七、七六二人の非戦闘患者《ひせんとうかんじゃ》が出た。これが生《しょう》じた大きな原因は太平洋戦争で体験した最も大量《たいりょう》の大砲と迫撃砲《はくげきほう》の激しい集中砲撃《しゅうちゅうほうげき》によることは疑いなかった。兵士の神経《しんけい》を悩ませたもう一つの原因は、いつ果《は》てるともしれない狂信的《きょうしんてき》な敵との接近戦《せっきんせん》にあった」

日本軍との戦いに恐怖《きょうふ》した末、精神に異常《いじょう》を来《きた》して戦場に出ることを拒絶《きょぜつ》する兵士が続出《ぞくしゅつ》したのである。沖縄戦全体の精神病患者は公式には二万六千名とされているが実数《じっすう》はもっと多い。

米軍戦史は日本軍人に対して「狂信的な敵」と表現している。長年《ながねん》にわたって日本を圧迫《あっぱく》し追《お》い詰《つ》めて対日侵略戦争を起こし、あまつさえ一般国民約百万人を虐殺《ぎゃくさつ》したアメリカ軍に対して、日本軍人は祖国愛の限りを尽くして戦い抜いた。その至純至誠《しじゅんしせい》(この上ない純粋な心と誠の心)に立つ日本軍将兵の死闘に対して、侵略国であるアメリカは「狂信的」と口ぎたなくののしるのである。

日本人としての自覚《じかく》と誇《ほこ》りを持つ者であるならこう言い返そう。真《しん》に狂信的なのは、独善排他的《どくぜんはいたてき》(自分だけが正しく善であり、他者《たしゃ》は悪であるとして排斥《はいせき》すること)

な一神教《いっしんきょう》（神はただ一つであり、自分たちの信ずる宗教の神のみ唯一絶対《ゆいいつぜったい》であり、他の宗教の信ずる神を邪神《じゃしん》・悪魔《あくま》として認めない）であるキリスト教を中心とする西洋文明を最高絶対と思いこみ、非西洋人を劣等人種《れっとうじんしゅ》あるいは人間以下の存在として、非西洋諸国との協調《きょうちょう》・共存《きょうぞん》を決して認めず、天皇を戴《いただ》く皇国《こうこく》日本を地上から抹殺《まっさつ》（消滅《しょうめつ》）せんとして挑戦し、非道無法《ひどうむほう》の限りを尽くしてわが国を侵略したアメリカそのものではないか。そうしてわが領土である沖縄に押し入り空爆その他で県民約十数万人を殺戮《さつりく》したアメリカの行為こそ「狂信的」ではないか。こう断然《だんぜん》と言えることこそ誇り高き日本人の証《あかし》である。米戦史は続けてこう記す。

「五月の末にはアメリカ軍は疲弊《ひへい》（つかれきること）しきっていた。第九十六師団は六十一日のうち五十日は戦線にいたし、第七師団は四十九日、第七十七師団は連続三十二日、第一海兵師団は連続三十一日、第六海兵師団は三週間以上それぞれの戦場にいた。……五月の末までに海兵師団の戦車《せんしゃ》の損害を除き、陸軍四個師団は二二一台の戦車の損害を受けた。二二一台の戦車の損害は陸軍の戦車全体（約四〇〇台）の五七パーセントに当っていた」

アメリカ軍の蒙《こうむ》った打撃は心理的《しんりてき》かつ物理的《ぶつりてき》にかくも甚大《じんだい》であった。圧倒的《あっとうてき》な戦力差《せんりょくさ》にもかかわらず、日本軍は終始《しゅうし》対等《たいとう》以上の戦いをやり続けたのである。それは日本軍のみが出来た戦いであった。

大田實中将・島田叡《あきら》知事・沖縄学徒隊の尽力
――「沖縄県民斯《か》ク戦ヘリ」

沖縄戦においては海軍部隊も牛島軍司令官の統率《とうそつ》のもとに戦った。その部隊が海軍沖縄方面根拠地隊《こんきょちたい》であり、約一万の兵力を有し、司令官は大田實《おおたみのる》海軍少将《しょう》(死後中将)である。大田は楠木正成《くすのきまさしげ》、東郷平八郎《とうごうへいはちろう》、乃木希典《のぎまれすけ》を仰慕《ぎょうぼ》尊敬《そんけい》する尽《じん》忠報国《ちゅうほうこく》(忠義《ちゅうぎ》を盡《つく》して国に報《むく》いる)一筋《ひとすじ》の軍人で、まわりから「武人《ぶじん》(いくさびと、武士、軍人)中《ちゅう》の武人、男の中の男」と言われた実戦経験《じっせんけいけん》豊かな海軍陸戦隊《りくせんたい》の第一人者であった。海軍もまた最適《さいてき》の人物を沖縄に送ったのである。

大田は五月上旬、牛島軍司令官の命《めい》(命令)を受けて主力《しゅりょく》の二千五百名の精鋭《せいえい》(えり抜きの兵士)を首里戦線《しゅりせんせん》に送り出した。この部隊は陸軍に劣らぬ戦いをしてほとんどが倒れた。さらに五月末、海軍部隊は第三十二軍が首里陣地から南部島尻地《しまじりち》区《く》に移動するときその撤退《てったい》(退去《たいきょ》すること)を掩護《えんご》(助け護ること、援護《えんご》)した。海軍部隊はその完了《かんりょうご》後撤退の予定だったが、アメリカ軍の重包囲《じゅうほうい》(厳重《げんじゅう》な包囲)を受けたため、那覇《なは》南方の小禄《おろく》半島で十日間奮戦したが六月十三日、全滅し大田少将は自決を遂《と》げた。その際《さい》、大田は海軍次官あてに電報を発した。それが今日《こんにち》、「沖縄県民斯《か》ク戦《たたか》ヘリ」として知られているものである。大田は沖縄県民が陸海軍に全面的に協力し、ことに十代の男女生徒までが命を捧げて戦い抜いたことを伝え、最後を「沖縄県民斯ク戦ヘリ。県民ニ対シ後世格別《こうせいかくべつ》ノ御高配《ごこうはい》ヲ賜《たまわ》ランコトヲ」と結んだ。大田は県庁側が既に通信手段《つうしんしゅだん》を失っていることを見てとり、自《みずか》ら進んでこうしたのである。この電報が昭和四十七年の沖縄本土復帰《ほんどふっき》の際《さい》、大きな影響を与えその後の沖縄県の発展と県民の生活向上に貢献《こうけん》(大いに役立つこと)したのである。

当時の県知事は島田叡《しまだあきら》である。島田の赴任《ふにん》(任につくこと)は昭和二十年一月末日、沖縄戦開始のわずか二ヵ月前である。前任者《ぜんにんしゃ》が沖縄が戦場となることを恐れて任務《にんむ》を放棄《ほうき》し逃げ出したため、後任《こうにん》選び（当時は内務大臣《ないむだいじん》が任命）に難航《なんこう》（困難のため物事がはかどらないこと）の末、大阪府内政部長だった島田が任命された。島田は要請《ようせい》（請《こ》いもとめること）された時、即座《そくざ》（すぐに）に承諾《しょうだく》した。そのときの心《しん》境《きょう》をこう語っている。

「おれが行かなんだら誰かが行かななららんやないか。おれは死にとうないから、誰か行って死ねとはよう言わん」

「断《ことわ》るわけにはいかんのや。断ったらおれは卑怯者《ひきょうもの》として外《そと》にも歩けなくなる。人間いずれ死ぬんや。早いか遅いかの違いや」

「牛島さんから赴任《ふにん》を望まれた。男として名指《なざ》しされて断わることは出来《でき》へんやないか」

島田は上海総領事館《しゃんはいそうりょうじかん》警察部長時代、歩兵第三十六旅団長だった牛島少将と知り合い、肝胆相照《かんたんあいて》らす仲（親友となること）となった。二人とも人格・人品《じんぴん》がよく似《に》ており、西郷隆盛《さいごうたかもり》を仰慕《ぎょうぼ》して生涯《しょうがい》の手本《てほん》として見習ったことにおいても共通していた。沖縄県知事がなかなか決まらない時、牛島は内務大臣に「ぜひ島田君を」と懇望《こんもう》（心から願望《がんぼう》すること）したのである。島田は文官《ぶんかん》（行政事務《ぎょうせいじむ》を行う官吏《かんり》。軍事にかかわる者が武官《ぶかん》）ではあったが、牛島、大田同様、毅然《きぜん》（意志強く勇気に満ちあふれていること）たる武士の心を持つ人物であった。沖縄戦は陸軍・海軍・行政側からこれ以上にはない最高の人材が投入《とうにゅう》（送りこむこと）されたのである。

島田が赴任《ふにん》して全職員に挨拶《あいさつ》した時、全員が島田の決死の覚悟に深く感銘《かんめい》し、「この長官は自分たちを捨てて行かない。この人なら最後までついて行ける。この知事となら死ねる」と誰もが思った。島田は大田とも肝胆相照《かんたんあいて》らした。それゆえにこそ大田は島田のことを切《せつ》に思い、先の電報を発したのであった。島田は牛島軍司令官・大田司令官と心を合わせて軍に全面的に協力しつつ、県民の疎開《そかい》（戦火《せんか》を避けるため県民を県外あるいは県北部に移動、分散《ぶんさん》させること）、食糧《しょくりょう》の確保《かくほ》等《とう》に全力を尽くした。島田とその片腕《かたうで》となって活躍した荒井退造《あらいたいぞう》警察部長は短期間に二十二万人の県民を疎開させた。そうして島田と荒井は沖縄戦が終了したとき自決《じけつ》（自害《じがい》）を遂《と》げた。多くの県民が戦火《せんか》の犠牲《ぎせい》となり、県民全《すべ》てを守ることが出来なかったことを自己の責任としたのである。この高潔《こうけつ》（気高く清らかなこと）

無比《むひ》の島田知事と荒井警察部長に対して、沖縄の人々は今なおつきぬ哀悼《あいとう》と仰慕《ぎょうぼ》と敬愛《けいあい》の念《ねん》を捧《ささ》げている。

沖縄戦では県民あげて協力、二万五千名の男子が軍人として戦い、その他の人々は主《しゅ》として銃後《じゅうご》（戦場以外）において奉仕《ほうし》した。その中の最年少者は十五歳以上の男女学徒であった。男子は師範《しはん》学校及び中学校の上級生約千七百名が「鉄血《てっけつ》勤皇隊《きんのうたい》」として戦闘及び後方任務《こうほうにんむ》に従事《じゅうじ》（その事を自分の仕事とすること）した。これら十代後半の少年たちは、対戦車肉薄攻撃《にくはくこうげき》（敵戦車に対して爆弾をかかえて突っ込み、わが身もろとも戦車を粉砕《ふんさい》する攻撃）、挺身斬り込み《ていしんきこ》（夜間《やかん》、刀を以て斬りこむ）、通信伝令勤務《つうしんでんれいきんむ》、陣地構築《じんちこうちく》、弾薬《だんやく》・食糧運搬等《しょくりょううんぱんとう》の任務に精根《せいこん》（気力《きりょく》、根気《こんき》）を傾《かたむ》け、七百三十余名が戦死した。

女子生徒は師範学校女子部、県立第一、第二、第三、首里《しゅり》、積徳《せきとく》、昭和の各高等女学校上級生五百数十名である。学校ごとに「ひめゆり」「白梅《しらうめ》」「名護《なご》蘭《らん》」「瑞泉《ずいせん》」「積徳《せきとく》」「梯梧《でいご》」等の部隊名《ぶたいめい》でよばれたが、女子生徒たちは、補助《ほじょ》看護婦《かんごふ》として陸軍病院始め師団、旅団《りょだん》等の野戦病院で献身的《けんしんてき》な看護《かんご》に従事《じゅうじ》し、二百四十九名が敵弾《てきだん》に倒れた。男女とも約半数近い生徒が祖国に身命《しんめい》を捧《ささ》げたのである。かくのごとく沖縄戦は軍と県民が一体となって戦われたのである。

南部における最後の抗戦

五月の一ヵ月間、日米両軍は首里戦線《しゅりせんせん》において互いに死力《しりょく》を尽《つ》くして戦ったが、戦力差はいかんともしがたく日本軍の防御《ぼうぎょ》は限界《げんかい》に達《たっ》しつつあった。第二十四師団・第六十二師団・独立混成《こんせい》四十四旅団は奮闘《ふんとう》の限りを尽くしたが、将兵の大半《たいはん》は倒れた。

牛島軍《ぐん》司令官《しれいかん》は首里中核陣地のこれ以上の持久《じきゅう》(持ちこたえること)は困難《こんなん》と見て南部への後退《こうたい》を決断《けつだん》、五月二十九日より絶え間ない降雨《こうう》の中に移動を行った。軍司令部は摩文仁《まぶに》に置かれた。第三十二軍の残存兵力《ざんぞんへいりょく》は約三万名にまで激減《げきげん》していた。歴戦《れきせん》の勇士《ゆうし》をあらかた失い、大半《たいはん》は訓練不足《くんれんぶそく》ないし未訓練《みくんれん》の後方部隊《こうほうぶたい》からの補充兵《ほじゅうへい》と現地《げんち》の防衛召集者《ぼうえいしょうしゅうしゃ》であった。従って実質兵力《じっしつへいりょく》はその半分ほどしかなかった。各種の火砲《かほう》・機関銃《きかんじゅう》も激減《げきげん》、弾薬《だんやく》・砲弾量も残り少なくなっていた。しかしそれでもなお日本軍は気力《きりょく》をふりしぼり最後まで戦い抜き、アメリカ軍をとことん苦しませ続けてやまなかった。

六月五日、アメリカ軍は島尻《しまじり》地区東部の独立混成《こんせい》第四十四旅団を攻撃した。同旅団は米軍の猛攻《もうこう》に必死に抗戦《こうせん》したが、戦力の寡少《かしょう》はいかんともしがたく十六日、八重瀬嶽陣地《やえせだけじんち》を奪取《だっしゅ》された。同旅団はほとんど全滅《ぜんめつ》した。

西部方面では十二日、アメリカ軍は全線《ぜんせん》において攻撃をかけたが、沖縄軍主力の第二十四師団は強く反撃《はんげき》、またもや恐るべき抗戦《こうせん》を行い米軍は苦戦《くせん》を強《し》いられた。ことに国吉《くによし》高地の戦いにつき米軍戦史はこう記している。

「国吉高地は、気が狂いそうな目まぐるしい多くの犠牲者《ぎせいしゃ》を出した沖縄島南端《なんたん》における接近戦《せっきんせん》の場所であった。……六月十二日の困難は混乱《こんらん》の始まりにしかすぎなかった。六月十三日、二個大隊から一四〇人が死傷した」

同高地を攻撃したのが第一海兵師団である。既述《きじゅつ》した同師団兵士、ユージン・スレッジはこの戦闘につきやはり貴重《きちょう》な記録を残している。

「六月十四日には第一連隊が丘陵《きゅうりょう》の各所《かくしょ》に攻撃を仕掛《しか》けたが、激しい戦闘で大量の死傷者《ししょうしゃ》を出した」

「これがおそらく最後の大きな戦いになる、誰もがそう確信《かくしん》していた。暗闇《くらやみ》の中を進む私の心臓は高鳴《たかな》り、喉《のど》が乾《かわ》いて唾《つば》を呑《の》み込《こ》むことさえままならなかった。パニックに襲《おそ》われていたと言ってもいい。ここまで生き延《い》びてきたけれども、そろそろ年貢《ねんぐ》の納《おさ》めどき(これで終りということ)かもしれない。汗《あせ》が噴《ふ》き出《だ》し祈りの言葉が口をついた。どうか弾《たま》が当っても死んだり体が不自由《ふじゆう》になったりしませんように。実際《じっさい》、回《まわ》れ右《みぎ》して逃げ出したいくらいだった」

「暁《あかつき》の光とともに周囲《しゅうい》の状況《じょうきょう》がはっきり見えてきた。そのときになって初めて国吉丘陵《きゅうりょう》の争奪戦《そうだつせん》がいかに過酷《かこく》(きびしすぎること)な死闘《しとう》だったかが、そしてそれがいまだ続いているのだということがはっきりと認識《にんしき》できた」

そうしてスレッジはペリリュー島の戦いを経験した古参兵《こさんへい》(長い間戦ってきた兵士)が、ついに神経《しんけい》に異常《いじょう》をきたし半狂乱《はんきょうらん》となり、単身《たんしん》日本軍陣地に向って走り出したとき、一軍曹《いちぐんそう》がそれを押《お》し止《とど》めた際《さい》の有様《ありさま》をこう記している。

「古参兵《こさんへい》は体の平衡《へいこう》（平均《へいきん》を保《たも》つこと）を崩《くず》して倒《たお》れ仰向《あおむ》けになると、赤ん坊《あかんぼう》のように泣きはじめた。ズボンの前が黒く濡《ぬ》れていた。頭の箍《たが》がはずれたとき失禁《しっきん》（尿《にょう》を洩《も》らすこと）したのだろう。軍曹と私は彼がまた立ち上がらないように押《お》さえながら、なんとか落ち着かせようとした。我々は衛生兵《えいせいへい》をよんだ。古参兵は衛生兵に付き添《そ》われて、すすり泣き身《み》を震《ふる》わせながら苛酷《かこく》（むごいこと、きびしいこと）な戦場をあとにして救護所《きゅうごしょ》へと下《くだ》っていった。『あいつは立派《りっぱ》な海兵隊員だ、スレッジ。そうじゃないって言うやつがいたら、誰だろうがただじゃすまさん。ただ限界《げんかい》を超《こ》えたんだ。そういうことだ。限界を超えてしまったんだよ』。軍曹の声が悲しげに小さくなっていた。我々がたった今目《いまめ》にしたのは、勇猛《ゆうもう》な男が我を失って乱心《らんしん》（心が乱れ狂うこと）し、生きる意志《いし》さえ手放《てばな》してしまう姿だった」

「国吉丘陵に援軍《えんぐん》が到着《とうちゃく》して間《ま》もない頃《ころ》（六月十八日午後）、私はハンク・ボーイズ一等軍曹と与座《よざ》と国吉の戦闘で我々が何人《なんにん》の仲間を失ったかを聞いてみた。K中隊の戦死者は志願兵《しがんへい》四九名に士官一人だと答えた。前日いた隊員の半分が死んだことになる。着いたばかりの補充兵《ほじゅうへい》はほぼ全員死ぬか負傷《ふしょう》していた。K中隊のかつての面影《おもかげ》はもうなかった。二三五人の定員《ていいん》がわずか二一パーセントしか残っていないのだ」

南部島尻地区の最後の戦いで第二十四師団始め少数の日本軍がアメリカ軍に対していかにすさまじい奮戦死闘《ふんせんしとう》を行ったことであろうか。日本軍の信じ難《かた》い剛《ごう》強《きょう》さは、すべてのアメリカ軍将兵《しょうへい》の脳裏骨髄《のうりこつずい》に刻印《こくいん》(刻《きざ》みつけること)されずにはおかなかったのである。アメリカ軍将兵をかくも苦しめ日本軍を上回る大損害を与えた沖縄軍将兵の死戦死闘は、いくら強調《きょうちょう》しても過《す》ぎではない。それは大東亜戦争の結末《けつまつ》に決定的影響《けっていてきえいきょう》を及ぼさずにはおかなかったからである。

牛島大将の最期《さいご》・日本軍の玉砕《ぎょくさい》

日本軍の不屈《ふくつ》の戦いは遂《つい》に最後の時を迎《むか》えた。健闘空《けんとうむな》しく各部隊は次々に全《ぜん》滅《めつ》、弾薬《だんやく》も底を尽きもはや組織的戦闘《そしきてきせんとう》が不可能となった六月十八日、牛島中将は大本営と上級司令部に最後の電報を打ちこうのべた。

「大命《たいめい》を奉《ほう》じ挙軍醜敵撃滅《きょぐんしゅうてきげきめつ》の一念《いちねん》に徹《てっ》し勇戦敢闘《ゆうせんかんとう》、茲《ここ》に三ヵ月全軍将兵鬼神《げつぜんぐんしょうへいきじん》の奮励努力《ふんれいどりょく》にもかかわらず、陸海空《りくかいくう》を圧《あっ》する敵《てき》の物量《ぶつりょう》制《せい》し難《がた》く戦局《せんきょく》正《まさ》に最後《さいご》の関頭《かんとう》に直面《ちょくめん》せり。麾下部隊本島進駐以来《きかぶたいほんとうしんちゅういらい》、現地同胞《げんちどうほう》の献身的協力《けんしんてききょうりょく》の下《もと》に鋭意《えいい》作戦準備《さくせんじゅんび》に邁進《まいしん》し来《きた》り、敵《てき》を邀《むか》うるに方《あた》っては帝国陸海軍航空部隊《ていこくりくかいぐんこうくうぶたい》と相呼応《あいこおう》し、将兵《しょうへい》等《ひと》しく皇土沖縄防衛《こうどおきなわぼうえい》の完璧《かんぺき》を期《き》せしも、満《みつる》、不敏不徳《ふびんふとく》の致《いた》すところ事《こと》志《こころざし》と違《たが》い、今《いま》や沖縄本島《おきなわほんとう》を敵手《てきしゅ》に委《まか》せんとし、負荷《ふか》の重任《じゅうにん》を継続《けいぞく》する能《あた》わず。

上《かみ》　陛下《へいか》に対《たい》し奉《たてまつ》り、下国民《しもこくみん》に対《たい》し真《しん》に申訳《もうしわけ》なし。茲《ここ》に残存手兵《ざんそんしゅへい》を率《ひき》い最後《さいご》の一戦《いっせん》を展開《てんかい》し、一死《いっし》以《もっ》て御詫《おわ》び申上《もうしあ》ぐる次第《しだい》なるも唯々重任《ただただじゅうにん》を果《はた》し得《え》ざりしを思《おも》い長恨千載《ちょうごんせんざい》に尽《つ》くるなし。最後《さいご》の決闘《けっとう》に当《あた》り既《すで》に散華《さんげ》せる麾下数万《きかすうまん》の英霊《えいれい》と共《とも》に、皇室《こうしつ》の弥栄《いやさか》と皇国《こうこく》の必勝《ひっしょう》とを衷心《ちゅうしん》より祈念《きねん》しつつ、全員護国《ぜんいんごこく》の鬼《おに》と化《か》して敵《てき》の我《わ》が本土来寇《ほんどらいこう》を破摧《はさい》し、或《あるい》は神風《かみかぜ》となりて天翔《あまか》けり必勝《ひっしょう》戦《たたか》いに馳《は》せ参《さん》ずるの所存《しょぞん》なり。戦雲碧々《せんうんへきへき》たる洋上尚小官統率下《ようじょうなおしょうかんとうそつか》の離島各隊《りとうかくたい》あり。何卒宜《なにとぞよろ》しく御指導《ごしどう》賜《たまわ》りたく切《せつ》に御願《おねが》い申上《もうしあ》ぐ。

茲《ここ》に平素《へいそ》の御懇情《ごこんじょう》、御指導《ごしどう》並《なら》びに絶大《ぜつだい》なる作戦協力《さくせんきょうりょく》に任《にん》ぜられし各上司《かくじょうし》並《なら》びに各兵団《かくへいだん》に対《たい》し深甚《しんじん》なる謝意《しゃい》を表《ひょう》し遙《はる》かに微衷《びちゅう》を披瀝《ひれき》し以《もっ》て訣別《けつべつ》の辞《じ》とす。」

大命＝天皇の命令　**醜敵**＝アメリカ　**鬼神**《きじん》＝荒々しく恐しい鬼のように強く勇ましいこと
関頭＝瀬戸際《せとぎわ》　**麾下**＝指揮官の下に従う者　**邀うる**＝迎える　**方っては**＝おいては　**不敏**
＝才知才能に乏しいこと　**委せん**＝まかせる　**負荷**＝背負いになうこと　**重任**＝重要な任
務　**長恨千載に尽くることなし**＝終生《しゅうせい》のうらみということ　**散華**＝戦死　**衷心**＝心の底
鬼＝霊魂　**来寇**＝敵の侵略　**破摧**＝打ち破ること
碧々＝青色　**微衷**＝自分のささやかな気持　**披瀝**＝心
に思っていることを明らかにすること

矢弾尽《やだまつ》き　天地染《あめつちそ》めて　散《ち》るとても
　魂還《たまかへ（え）》り魂還りつつ　皇国護《みくにまも》らむ（ん）

弾薬《だんやく》が尽《つ》き果《は》て全将兵《ぜんしょうへい》が散華《さんげ》（戦死）しても、七生報国《しちしょうほうこく》の精神をもっていくたびもいくたびも日本人《にっぽんじん》として生《う》まれて皇国日本《こうこくにっぽん》を護《まも》り抜《ぬ》くこ

第三十二軍を慰霊する「黎明之塔」・摩文仁の丘
（沖縄県糸満市）

とが私《わたし》どもの本懐《ほんかい》である。

秋待《あきま》たで　枯《か》れゆく島《しま》の　青草《あを(お)くさ》は
　皇国《みくに》の春《はる》に　甦《よみがへ(え)》らなむ《(ん)》

　なむ＝願望を表す助詞

秋が来て草木《くさき》が枯《か》れる前に戦火《せんか》のために青草が燃《も》え尽《つ》き枯れてしまったが、皇国《こうこく》日本は不滅《ふめつ》であるからまたくる春に青草は瑞々《みずみず》しく甦《よみがえ》ってほしい。

兵力尽き弾薬《だんやく》尽きるまで牛島中将と第三十二軍将兵は、世界戦史上かってない壮烈《そうれつ》(勇ましくはげしいこと)無比《むひ》の死戦死闘《しせんしとう》をやり遂《と》げたのである。牛島は沖縄県民の「献身的協力」並びに犠牲に対して最後にこうのべている。

「沖縄県民はよく尽《つ》してくれた。たとえ日本本土《ほんど》のどこが戦場になったとしても、これ以上の協力はないであろう。沖縄の住民を戦いの道づれにすることはまことにしのびがたい」

沖縄県民を深く思いやったからこそ、島田に知事就任《しゅうにん》を懇請《こんせい》した牛島であった。牛島の自決《じけつ》はこの戦いに協力の限りを尽くし甚大《じんだい》な犠牲を払った県民への感謝、そして謝罪がこめられていた。

六月二十三日、牛島は軍参謀長《ぐんさんぼうちょう》長勇《ちょういさむ》中将《ちゅうじょう》とともに割腹自決《かっぷくじけつ》した。雨宮巽《あまみやたつみ》第二十四師団長、藤岡武雄《ふじおかたけお》第六十二師団長、和田孝助《わだこうすけ》第五砲兵部司令官、鈴木繁《すずきしげ》二《じ》独立混成第四十四旅団長らも相前後《あいぜんご》して自決を遂《と》げた。

牛島中将は死の直前《ちょくぜん》(六月二十日)、帝国陸軍最後の大将《たいしょう》に昇進《しょうしん》した。陸軍最初の大将が牛島が最も仰慕《ぎょうぼ》した西郷隆盛《さいごうたかもり》、最後が牛島、奇《く》すしき因縁《いんねん》(深い関係、つながり)と言えよう。

皇国を護持した救国の英雄
——アメリカ軍に与えた大打撃

沖縄戦における第三十二軍の戦死者は約九万四千名である。全軍十万五千名のほとんどが倒れ、残りは負傷者などで最後の玉砕戦《ぎょくさいせん》であった。第三十二軍将兵《しょうへい》の出身地は全都道府県に及んでいる。沖縄県以外で最も多いのは北海道(一万余名)、次いで福岡県(約四千名)、東京都(約三千五百名)、兵庫県(約三千二百名)、愛知県(約三千名)、鹿児島県(約二千八百名)と続く。つまり沖縄戦は全都道府県を代表する将兵によって戦われた本土決戦の縮図《しゅくず》、縮小《しゅくしょう》された形の日米の最終決戦であったのである。沖縄防衛のために全国から馳《は》せ参《さん》じてほとんどの将兵が散華《さんげ》(戦死)したのであった。沖縄県民の死は戦闘員を含めて約十五万名、そのほとんどはアメリカ軍の空爆、艦砲射撃、地上戦における砲撃などによる痛ましい犠牲である。このほか三月から六月まで行われた陸海軍航空部隊による特攻作戦《とっこうさくせん》により約三千名の将兵が戦死した。

アメリカ軍の損害は公式発表によると地上戦において約六万六千名。そのうち死者約七千六百名、負傷者約三万二千名、戦闘外の精神障害者約二万六千名である。また日本軍の特攻作戦による死傷者が約一万名である。なお上陸軍総指揮官バックナー中将は六月、戦死した。

　アメリカ軍の払《はら》った犠牲《ぎせい》は、まことに甚大《じんだい》であった。米軍は陸軍四個師団と海兵隊二個師団（ほかに第二海兵師団が陽動作戦《ようどうさくせん》に使われた）計六個師団を上陸させて戦った。損害六万六千名という数字は、六個師団の歩《ほ》兵連隊《へいれんたい》（一個師団に三個の歩兵連隊があり、一個連隊は約三千四、五百名、一個師団で約一万余名の兵数）の兵士の総数約六万名を少し上回る数である。つまりこの数字は六個師団の全歩兵連隊が一度、全滅したことを示している。だがしかしアメリカ軍戦史のこの公式発表は真《しん》実《じつ》を覆《おお》い隠《かく》した虚偽《きょぎ》である。

　実際《じっさい》の損害はこの数字を大きく上回《うわまわ》り、約二倍と推定《すいてい》される。なぜそう言えるのか。既述《きじゅつ》したユージン・スレッジの著書《ちょしょ》がそれを明らかにしているからである。スレッジの所属《しょぞく》した第一海兵師団第五海兵連隊第三大隊K中隊は当初二三五名だったが、その後補充兵《ほじゅうへい》二五〇名が追加《ついか》された。沖縄戦終了時残っていたのはわずか五〇名であった。すなわちK中隊は本来《ほんらい》の定員《ていいん》の倍近い四三五名の損害を出したのである。つまりK中隊は二度ほぼ全滅したことになる。この数字は他の部隊も大同小異《だいどうしょうい》と考えられるから、全体の損害の実数《じっすう》はおよそ二倍、約十二

〜十三万名と見て大過《たいか》あるまい。アメリカ軍は事実上六個師団が再度全滅《さいどぜんめつ》したのである。日本軍を圧倒《あっとう》する戦力を誇る六個師団が一度全滅しただけでも恥辱《ちじょく》（恥、屈辱《くつじょく》）であるのに再度全滅したのだから、とてもこの事実《じじつ》を公表《こうひょう》できなかったのである。日本軍の約十万名を上回る膨大《ぼうだい》な損害だから、正確な人数を伏《ふ》せて半分にしたのである。戦争において自国の損害を低く言うことはごく普通のことである（例外はシナ。桁違《けたちが》いに多く嘘の数字を並べるのが習性《しゅうせい》）。補充《ほじゅう》、補給《ほきゅう》が十分に行届《ゆきとど》くアメリカ軍は実質的《じっしつてき》に十二個師団もの大兵力と比較にならぬ火力《かりょく》・砲撃力《ほうげきりょく》をもって莫大《ばくだい》な犠牲《ぎせい》を払いつつ日本軍を打《う》ち下《くだ》すことが出来たのであった。

第二十四師団・第六十二師団・独立混成第四十四旅団・第五砲兵部その他の部隊がいかに想像を絶する勇猛壮烈《ゆうもうそうれつ》な戦いをやり遂《と》げたか表現する言葉もない。世界最強無比《むひ》の日本軍であったのである。それを証明してあまりあるものこそスレッジらアメリカ側の記録である。日本軍がかくもアメリカ軍を震駭《しんがい》（ふるえおののくこと）させ膨大《ぼうだい》（とても数多いこと）な犠牲を払わせる戦いをなし得たのは、ひとえに主将《しゅしょう》たる牛島満大将の稀有《けう》の人格・人間力に基づく指揮統率力《しきとうそつりょく》が卓絶《たくぜつ》（ずばぬけてすぐれていること）していたからである。それなくして一体《いったい》どうしてこのような人間の力を遙かに超えた戦闘が出来ようか。アメリカは戦後、戦勝国敗戦国を問わず第二次大戦の名将《めいしょう》を十人選んだが、そのうちの二人を日本から挙《あ》げた。牛島満・栗林忠道《くりばやしただみち》（硫黄島の戦いの主将《しゅしょう》）両大将である。

沖縄戦がアメリカ軍に与えた物理的心理的打撃の大きさは、同時に行われた航空機による特攻作戦《とっこうさくせん》と相俟《あいま》って（互いに作用し合ってという意味）計《はか》り知《し》れず、アメリカの政府・軍部の最高指導者に深刻《しんこく》な衝撃《しょうげき》（心を強く打つこと）を与えずにはおかなかった。アメリカはこのあと日本本土侵攻《ほんどしんこう》作戦を予定していたが、そのとき米軍の損害は想像を絶する数に上《のぼ》ることは必至《ひっし》（必ずそうなること）であった。日本国内にはなお約二百五十万名もの無傷《むきず》の大兵力があった。日本軍は全滅するまで戦い抜くことは、アメリカ軍将兵がみな骨身《ほねみ》にしみて体験していることである。日本軍を完全に屈服《くっぷく》させる為にアメリカ軍が払わなければならない犠牲は、沖縄戦の経験に照らすならば二百五十万を超え約三百万名に達することになる。それはアメリカの政府、軍部そして国民にとり到底《とうてい》耐え難《がた》い犠牲《ぎせい》である。その場合、国民は政府、軍の指導者を絶対に許さないだろう。

それゆえアメリカは本土《ほんど》侵攻《しんこう》作戦を断念《だんねん》し、それまで高らかに呼号《こごう》（叫ぶこと）してきた日本の「無条件降伏《むじょうけんこうふく》」を実行不可能と判断《はんだん》、やむをえずしぶしぶいやいやながら取《と》り下《さ》げて、事実上《じじつじょう》、天皇の存在を暗黙裡《あんもくり》（なにも言わぬこと）に承認《しょうにん》するところの条件付き降伏に変更《へんこう》するほかなかった。すなわちそれが「ポツダム宣言」である。

アメリカ軍にとり一局地戦《いちきょくちせん》（限られた場所の戦い）にすぎない沖縄戦が「あらゆる地獄を一つにまとめたような戦い」と化《か》し、米軍最強を誇る第一海兵師団始め六個師団が再度壊滅《かいめつ》して打ちのめされ、兵士が心身《しんしん》ともに耐えがたいぎりぎりの極限状況《きょくげんじょうきょう》に追《お》い詰《つ》められたことは全《まった》く想像《そうぞう》を絶《ぜっ》する異常事態《いじょうじたい》であった。それゆえにこそアメリカはこの鬼神《きじん》（荒々しく恐ろしい鬼）というしかない人間離れをした強さを持つ日本軍将兵の不撓不屈《ふとうふくつ》（撓《たゆ》まず屈《くっ》しないこと）の精神力・大和魂《やまとだましい》の根源《こんげん》たる天皇をなんとしてもこの地上から永久に廃絶《はいぜつ》・抹殺《まっさつ》したかったのである。

それこそ「無条件降伏」の眼目《がんもく》（主要な目的）であったが、牛島大将と部下将兵は身命《しんめい》を捧《ささ》げて「敵のわが本土来寇《ほんどらいこう》(侵略)」を断念《だんねん》せしめ、天皇を護り抜き皇国《こうこく》日本の滅亡《めつぼう》を阻止《そし》して祖国を救ったのである。日本と日本人を真《しん》に日本・日本人たらしめているもの、国家民族の存立《そんりつ》にとりかけがえのない最も大切なものを護持《ごじ》し得《え》た牛島満大将《うしじまみつるたいしょう》は、大東亜戦争を代表する救国《きゅうこく》の名将《めいしょう》、護国《ごこく》の英雄《えいゆう》としてその名は国史《こくし》にとこしえに刻《きざ》まれるべき人物にほかならない。

牛島大将は大西郷《だいさいごう》・西郷隆盛《さいごうたかもり》とともに最も敬仰《けいぎょう》してやまぬ大楠公《だいなんこう》・楠木正成《くすのきまさしげ》の「七生報国《しちしょうほうこく》」の心を身《み》に体《たい》して、千早城《ちはやじょう》の戦いと湊川《みなとがわ》の戦いを沖縄においてあわせ行い、皇国《こうこく》日本を護り抜いたのであった。

参考文献

『沖縄軍司令官牛島満伝』牛島満伝刊行委員会編　春苑堂書店　昭和47年
『沖縄軍司令官牛島満』奥田鑛一郎　芙蓉書房　昭和60年
『将軍沖縄に死す』小松茂朗　光人社　平成元年
『魂還り魂還り皇国護らん』将口泰浩　海竜社　平成24年
『日本軍の研究―指揮官〈下〉』今井武夫他　原書房　昭和55年
『戦史叢書　沖縄方面陸軍作戦』防衛研修所戦史室　朝雲新聞社　昭和43年
『沖縄作戦』陸戦史研究普及会　原書房　昭和43年
『沖縄決戦―高級参謀の手記』八原博道　中公文庫　平成27年
『沖縄作戦の統帥』大田嘉弘　相模書房　昭和59年
『沖縄陸・海・空戦史』大田嘉弘　相模書房　昭和63年
『沖縄悲劇の作戦―異端の参謀八原博道』稲垣武　光人社NF文庫　平成16年
『沖縄県民斯ク戦ヘリ』田村洋三　光人社NF文庫　平成19年
『沖縄の島守―内務官僚かく戦えり』田村洋三　中公文庫　平成18年

第三話　牛島　満——皇国を救った沖縄玉砕戦

『たじろがず沖縄に殉じた荒井退造』ＮＰＯ法人「菜の花街道」荒井退造顕彰事業実行委員会　下野新聞　平成27年
『殉国沖縄学徒隊　愛と鮮血の記録』金城和彦　個人出版　昭和40年
『嗚呼沖縄戦の学徒隊』金城和彦　天正社　平成12年
『沖縄の決戦』浦崎純　日本文華社　昭和46年
『沖縄戦』アメリカ陸軍省戦史局篇 喜納健勇訳　出版舎Ｍｕｇｅｎ　平成23年
『ペリリュー・沖縄戦記』ユージン・Ｂ・スレッジ 伊藤真・曽田和子訳 講談社学術文庫　平成12年
『沖縄シュガーローフの戦い』ジェームス・Ｈ・ハラス 猿渡青児訳 光人社ＮＦ文庫　平成14年
『沖縄戦跡・慰霊碑を巡る』三荻祥　明成社　平成26年

ほか

日本《にっぽん》の偉人物語《いじんものがたり》　10

楠木正成《くすのきまさしげ》　南方熊楠《みなかたくまぐす》　牛島満《うしじまみつる》

初版発行　令和７年５月１日

著　　者　岡田幹彦
発 行 者　白水春人
発 行 所　株式会社 光明思想社
〒103-0004 東京都中央区東日本橋 2-27-9　初音森ビル 10 F
TEL 03-5829-6581
FAX 03-5829-6582
URL http://komyoushisousha.co.jp/
郵便振替 00120-6-503028
装　　幀　久保和正
本文組版　メディア・コパン
印刷・製本　中央精版印刷株式会社

ISBN978-4-86700-063-2